지조를 지킨 지도자들
도산 안창호

김경옥

도서출판 월인

머리말

전기와 참된 실명소설

전기는 편년대編年代로 사실을 기록한 것이다.

실명소설은 어디까지나 그 인물의 전기적 사실에 더하되, 그 사람의 성격이나 철학을 살펴 작가의 창작적 상상력을 최대한 살려 그 사람의 그런 성격과 철학으로는 충분히 그런 행동을 하겠다고 생각한, 곧 개연성蓋然性으로 새로이 창작하는 작업이다.

다른 나라의 보기를 들면, 영국의 셰익스피어Shakespeare의 <햄릿Hamlet>이나, <맥베스Macbeth>, <리어왕King Lear>, <오셀로Othello> 등의 4대 비극을 비롯해서, 유명한 <로미오와 줄리엣Romeo and Juliet>과 그 밖의 모든 작품들을 들 수 있다.

우리나라에 있어서도, 춘원 이광수春園 李光洙의 『이차돈異次頓의 죽음』, 『성웅 이순신聖雄 李舜臣』, 『단종애사端宗哀史』 및 『원효대사元曉大師』 등과 월탄 박종화月灘 朴鍾和의 『금삼錦衫의 피-연산군燕山君의 이야기』, 『자고 가는 저 구름아-世宗大王의 이야기』, 그리고 팔봉 김기진八峰 金基鎭의 『청년 김옥균青年金玉均』 등과 벽초 홍명희碧初 洪命憙의 『임꺽정林巨正』, 근래의 최인훈崔仁勳의 『상도商道-임상옥林相玉의 성공비화』와 그 밖의 여러 소설, 황석영黃晳英의 『장길산張吉山』 등 이루 헤아릴 수 없이 많다.

이 모든 창작물들은 지은이의 무한한 상상력이 무지개 빛 꿈을 좇아 푸른 하늘을 누빈 천재적인 달걀 노란 자위들인 것이다. 마침내는 그 사람의 전기적인 사실이 뼈대가 되고 거기에 창작자의 상상력이 살갗이 되어 옷을 입히게 되었던 것이다. 곧 앙상한 마른 나뭇가지에 마치 연인의 눈처럼 콩깍지가 끼게 된다. 물론 사실주의의 옷인 참모습보다 더 참되게 보이는 허구인 예술이 자리잡게 되었던 것이다.

『지조를 지킨 지도자들-도산 안창호島山 安昌浩』는, "꿈에서라도 거짓말을 하지 마라"라고 할 정도로 평생 참되게 살고자 애썼으며, 또 그렇게 신의를 지키며 살고자 했기 때문에 일본 헌병대에 체포되어 목숨을 잃게 된다. 그는 타고난 웅변의 천재이기도 하였다. 세치 혀가 1만명의 일본군대에 맞먹는다고 일본인 위정자가 갈파喝破하기도 한 도산은 정말 천성의 웅변가였다. 찬재, 육당 최남선과 춘원 이광수가 그의 충실한 제자가 되었던 것으로도 그의 나라경영의 깊은 뜻이 펼쳐지고 있었음이 증명된다. 그래서 13살이나 연상이었으며 백만장자였던 무역왕 이인환李寅煥-뒤의 남강 이승훈-이 그의 연설을 듣고 즉석에서 감동되어 그렇게도 아끼던 상투를 자르고 심기일전 180도 달라진 새 인생으로 거듭났던 것이다. 그래서 그 남강은 3·1운동을 주도한 인물로 겨레의 지도자가 되기도 했던 것이다.

안창호는 열렬한 애국자이면서 처음으로 국민을 조직하는 지도자이며, 기독교 신자이기도 하였다. 또한 "간다 간다 나는 간다"라는 <거국가去國歌>를 비롯하여, "동해물과 백두산이 마르고 닳도록"이란 <애국가>의 노랫말을 지은 것으로 추정되는 작사자가 도산 안창호라는 것이 거의 틀림없지만, 애당초 자기를 내세우지 않는 겸손한 성미라 오히려 그것이 그를 오해시켜 뜻하지 않게 비극으로 몰아넣기도 했다. 본디 도산 안창호는 겨레를 교화시킴으로써 민족의 진정한 독립을 이룩할 수 있다고 이른바 <민족개조론民族改造論>을 주창하여 수제자인 춘원 이광수로 하여금 친일파親日派를 전락시킨 빌미가 되기도 하였던 것이다.

그의 평생의 사업인 <흥사단興士團>의 주요 간부들인 앞서 말한 춘원을 비롯해서, 송아 주요한頌兒 朱耀翰 등이 일제의 강압에 굴복하여 마음에도 없이 일본 군부에 협력하는 죄를 저질렀던 것이다. 사실 <흥사단>은 온 겨레를 근대적인 민주주의 의식으로 교화시켜 참된 독립을 쟁취하려는 원대한 이상주의적 이념을 이루려는 뜻에서였다. 안창호는 온 몸이 오직 겨레의 옳은 그리고 참된 독립을 찾으려는 일념에서였다. 도산 안창호는 일제의 감옥 속에서, 악랄한 고문을 받고 숨진 유일한 순국열사였던 것이다. 그러나 도산 안창호의 나라와 겨레에 대한 주인의식은 길이길이 우리들 후학의 가슴에 깊이깊이 아로새겨졌다.

차례

쾌재정快哉亭의 미소년美少年

첫 번째 명연설

"쾌재정! 쾌재정! 하기에 무엇이 쾌재快哉런가 했더니, 오늘이 자리야말로 쾌재를 부를 자리올시다! 오늘은 고종황제의 탄신일인데, 우리 백성이 이렇게 한데 모여 축하를 올리는 것은 군민동락君民同樂의 날이라! 어찌, 쾌재가 아니고 무엇이랴!"

선천적으로 타고난 웅변가인, 미소년 안창호安昌浩는 거침이 없었다.

"감사 이하 높은 관인들이 이 축하식에 우리들과 자리를 함께 하였으니, 관민동락官民同樂이라 또한 쾌재가 아닐 수 없도다!"

별로 미사여구를 쓰는 것도 아니고 아름다운 말을 골라서 번지르르하게 옷을 입히는 것도 아니다. 그렇다고 말의 높낮이로 듣는 이들의 가슴을 찌르는 것도 아니고 책상을 두드리는 것도 아닌데 조용히들 듣고 있다. 그러면서 마음 저 밑바닥을 뒤흔드는 모양이다.

하늘로부터 떨어지는 날벼락이 아니고 가슴 밑바닥으로부터 솟구쳐 오르는 내뿜는 불벼락이 뼛속을 파고 든다. 모두 그 소년의 말 속에 끌려 들어간다. 그 무엇에 홀린 것처럼! 청중들은 고개를 끄덕이면서, 유쾌한 웃음을 터뜨린다. 십년 묵은 체증이 속 시원히 쑥 내려가는 모양이다.

"뿐만 아니라, 우리네 천한 백성들 남녀노소 구별 없이 모였으니, 만민동락萬民同樂이라! 더욱 쾌재라고 하리니, 오늘 쾌재정의 삼쾌三快라 하는 바로다!"

이때 만민동락이란 말에 약간의 힘을 주었다. 그건 안창호 자신도 몰랐을 것이다.

"옳소 옳소!"

그만 감동에 못 이겨 앞 사람의 어깨를 쳤다.

"와 이래? 남을 때리구!"

"미안하우!"

이때, "쉬 쉬!" 하며,

"조용히 해!"

한편 박수가 터져 나온다. 이 날은, 음력으로 1898년 7월 25일로 고종황제의 탄신 날이다.

소년 안창호는 1878년 11월 9일 평안남도 강서군 초리면 7리

봉상도平安南道 江西郡 草里面 7里 鳳翔島 흔히 도룡섬이라고 불리는 가난한 농사꾼의 셋째 아들로 태어나서, 갑신정변이 일어나던 1884년에 대동강면 국수당大同江面 國水塘으로 이사가서 한학을 배웠다. 그런데 그걸로는 성이 차지 않았다.

어린 안창호는 꿈이 있었다. 보다 넓은 세상에 나가서, 무언가 보람 있는 일을 하고 싶었다. 형편에 따라, 그 뒤에 평양 남부산면 로남리平壤 南釜山面 魯南里에 이사해서 평생의 동지인 필대은畢大般과 사귔다. 그리고 그때, 청중 속에는 뒤에 소개하는 필대은의 어린 누이동생 필은애가 그 연사인 안창호의 얼굴을 눈이 뚫어져라 지켜보고 있었다. 물론 그때에는 아직 이성의 정이 트기 시작했을 뿐이었다.

16세 때인 1894년, 마침내 이씨 조선의 수부인 한성漢城으로 올라가서, 새로 들어오기 시작했다는 그 눈이 파란 서양 오랑캐의 신식 학문을 좀 배워야겠다고 생각했다. 그러니 더 참을 수가 없었다. 1895년 마침 청일전쟁清日戰爭이 평양에서 터져서 모두 살 길을 찾아 피난을 가고 있었다.

"삼촌 우리 이릏게 앉아 있다가 죽을라구 합네까? 어디루 피난 가야하디 않가시오? 우리 식구 다는 못 가두 우리끼리만이락두 가야하디 않가시오?"

"어디매루 가디?"

"황하두 곡산谷山이 깊은 산골이래는데 그리락두 가디요 뭐!"

창호의 삼촌네는 그래두 좀 여유가 있었다. 길을 떠나 하루

이틀 가노라니까 다들 돌아오고 있었다. 전쟁이 끝났다고 했다.

"야! 창호야 우리두 돌아가자!"

안창호는 바로 이때다 싶어, 처음부터 생각하고 있던 한성으로 가서 그 신식 공부를 해야겠다고 마음 속에 다짐하고 있었다.

"삼촌! 난 내친 김에 한성에 올라가서 대처 바람두 쏘이구 일자리두 구해볼까 해요. 아무래두 밥벌이를 해야 할테니까요!"

"고롬 고롬 그래야디! 너희 집 살림을 조금이라두 도와야디! 고롬 고롬! 기렇게 하람!"

어린 안창호는 그 길로 산을 넘고 물을 건너 마침내 한성에 이르러 남대문-崇禮門-근처 어느 객사에 괴나리 봇짐을 풀었다. 그 뒤로는 돈이 떨어질 때까지 매일매일 눈이 휘둥그레져서 서울 장안長安 구경에 볼 장을 못 봤다. 이제 여비도 얼마 남지 않아서 슬그머니 걱정이 되었다. 다행히 어떤 점잖은 관 쓴 노인 한 사람과 친숙해졌다. 죽으라는 법은 없는 모양이다. 하루 이틀 객사 비용을 대주었다. 그러면서 넌지시,

"총각! 아마 여비두 다 떨어진 모양이구먼……. 내가 팔도유람을 할 작정인데 내 심부름을 하문 여비두 대줄터인데! 어때 그래 줄터인가?"

"그럼 아저씨의 사환 노릇을 하란 말이에요?"

"말하자문 그렇지!"

"싫어요!"

안창호는 딱 잘라 거절한다.

"난 죽어두 그 짓은 못 하가시오!"

아무리 가난해도 독립심은 철저했다. 그렇더라도 역시 객사에 내어야 할 비용은 다 떨어진 형편이니 근심은 태산 같았다. 곧 거리에 쫓겨나야 할 판이다. 어느 날 거리에서 귀가 솔깃한 말을 들었다. 지나가는 어떤 총각이,

"그 참 희한한 일두 다 있지! 양코배기덜은 돈이 썩어 나는 모양이지! 아니 마른 하늘에서 웬 돈 베락이 쏟아진다는 거야!"

궁지에 몰린 안창호에게는 그건 구세주의 축복이었다. 당장 그 총각에게,

"지금 뭐라구 했디요? 어디메서 기룹게 해준대요?"

"어떤 서양 선교사가 세운 구세학당救世學堂이라는 데서 공부두 공짜루 가르키구 잠도 재와주구 밥도 멕에주구 그야말루 꿩먹고 알먹구 둥지 털어다가 불 때구 일석삼조인 셈이지요!"

"기게 어드메요?"

"저 언덕 위에 언더우드라는 서양사람 선교사가 세운 신식 글을 배와 주는 데지요!"

물론 신식 공부를 하려구 생각하고는 있었지만 갑자기 그 예수인가 뭔가 하는 서양 귀신의 앞잡이 밑에 들어가야 하는가! 하니 좀 망설여지기는 했다. 아무리 신식 공부를 하고 싶지만 그건 너무했다. 그렇다구 빈털터리로 터벅터벅 고향 평안도까지 돌아가야 하는가! 앞이 캄캄했다. 막막했다.

'기껏 금의환향 고향 서당에서 같이 공부하던 동무들에게 뽐

내려구 했는데! 아니 그보다두 한번 세상에서 눈이 휘둥글해질 만한 일을 하려구 했는데! 아니다! 그래 지금 이대루 고향집으루 내레 갈 수는 없다. 어디 한번 그 서양 오랑캐 귀신이 산다는 학교에 가보기나 하자!'

어린 창호는 정동貞洞 언덕배기 밑에 지어진 벽돌 2층 건물로 가보았다. 으리으리했다. 도깨비가 쏘다닐 것 같지는 않았다. 양코배기가 다가왔다. 어린 창호는 흠칫 놀래 뒷걸음쳤다.

"학생!"

"예?"

"나 서양 도깨비 아니요! 나두 사람이요!"

우리말도 제법 잘했다.

"나 언더우드요. 이 학교 세운 선교사요!"

퍽 친절했다. 어린 창호는 첫 인상이 좋았다. 그는 미국인으로 <대한제국>에 선교사로 파견된 사람인데 언더우드Underwood라고 뒷날 새문안新門路에 새문안교회도 세우고 연희동延禧洞에 전문학교-지금의 연세대학교-도 창립한 친한적인 교육자이며 3대를 조선땅에서 기독교의 전파를 위해 헌신한 인격자이다.

안창호는 우선 예수를 믿는 척하면서 그 구세학당인가 하는 서양식 학교에 들어가 공부를 하면서 신식 공부도 하지만 마음속으로는 공맹의 길 곧 유교도덕을 지키면 되지 않겠느냐고 마음 속 깊이 다짐하는 것이었다. 그런데 그렇지가 않았다. 거기서 송명순宋明淳이라는 접장-지금의 급장같지만 조교수급이었다-을 만나면서 생각이 달라졌다.

"안 군! 우리 구세학당에 참말로 예수를 믿을라구 들어왔소?"

"예에? 기건 뚱단디 같이 와 묻습네까?"

"아니 아닐세! 자넨 평안도 사람이니까 고리따분한 상투냄새는 풍기지 않겠지만 말이야!"

그 말에 가슴이 뜨끔했다. 말로만 듣던 사람의 가슴 속을 훤히 들여다 본다는 X광선으로 자기 가슴 속을 꿰뚫어 보는 것 같았다. 송명순 접장을 대할 때 어린 안창호는 커다란 망치로 뒷통수를 얻어맞은 것 같았다. 갑자기 아찔했다. 당할 수 없을 만한 강렬한 빛살이 얼굴을 때리는 것이었다. 송명순의 눈에서 쏘아오는 빛발이 눈을 뜰 수 없도록 부셨다. 송 접장의 머리 뒤에는 환한 빛이 사방으로 뻗어가고 있었다. 말하자면 달무리 마냥 후광이 어리고 있었다. 송 접장의 모습은 엄숙하고 거룩하게 보였다. 그 사람 앞에서는 티끌만큼의 거짓말도 할 수 없을 것 같았다. 무한한 믿음이 가슴으로 솟구쳐 올랐다.

실은 예수를 믿는 척하면서 공짜로 공부를 하려고 했는데, 그래서 그 구세학당에 들어 왔는데 송 접장 앞에서는 그런 속임수가 통하지 않을 것 같아 차라리 툭 털어 놓았다. 그러니까 오히려 속시원했다. 그러면서 그때부터 거짓말을 하면 안 된다는 믿음, 신념이 움트기 시작했던 것인지도 모른다. 갑자기 송 접장이 믿음직스럽고 또 기독교의 참사랑이 어린 창호의 핏속에 스며들고 살이 되고 뼈로 자라가고 있었다. 그러자 성경 구절이 마음 속에 살아나기 시작했다. 사람이란 빵으로만 사는 것이 아니라 하느님의 말씀으로 살아야 한다 라는 또 건성으로 읽은 그 성경귀절이 되살아난다.

<의에 주리고 목마른 자는 복이 있나니 저희가 배부를 것이요……> 신약성서 마태복음 5장에 있는 산상보훈의 이른바 팔복八福 중의 한 대목이며 기독교 정신의 대표적인 가르침이라고 할 수 있다. 그 자리에는 지금 <팔복교회>가 세워졌다고 하는데 마태복음 5장 3절부터 9절까지에는

1. 심신이 가난한 자는 복이 있나니 천국이 저희 것임이요
2. 애통하는 자는 복이 있나니 저희가 위로를 받을 것임이요
3. 온유한 자는 복이 있나니 저희가 땅을 기업으로 받을 것임이요
4. 의에 주리고 목마른 자는 복이 있나니 저희가 배부를 것임이요
5. 긍휼히 여기는 자는 복이 있나니 저희가 긍휼히 여김을 받을 것임이요
6. 마음이 청결한 자는 복이 있나니 저희가 하느님을 볼 것임이요
7. 화평케 하는 자는 복이 있나니 저희가 하느님의 아들이라 일컬음을 받을 것임이요
8. 의를 위해 핍박을 받은 자는 복이 있나니 천국이 저희 것임이요

여기에도 <의>가 두 번씩이나 반복되고 있다. 그러니까 기독교는 <의>의 종교라고 해도 지나침이 없다.

이씨 조선 때에 지지리 천대 받고 있었던 서북지방의 시골뜨기 풋내기 어린 소년 안창호는 이제 서양의 가장 앞장에 서서 온누리를 위대한 창조주의 품으로 안으려는 새로운 역사의 한가운데로 들어가고 있었다. 그건 하느님의 섭리였다. 거듭나고 있었다.

구세학당을 나온 지 불과 며칠 안 되어서였다. 많은 사람들이 장안의 가장 번화가인 종로鐘路로 몰려가고 있었다. 종로는 육의전六矣廛이라고 해서 포목, 어물 등 육지나 바다에서 나는 물건들을 팔고 사는 저잣거리가 펼쳐지고 있는 북적거리는 번화가였다.

"도대테 와들 밀려 가는 거디요?"

"이 양반 아무것도 모르시는 모양이군! 지금 그 뭐라드라. 그렇지 <만민공동회>인가 뭔가가 모인다고 야단덜입네다!"

"예? 그게 먼데요?"

"누가 정부 관원들을 꼬집는 모양이요!"

"예에?"

시골뜨기 안창호는 연설에는 자신이 있었으며 시골에서도 이름을 날리던 터었다. 무턱대고 그 무리를 따라갔다. 굉장했다. 한가운데 약간 높게 단을 쌓아서 군중을 내려다 보며 연설을 할 수 있도록 만들어 놓았었다. 사회자가 올라가서 어떤 백정을 소개했다. 그 사람은 더듬더듬 말을 했다. 어린 안창호는 속이 답답했다. '정부의 썩어 빠진 벼슬아치들을 와 더 속시원하게 까발리디 못하디?' 무턱대고 그 사회자에게 다가갔다.

"데 무사니 난 피안도서 올라온 안창호라 하는 어린 소년인데요! 나더러 한 번 연설을 시켜 주구레!"

"누구라구?"

"안창호야요!"

그 사람은 다름 아닌 세기의 명 웅변가 이상재였다.

"좋아 이 자리는 누구나 말을 할 수 있으니까! 내 소개하지 누구라구?"

"평안도에서 올라온 안씨 성을 가진 창호라는 소년이야요!"

이상재는 단 위로 올라가서,

"여러분! 여기 멀리 평안남도 강서에서 올라온 안창호 소년이 정부 벼슬아치들의 부패상을 밝히겠습니다!"

그 뒤 안창호는 <독립협회>에 들고 그 조직의 주동자인 좌옹 윤치호佐翁 尹致昊와도 사귀게 되었고, 이어 관서지방의 지부조직의 책임을 지고 저 유명한 쾌재정의 연설을 했던 것이다. 안창호는 서부 대정동西部 大貞洞의 구세학당을 나오고 연상의 동지인 필대은에게 기독교를 인도하기도 했다.

섬에 솟은 산-도산島山이 태어나다

꿈을 가진 젊은이는 결코 늙지 않는다. 안창호는 그런 젊은이였다.

우물안 개구리인 안창호는 지금 세계 지도상에서 찾아 볼라고 현미경으로 가까스로 손끝으로 짚을 수 있을 정도의 극동의 어느 조그마한 반도인 <대한제국>에서 유럽문명의 새 천지-드보르 작의 신세계From the New World-미국United State of America이라는 계명된 땅을 찾아가고 있다. 돈을 벌려는 것이 아니다. 못다한 공부를 하기 위해서였다. 일렁이는 태평양의 높은 물결 언덕 위에는 꿈이 춤추고 있었다. 안창호에게는 그렇게 보였다. 물결이 밑으로 떨어지면서 빨리 오라고 손짓하고 있었다. 창호는 급한 마음에 뛰어 들고 싶었다. 잠시라도 빨리 가고 싶어…….

눈선-화륜선은 망망한 대해 넓은 바다 위에 두둥실 떠서 출렁이는 물결을 헤쳐 가는 나뭇잎이었다. 물결 끝자락을 따라 내려갔다. 파란 물이 어렸다. 무한히 깊이 끌려 들어가고 있었다. 갑자기 물새소리가 끼룩끼룩 들렸다. 정신이 화들짝 돌아왔다. 멀리 산이 솟아 있었다. 바다 한가운데 말이다. 섬 한가운데 산이 솟아 있었다.

'섬 속의 산. 그래 섬 속의 산 도산.'

"아아 도산."

그는 외쳤다.

"이제부터 내 아호는 도산島山이다! 섬 한가운데 산이 있다는 도산. 그 얼마나 멋진 아호인가!"

얼마나 걸렸을까 새까만 구름이 남쪽 하늘로부터 머리 위를 덮는다. 마치 천사장이 자기를 지은 창조주 하느님의 권세를 뺏으려다가 쫓겨나서 사탄이 되어 하느님이 창조한 아름다운 하늘에 먹칠하려는 듯, 시샘의 극치를 보여주려는 듯 하였다. 다시는 그 아름다움을 되찾지 못하게 하려는 듯! 이 세상에서 모든 아름다움을 엿볼 수 없게 만들려고 억지를 부리는 것 같았다.

안창호는 한걸음에 뛰어 올라 그 악마의 멱살을 틀어 쥐고 내동댕이 치고 싶은 생각이 굴뚝 같았다. 어느덧 구름은 씻은 듯이 개이고 파란 하늘이 방긋이 웃고 있었다. 참 하느님의 조화는 기묘하다. 사탄은 불시에 내쫓긴 모양이군! 창호는 문득 고향을 떠나 오기 전날 밤에 올려다 본 하늘에 뿌려진 보석을 머리에 떠 올렸다. 미리내銀河水가 눈속으로 흘러 들어온다. 북두칠성과 북극성이 또렷하게 새겨졌다. 그런 것으로 미루어 보아 그 넓은 하늘과 자기가 사는 이 지구를 만든 창조주 하느님의 재조야말로 불가사의하도록 위대하다는 것을 새삼 느낀다. 이 모든 것이 하느님 예수가 만드셨단 말이지! 참 신기하다!

문득 자기가 <독립협회>의 관서지부-지부장은 한진석韓晋錫-를 결성하는 연설을 하려고 쾌재정으로 갔을 때 자기 연설을 들으려고 모여든 청중들의 모습에서 서로 믿지 못하는 듯한 모습들을 느끼고서 실망하던 가슴이 아직도 아파온다. 뼈마디가 저려왔다. 저마다 남을 헐뜯으면서 자기만 잘 살아보려는 눈이 벌건 그 징그럽던 눈초리들! 가슴이 아려온다.

'어드룹게 하문 그 사람덜이 서로 손을 잡고 함께 행복하게 지내게 할 수 있을까! 그게 나라를 위한 일일텐데.'

그런 아픔을 저 태평양 바닷물에 깨끗하게 씻어 버리고 물결의 바다처럼 곱게 비단처럼 다듬어졌으면 하는 바람이 간절했다. 그런 생각은 결국 <민족개조론>의 바탕이 됐지만! 그러는 가운데 멀리 금문교金門橋가 아련하게 보이기 시작했다. 말로만 듣던 미국의 서해안 정착지인 상항桑港 San Francisco이 다가왔다. 1802년 10월 14일 24세의 나이로 안창호는 처음으로 미국땅에 첫 발을 디디었다. 지금의 하와이에서 도산이란 아호를 얻고 무척 개화된 파란 눈의 오랑캐의 나라에 우리 민족의 얼을 퍼뜨리고 씨를 뿌리기 시작한 것이다.

낯선 이국 땅에 간 사람은 같은 민족을 찾는 것이 보통이다. 그도 우선은 같은 <대한제국> 사람을 찾았다. 다행히 몇 사람을 수소문해서 만날 수가 있었는데 다행스럽게도 고향에서 한두 번 만났던 적이 있는 이강李剛이라는 유학 지망생을 만날 수 있었다.

"이 형! 아니 이게 얼마 만이오? 역시 이 형두 미국에 공부하레 왔소?"

"안 형두?"

"이 형두 확실히 강서가 고향이랬디요?"

"아참! 나와 한방에 뎡재관鄭在寬이란 친구 하구 또 김성무金聖武란 친구두 같이 있소. 아마 곧 돌아올거요. 학교두 알아보구 또 아무래도 고학을 해야 할테니 딕장두 찾아볼 겸 나갔디."

"기럼 내가 예펜네랑 같이 왔으니끼니 우선 있을 곳을 작만해 주구 다시 오갔소."

"기럼 그 때 소갤 하디."

공부를 제쳐 놓고

"핫핫핫핫……."

"홋홋홋호호……."

"옳지 옳지 잘한다!"

우연히 지나가던 안창호는 낯이 뜨거웠다. 차마 얼굴을 들 수가 없었다. 구경을 하는 미국인들은 재미있어서 손뼉을 치며 배꼽을 잡고 웃고 있었다. 안창호는 더는 보고 있을 수가 없었다. 창피해서 쥐구멍이라도 들어가고 싶었다. 그러면서 속으로 뇌까렸다.

"데게 무슨 꼴이람! 데레 가지구서야 어드릏게 독립을 시케 달라구 떼래두 쓸 수 있가서? 예이 챙피해서!"

안창호는 구경꾼을 헤치고 상투를 맞잡고 싸우는 두 중년 상투꾼들에게 다가가서 맞잡은 손을 억지로 떼어 놓으면서,

"이게 무슨 짓이요? 남 부끄럽디 않소? 서양 사람덜이 웃구

있디 않아요? 도대테 와 덜 이루우?"

그러자 그 사람들도 약간 미안했든지,

"글쎄 저 사람이 남의 구역을 침범하지 않가시요?"

"구역?"

"예! 우린 싼 중국 인삼을 사다가 이문을 많이 냉겨서 팔거든요! 그래서 각자 구역을 정해서 장살 하기루 했는데 저 사람이 남의 구역을 넘어 와서……."

그러자 상투를 먼저 잡혔던 사람이,

"나두 모르게 넘어 왔디. 알구서야 그르갔소?"

"하여튼 남의 구역을 침범한 건 틀림없지 않소?"

"그릏게 됬소. 사갔다는 사람이 자꾸 물러서서 그릏게 됬으니까니 미안하오!"

"그르문 두 분다 나하구 잠깐 내길 좀 합세다."

두 인삼 장사꾼을 데리고 옆에 있는 싸구려 음식점에 들어가서 국수를 한 그릇씩 사 주면서 자초지종을 들으니 아무것도 아니었다. 간단하였다. 중국산을 사올 때도 서루 합심해서 싸게 사오고 구역을 잘 지켜서 만일 어기면 적지만 벌금을 물기로 하도록 협정 각서를 작성했다. 그 뒤로는 일체 분쟁은 없었다.

도산 안창호는 그 길로 고향에서부터 좀 알고 지내던 이강에게 그런 사실을 간단히 이야기했다. 그러자 이강은 친구들인 정재관과 김성무 등을 모아 놓고 의논했다. 이강이 먼저 말을 끄집어 내려고 하자 재빨리 김성무가,

"이강이 너는 안창호와 고향에서부터 잘 알고 지내는 사이니까 내가 먼저 내기 하디. 우리 공부는 아무래도 늦어 뎄으니까니 23년 미루기루 하구 돈을 벌어서 안 형에게 생활비를 대주기루 하디. 살림 걱정은 말구 동포덜 깨우티는 데 전덕으로 힘쓰라구 하디! 재관의 생각은 어때?"

"좋아 그렇게 하지!"

그리하여 안창호는 살림 걱정은 하지 않고 동포들을 이끄는 데만 신경을 썼다. 물론 마음 속으로는 동지들의 도움에 고마운 마음을 깊이 새겨 두었지만.

그전에 이런 일이 있었다. 도산은 자기도 더 공부를 하려고 했지만 자기를 따라 이역 만리 낯선 코 크고 눈이 파란 서양인의 나라에 겁도 없이 쫓아온 아내 혜련惠鍊이를 학교에 들여보내 공부를 시켜야겠다고 항상 마음이 무거웠다. 물론 자기도 초등학교와 중학교 그리고 대학까지 차례대로 학교 교육을 받고 싶었다. 그리하여 우선 가까운 초등학교를 찾아가서 교장에게 공부를 하고 싶으니 입학을 시켜 달라고 청을 했다.

"좋소! 그런데 나이가 어떻게 되지요?"

"스물 셋이오!"

그 여자교장은 깜짝 놀랬다.

"정말이오? 그렇게 안 되 보이는데……."

사실 안창호는 미남이기도 했지만 나이보다 아주 젊어 보였다.

"사실입니다!"

"호오! 그럼 안됩니다!"
하고 잘라 말했다. 안창호는 저으기 낙망하면서,

"예에? 왜요?"

"우리나라-미국-에서는 만 16세 이상은 초등학교에 절대로 입학을 허가하지 않습니다!"

"교장 선생님 어떻게 안되겠습니까?"

그 교장은 그런 일로는 시간이 아깝다는 듯 돌아 앉아서 다른 사무를 보는 것이었다. 그러나 도산 안창호는 무슨 일이 있어도 공부는 해야 하겠기 때문에 단념하고 고분고분 돌아 갈 수는 없었다. 그렇더라도 집요하게 달라붙는 그런 치사스런 성품은 아니기 때문에 단념하고 실의에 차서 하숙집으로 돌아오자 집주인이 안창호의 그런 버러지 씹은 것 같은 얼굴을 보자 역시 학교 입학문제가 뜻대로 되지 않았다고 생각되어,

"미스터 안! 역시 틀린 모양이군요!"

"그 학교두 만 16세 아래가 아니문 입학허가를 할 수 없다는 거요!"

"내 참 딱두 하시오. 당신은 동양사람으루 우리네 미국사람들과는 달리 키두 작구 해서 어려 보이니 슬쩍 나이를 속여서 열여섯이라구 하문 학교에 들어 갈 수 있잖아요?"

"예에? 그럼 나더러 거짓말을 하라는 거요? 그렇게 까지 해서 공부를 하면 뭘 해요?"

"말하자면 인생살이의 편법이지요!"

"아니요! 나는 그런 식으루 공부는 하디 않갔소!"

안창호의 대답은 완강했다. 바위 같았다. 그 다음 다른 학교에 가 보았으나 역시 나이가 많다고 번번히 거절 당했다. 속수무책이었다. 앞이 캄캄했다. 팔장만 끼고 눈만 멀뚱 멀뚱 한숨만 쉬어야 할 판이다. 미국에 와서 처음으로 맛보는 좌절감이었다. 마치 그 사실이 자기 앞날에 먹구름을 드리우는 어두운 그림자처럼 여겨졌다. 불길한 전조인 듯 말이다. 기독교인인 안창호는 그런 미신적인 예감을 전적으로 부인했다. 그러나 뜻이 있는 곳에 길이 있다. 이 미국까지 올 때의 청운의 꿈을 결코 버릴 수는 없다. 결코! 태평양의 거친 물결을 헤치며 그 푸르고 깊은 물에 새기고 오지 않았던가! 하느님에게 밝은 길을 열어 주시기를 간절히 기도했다. 매달릴 때는 그 분 밖에 없다고 가슴 깊이에서 부르짖는 소리가 들려왔던 것이다. 그는 무릎을 꿇었다.

"전능하신 하느님! 길을 열어 주십시오. 앞이 캄캄합니다. 저에게 밝은 빛을 내려 주시옵소서. 저를 이 먼 미국땅까지 불러 주신 것은 저로 하여금 주님의 일을 하라는 뜻이 있었을 줄 압니다. 저에게 힘을 주옵소서! 배움의 길을 열어 주시옵소서! 우리를 항상 바른 길로 인도해 주시는 주 예수 그리스도의 이름으루 비옵니다. 아멘!"

하느님께 기도를 드리고 나니 한결 마음이 가벼워짐을 느낀다.

도산 안창호는 새로이 솟아 오르는 희망의 햇살을 쫓아 서쪽 고개를 넘어 태평양 물결이 집어 삼킬 듯한 금문교 밑의 초라한 단층 콘크리트 건물이 비스듬히 누워 있는 초등학교를 찾아갔다. 마지막 희망이 걸려 있는 학교였다. 두근거리는 가슴을 가라 앉히며 현관문을 두드렸다. 안에서 젊은 여자의 목소리가 들려왔다.

"누구시죠? 문은 열려 있으니 들어오시죠!"

안창호는 어쩐지 밝은 빛이 얼굴에 환히 비치는 것 같았다. 문을 열고 들어서자 아리따운 젊은 여자가 일어서며 생긋 웃는 얼굴로 자리에 앉으라고 소파를 가르켰다. 도산은 마치 귀신에 홀린 사람처럼 자동적으로 앉았다. 여자는,

"무슨 일로 오셨죠?"

"예! 저어 이 학교에서 공부를 하구파서 왔습니다!"

"그러세요? 지금 나이가 몇이신데……."

으레 나이를 물어올 것을 짐작했었다. 도산 안창호는 주저하면서,

"예 저어 나이가 좀 많습니다만……."

"만으로 몇이십니까?"

"스물 셋입니다만……."

여자는 놀랬다. 고개를 갸웃거리며,

"그렇게 나이를 먹었어요? 그렇게 안 보이는데……."

"……."

도산은 역시 이 학교에서도 나이가 많다고 입학이 거절 당할 거라고 낙담했다. 그 여선생은 실은 이 학교의 교장이었지만 잠

깐 생각을 하더니,

"좋습니다. 실은 우리 학교에서도 초등학교에는 만 16세를 넘으면 입학이 허가 되지 않습니다만 그건 우리 미국인에게만 해당되는 규정이고 이민 온 외국사람 특히 동양사람은 키도 작고 얼굴도 젊어 보이니까 그런 규정은 받지 않아도 됩니다. 그러니까 내일부터 이 학교에 와서 공부를 하두룩 하시죠!"

"예? 정말이예요?"

"예에! 좋아요."

도산 안창호는 꿈인가 생시인가! 그야말로 하늘에라도 올라가는 기분이었다. 아침에 하느님께 드린 그 기도가 진짜로 응답받았다고 새삼 하느님께 감사했다. 하느님은 진정 살아 계신다고 굳게 믿었다. 한편 도산 안창호에게 살림 걱정은 말고 동포들의 생활 개선을 위해 애써 달라고 안심시킨 이강과 정재관, 김성무 등은 여전히 오렌지 밭에서 오렌지 따는 노동일을 하고 있었는데, 밭 주선인 사사끼佐佐木라는 일본인이라 더욱이 한일합방이 된 이후부터는 조선인을 멸시하고 일거리도 잘 주지 않았다. 따라서 쉬는 날이 더 많았다. 그 공치는 날에는 심심도 할겸 동포들네 집 둘레를 쓸거나 하여튼 청소를 해 주는 것이었다. 자연히 조선 사람들 집 주변이 깨끗해 질 수밖에.

하루는 미국 사람 집 주인이 마차를 타고 지나가다가 조선 사람이 집 둘레가 전에 없이 깨끗해진 것을 보았다. 그리고 이강 등 조선인 노무자들이 할일 없이 놀고 있는 것을 보자,

"어째 놀고 있지요?"

"예! 이런 말 해두 좋을는지 모르겠소만 오렌지 밭 주선인 일본인이 일거리를 자기네 일본인들에게만 주고 인부가 모자라면 우리 조선사람에게두 나눠 줍니다. 그러니까니 자연히 쉬는 날이 많지요. 그때엔 우리 동포네 집 둘레를 청소해 줍네다. 허허허……."

그 애길 유심히 듣고 있던 미국 집 주인은,

"그러면 일거리 중개소를 하나 더 내면 되잖아요?"

"돈이 있어야죠."

"얼마나 드는데요?"

"적어도 1500불이나 1600불 가량은 들지?"

하고 친구들에게 묻자 두 사람이 그렇다고 대답한다.

"그쯤이라문 내가 대줄터이니 당장 직업소개소를 하나 새루 차리시오!"

"예에? 정말이세요?"

이강 등은 그 사실을 곧 일본인 주선인인 사사끼한테 알렸다. 사사끼는 까짓 조센징이 무슨 돈이 있어서 다른 직업소개소를 차릴 것인가 코웃음을 쳤다. 그래서 자전거를 사려고 꾸어간 돈을 갚으라구 하자 며칠 사이에 당장 갚았던 것이다. 알고보니 미국인 집주인이 뒷돈을 대 준다는 것을 알았다. 약삭빠른 일본인이라 그 사실을 안 사사끼는 일부러 찾아와서,

"그 동안 오렌지 따는 일은 숙련공이라야 하는데 조선인 노

무자는 그런 기술을 가지지 못해 그 동안은 결례를 하였소. 이해해 주구려! 허허……."

아침을 떠는 것이었다. 새로 만든 직업소개소는 날로 번창하고 전화도 두 대씩이나 놓았다. 노무자도 18명으로 늘고 미국인 집주인에게 빌린 1500불도 곧 갚아줬다. 그러던 어느 날 도산이 느닷없이 나타나서 로스엔젤레스의 바로 남쪽에 있는 하변주-河邊州 리버사이드Riverside-로 이사를 간다고 했다.

"이제 사람도 많이 늘고 미국 사람들에게도 신용을 얻었으니 그곳으로 옮겨 가서 본격적으로 새롭게 시작할 작정이오!"

모두 대 찬성이었다. 도산은 이제 대단히 큰 꿈을 가지고 앞날을 설계해 나가게 되었다. 탄탄대로가 펼쳐지고 있었다.

처음 조직한 협회

샌프란시스코에 <공립협회>가 생긴 것이 1905년 4월 5일로 초대 회장은 도산 안창호인 것은 물론이고 2대 회장은 송석준 그리고 3대 회장이 정재관으로 그때 도산의 나이 27세인 새파랗게 젊은 나이로 그런 중책을 맡았던 것이다. 그만큼 도산은 일찍부터 사람들의 지도자로 조숙했었다. 그러니까 곧 뒤에 미국에서 사귄 끈끈한 동지 이강과 김성무를 시베리아와 북만주北滿洲에 파견하여 원동지회와 만주지회를 조직케 했던 것이다. 물론 처음에 조직했던 친목회는 <공립협회>에 흡수하여 조국

광복사업을 전면으로 내세웠던 것이다. 물론 회관을 장만했고 또 공립보共立報라는 기관지도 발행했다.

도산은 새로 들어 온 회원 가운데 다른 주에서 돈을 떼 먹고 도망쳐 온 사람도 있었기 때문에 그 사실을 알고는 그 사람이 품삯을 받는 날 그 돈을 떼어서 그곳까지 돈을 보내주는 것이었다. 그건 일종의 사기였기 때문이다. 그리고 누가 나라 사랑은 어떻게 하면 되느냐고 물으면 항상 이런 말을 하였다. '미국의 과수원에서 귤-오렌지-한 개를 정성껏 따는 것이 곧 나라를 위하는 것이라'고.

그런가 하면 과수원 주인인 미국인이,

"이곳에서 일하는 대한인들이 일하는 것을 1년 동안 지켜 보았는데 모두가 좋은 사람뿐이니 놀라웁고 고마웠소. 내가 여러분이 다달이 본국의 식구들에게 생활비로 쓰라고 돈을 부치는 사람이 많고 은행에 알아보니 버는 대로 저금해서 수표를 쓰는 이도 여럿이라고 합디다. 우리 미국 사람 가운데는 벌면 버는 대로 써 버리고 마는 사람들이 있는데 그 사람들은 그런 돈을 아낄 줄 아는 훌륭한 분들을 본 받두룩 해야 할 줄 압니다. 그리구 참! 당신네 대한 사람들이 일을 정성껏 해주어서 큰 이익이 났습니다. 우선 지도해 주신 도산 선생께 고맙다는 말씀 드리구……."

"아니요! 그건 우리 일꾼 모두가 내 말을 잘 따라 주었고, 정성스럽게 일을 해주어서 그런 것이니 이 모두 우리 대한 사람의 마음이 고와서 그런 것입니다. 그러니 미국 사람 모두가 우리 대한의 독립을 도와주셔야 하겠습니다. 그리구 아직 일들이 서툴러서 빨리 빨리 해내지 못해 죄스러울 따름입니다."

"천만에요! 고맙다는 뜻으루 내 집 사람이 당신네 말루 된 성경과 찬송가를 마흔권이나 축하 선물로 가져왔소."

"우리가 기술을 더 익히문 좀 더 빠르고 정성스러이 일을 할 수 있을 터이니……. 다른 곳에서 일하는 우리 동포들두 당신네 같은 마음씨 좋은 분들을 만나면 좋갔우다!"

"꼭 그룹게 될겁니다."

이에 이르자 우리 동포들은 나라를 잘 다스리는 일도 마침내는 도산이 늘 부르짖는 귤을 따는 일과 마찬가지라고 생각하게 되었다. 하여튼 대한 사람들의 독립적인 캠프가 만들어지고 2년도 못되어 살림도 넉넉해져서 회관 운영비는 물론이고 간사들의 월급도 줄 수 있게 여유가 생겼다.

1905년 5월에 하와이의 오하우섬에서 이른바 <에와> 친목회가 윤병구, 정원명, 김성권 등이 발기하여 조직하였는 바 그 목적은 항일운동과 일화배척日貨排斥 동족상애였다. 하루는 어떤 중년 동포가 찾아왔다. 도산은 그를 정중히 방으로 인도해서 갓 사온 서양 차인 커피를 대접하려고 했다. 그 손님은 앉지도 않고 선 채로 노기가 등등한 얼굴로 따지고 들었다.

"여보시오. 젊은이 당신은 도대체 뭐 하는 사람이오?"

"예에? 와 그르십네까?"

"남의 안방까지 들어와서 어쩌자는 거요?"

"예에? 뭐요?"

사실인즉 동포들네 변소가 하도 더러워서 청소를 다녔는데 그러자니 자연히 남의 안방을 지나게 되어서 미국에서는 가장 피해야 하는 사생활 침해가 되는 것인데 그걸 따지러 온 것이었다. 어설프게 미국인의 권리를 조금쯤 익힌 모양이었다.

"아아! 댁 변소가 너무 더러워서 그만 결례했습네다. 죄송합네다! 용서하십시오. 미안하지만 다음부터는 변소간을 조금 깨끗하게 치워주시두룩 부탁합네다!"

그러자 살기등등했던 그 중년도 고개를 떨군 채 돌아갔던 것이다. 안창호는 그 뒤에도 대한 동포들의 집을 돌아다니며 뜰도 쓸어주고 유리창도 끼워주고 커텐도 달아 주고 자질구레한 일을 도와 주었던 것이다. 처음에는 의아한 눈초리로 보고 있던, 더욱이 항상 시기로운 눈초리로 도산의 행동을 헐뜯으려고 하는 어둠이 슬슬 기어 나오기 시작했다.

"여보시오들, 안창호란 자가 뭐 당신네들이 고와서 그러는 줄 아시오?"

"그럼! 누가 돈을 줘서 그런 일을 시키는 것두 아닌데 왜 그러지?"

"당신네들을 다스리는 지도자루 올라서려구 그러는 거요!"

"으응!"

그렇지 않아도 이런 일도 있었다.

"이거 왜 이러시오? 누가 그래 달라구 그럽디까? 남의 도움 필요 없소! 무슨 다른 속셈이 있는 게 아니오?"

"예에? 천만에요! 그저 우리 대한 사람이 미국 사람 눈에 더럽게 보여서는 안된다구 생각해서 그러는 겁네다! 그뿐입네다."

그러자 어둠이 그 사람 귀에 뭔가 속삭인다. 그 사람은 석연치 않아 고개를 갸우뚱거린다. 도저히 납득이 안 간다는 눈치다. 도산은 개의치 않고 동포네 집과 그 둘레를 깨끗하게 치우는 일을 이어갔다. 눈에 띄게 달라졌다. 집세를 놓고 사는 미국 사람 주인이 놀랬다.

"아니, 어디 본국에서 훌륭한 지도자가 오셨나요?"

"아니요! 저분 저기 지나가시는 저 분이 우리네 집들을 우리 동네를 이룹게 깨끗하게 만든 사람이요!"

"뭐요? 저룹게 젊은 분이? 난 또 수염이 허연 어떤 점잖은 늙은인 줄 알았는데……."

그 미국 집 주인은 지나가는 도산 안창호를 불렀다.

"여보시오. 젊은이!"

"예? 나요?"

"나 좀 봅시다!"

그 미국 사람은 오렌지밭을 가지고 있을 뿐 아니라 집도 여러 채 가진 큰 부자로 도산이 이사해 온 이 리버사이드의 유력한 인사였다. 처음에 도산은 가사 고용인으로 살림을 도우면서 아내 헬렌을 중국인 학교에 보내고 있었다.

이때 곧 1902년 하와이의 사탕재배업자연합회가 <대한제국>에 일꾼들을 데려오려고 데슬러라는 사람을 <대한제국>에 보냈다. 그리고 알렌Allen 미국공사의 주선으로 <대한제국정부>의 승인을 얻었는데 그때의 이민을 취급하는 관청 이름은 수민원浽民院이었다. 원장은 민영환閔泳煥이고 국장이 서병호徐丙浩였는데 개발회사라는 것을 한성과 인천, 부산, 원산 등에 설치하고 그 해인 1902년 12월 22일에 121명이 인천을 떠나 케리크호라는 미국 상선을 타고 그때 서양인들이 많이 드나 들던 일본의 고오베神戶를 거쳐 이듬해 곧 1903년 1월 13일에 하와이의 호놀룰루에 입항하여 사탕수수 농장의 막벌이 노동자로 하루에 10시간씩 뼈빠지게 일을 하고 69센트라는 말할 수 없이 싼 임금으로 땀을 흘려야 했다. 그러나 그때까지만 해도 <대한제국>의 여권인 집조執照를 썼으며, 1905년까지 16척의 배로 남자 6,048명 여자 637명 도합 7,226명이 하와이의 도골리아 지방으로 강제노동을 끌려갔다.

그것이 <대한제국>민의 미국이민의 시초였다. 그 이민 가운데는 물론 기독교인-주로 감리교인-이 대다수인데 살림이 어려운 시골 선비를 비롯해서 공부를 하려는 유학지망생 막벌이 일꾼 심지어는 건달패까지 낀 잡동사니였다. 이때 애니깽이라고 멕시코로 이민갔던 동포들은 그야말로 노예 취급을 받으면서 지옥 같은 생활을 배겨야 했던 것이다.

민족성을 고치려면

최남선崔南善의 충성

태평양의 물결은 그 옛날처럼 높은 물결로 안창호를 맞았다. 근 5년만이다. 1902년 10월 14일에 처음으로 낯선 파란눈의 오랑캐의 땅 미국의 샌프란시스코의 금문교를 멀리보고 경탄의 소릴 지르던 기억을 새삼 떠올리며 흐뭇한 웃음을 입가에 머금었다. 태평양의 하늘은 드높고 푸르렀다.

도산 이제 하와이를 처음보고 그런 아호를 지어 가진 안창호는 새로운 인생에의 노櫓를 저으려고 고국 조선으로 돌아가고 있다. 일렁이는 푸른 물결 위에는 한없이 측량할 수 없는 드높은 꿈이 춤춘다. 도산은 지금의 들끓는 흥분된 가슴을 누구에게라도 나누고 싶으나 자기의 짧은 영어로서 자기를 에워 쌓고 있는 서양사람들에게 감히 말상대를 찾을 수가 없었다. 물론 대한 나라로 기독교의 선교를 위해 가는 듯한 십자가를 지려는 느낌의 새로운 형제들도 있기는 했다. 자기도 신학공부를 하고 돌아가고 있었다. 천국에 가서는 형제가 될 것이다. 도산은 내숭은 아니다. 적극적인 인생을 살려고 뜻하고 있었다.

마음 내키지 않지만 원수의 서울 동경에 들려 호시탐탐 조국 대한을 통째로 삼키려는 간교한 섬나라의 살쾡이 일본의 속셈도 떠볼 겸 오랜만에 친지 김지간金志侃-그에게는 미국을 떠나기 전에 이미 통질했던 것이다-을 만날 겸 적도 동경에 들리기로 한 것이다.

동이 훤히 트기 시작한 모양이다. 등 뒤로부터 햇살이 비춰지는 것이 어렴풋이 느껴졌다. 어둠이 밝아지는 하늘 저 멀리서 끼룩 끼룩 갈매기가 우는 아기 울음소리가 어렴풋이 구슬프게 들려온다. 뭍이 가까워지는 모양이다. 붕붕 기적소리가 도산의 귀에는 먼 하늘의 은총처럼 조국의 독립을 예고나 하는 듯 들려왔다. 적의 서울에 들어가려는 시간에 말이다. 도산은 거창한 마중을 별로 좋아하지 않았으므로 김지간 밖에는 아무에게도 자기가 도쿄에 들릴 거라고 말은 하지 않았던 것이다. 태평양 정기항로는 미끄러지듯 요꼬하마橫濱의 부두에 그 육중한 몸을 기댔다. 도산은 오랜만에 원수의 나라에 발을 디뎠다.

한편 어둠은 이번에는 안창호를 미인계로 쓰러트릴 계책을 꾸미고 있었다. 도산의 가슴에 김영란金英蘭이라는 평양 출신의 날씬한 미인 아가씨더러 사랑의 신인 큐피드의 화살을 쏘게 하였다. 속삭였다.

"도산 안창호라는 평안남도 강서 출신 미남자가 곧 이 동경에 올것이야. 웅변에 천재이구 열렬한 정열의 30대이니 꼭 그 남성을 건드려야 하네!"

"내 유혹에 순순히 넘어갈까?"

"그건 아가씨의 솜씨에 달렸어!"

"그럼 곧 그 사람이 부두에 내릴 것이니 우선 요꼬하마의 부두에 나가서 우연인 것처럼 차리고 슬쩍 건드리라구! 그리구 손수건을 건네주면서 이거 선생님거 아녜요? 하구 슬쩍 말을 걸라구! 그럼 그건 내거가 아닌데요! 라구 할게 틀림없을 거야. 그럼 어디서 오느냐구 물어보구 다음부터는 당신이 알아서 적당히 해보라구!"

"예에!"

부두에 내린 도산은 웬 낯선 여자가 다가와서 아는 체 하는 것이 수상쩍었지만 아마 누구 다른 사람 마중 나왔겠지 하고 심상히 생각했다. 어둠이 지시한 대로 손수건 연기를 하려고 하는데 도산은 딴전만 피웠다. 처음 연기는 완전히 실패로 돌아갔다.

김지간은 잊었는지 보이지 않았다. 한편 도산은 미리 알려준 김지간의 하숙집을 찾는데 이리저리 돌다가 겨우 찾을 수가 있었다.

"아니 이게 누구십니까? 안창호 선생 아니시오?"

"김군! 그동안 잘 있었소? 방금 도착했소!"

"미리 알려 주셔더라면 요꼬하마까지 마중 나갔을 터인데!"

"뭐요? 미리 통지를 했는데 못 받은 모양이군!"

"하여튼 이렇게 만났으니 됫디 뭐."

"그래두 조촐한 환영행사는 하는 게 우리 태극학회太極學會의 체면이기두 하구요."

"그 체면 때문에 명분론이 우리나라를 망친게 아닌가!"

"하여튼 태극학회의 장응진張膺震 회장에게는 알려야죠! 그리구 또 함께 연설을 하기루 한 최남선崔南善 군에게두 준비두 해야 할 터이니 선생님이 오셨다는 걸 통지는 해야죠!"

"그러게나!"

헌데 부두에 나왔던 그 아가씨의 모습이 눈 앞에 어른거린다. 그래서는 안된다고 곧 뉘우치고는 있지만 더욱이 자기 혼자 먼 이역만리 오랑캐의 나라 그 미국까지 따라온 아내 혜련이를 생각해서라도 외간 여자를 생각해서는 결코 안된다고 뉘우치지만 자꾸만 콩깍지가 씌였다. 그렇게 정다왔던 김지간의 얼굴에 그 여자의 얼굴이 겹쳐졌다. 도산도 역시 아직 젊은 모양이었다. 그건 인간의 본능이니까 어쩔 수 없다고 할 수도 있지만 아무래도 수양이 덜 되었다고 할 것이다.

"선생님 무얼 그렇게 생각하십니까! 역시 내일 강연이 걱정되시나요? 선생님이야 웅변의 천재이시니까 그런 걱정은 하시지 않아도 되시잖아요? 그럼 우선 장회장님한테 연락하겠습니다."

"그러게나! 난 우선 유길준俞吉濬 선생을 먼저 찾아 뵙구 가르침을 받겠네! 미국 갔다 왔다는 인사두 드릴겸!"

"그러시죠. 제가 그 댁을 안내하지요!"

"그래 주겠나? 고마우이."

그 유명한 <서유견문기西遊見聞記>의 저자이며 신문화의 선각자인 유길준의 동경 우거는 초라했다.

도산이 찾아가자,

"아니 이게 누구요? 안 형 아니요? 미국 가셨다구 하던데 언제 돌아왔소?"

"어제 왔습니다. 먼저 선생님을 찾아 뵈야 하겠다구 생각해서 이룹게……."

"고맙소. 그룹지 않아두 안 형 같은 분이 애국자덜을 이끌어 주셔야 할 것으루 생각하구 있었소만 하여튼 잘 돌아오셨소! 당분간 조국에 머물겠지요?"

"그렇디만……."

"허허허 평안도 사투리가 아직 좀 남아 있군 그래! 만인공동회때 연설에 많은 청중이 그룹게 감격했다는데……."

"선생님! 제가 저어 민족의 앞날을 위해 보람 있는 일을 하려구 생각하는데……. 단테 말입니다. 그런 걸 만들려구 하는데……. 이름을 뭐라구 할디?"

"음……. 거참 좋은 생각이요. 내가 전에 흥사단興士團이란 걸 만든 적이 있는데 그건 이미 내가 쓴 거구……."

"홍사단? 홍사단! 거 참 좋은 이름인데요! 홍사단이라!"

"글쎄 그건 내가 벌써 옛날 써버린 이름이라구 새 단체를 만들려면 멋진 새 이름을 지어야지 않겠나?"

"아닙니다. 예전에 썼던 이름이락두 좋은거면 좋디요! 홍사단이라! 그리고 참 우리나라에 아직 국가가 없는데 선생님께서 이 참에 국가를 하나 지으시죠!"

그러자 유길준은 고개를 절레 절레 저으며,

"노랫말이야 안 형이 장기인데 안 형이 짓구려! 난 그런데는 소질이 없어서……."

"제가 감히……."

도산 안창호는 그날 저녁 내내 그 홍사단이란 이름에 사로잡혔다. 홍사단이라는 이름이 썩 마음에 들었던 것이다. 실은 이번에 고국에 돌아가서는 학회 같은 것, 학교 같은 것을 세울 작정이었다. 이름도 이미 지어 놓았다. 대성학교大成學校라고 나라를 사랑하는데 크게 되라고 곧 크게 이루고 대성하라고. 밤을 새면서 그 홍사단이라는 이름에 집착했다.

이튿날에는 갑신정변의 주동자 개화당의 주요 분자였으며 철종哲宗의 사위이기도 한 금능위錦陵尉 박영효朴泳孝를 예방했다. 일본의 후원으로 유혈혁명을 일으켰으나 삼일천하의 개혁이 실패하자 각기 망명하였으며 박영효는 일본 등지로 떠돌아 다니다가 귀국하여 다시 관직에 있다가 이번에 또 일본에 와 있었다. 그래서인지 그의 집은 번지르르했다.

"대감 계시오?"

"누구세요?"

이즉만 하더니 식모인 듯 젊은 여인이 나왔다.

"이랏샤이마세-어서오십시오-"

그 일본 여자는 도산이 아주 준수한 미남자이므로 첫 눈에 반했던 모양이다. 물론 어둠이 그녀의 마음 속에 정염의 불길을 붙여 놓았던 것이다. 안창호는 일본말을 몰라서 그 여자가 안내하는 대로 따라 들어갔다.

그 집은 그 옛날 박영효가 일본에 망명해서 일본식 이름인 야마자끼 나가하루山崎永春로 실의의 나날을 썩히고 있을 때 대한의 유학생들을 위해 기숙사로 쓰던 집을 다시 조금 수리해서 살고 있었으며, 일본 정부에서 대준 돈으로 역시 일본 정부가 보내준 여자 심부름꾼인 여중女中-심부름을 하면서 박영효의 동태를 살피는 스파이다. 일본 정부는 그렇게 간교하기도 했던 것이다-은 도산을 안내하면서 힐끔힐끔 도산의 얼굴을 훔쳐본다. 그러면서 아양을 부리며 도산의 감정을 파고들고자 한다. 가진 교태가 도산의 본능을 건드렸다.

도산도 아직 젊은 수컷이었다. 아랫도리가 불뚝 일어선다. 그 여자는 일부러 실룩실룩 엉덩이로 도산의 아랫도리를 건드린다. 도산의 남성은 더욱 화가 난다. 도저히 참을 수가 없어진다. 이때 마중 나온 금능위-임금의 사위의 직함이다-박영효가,

"어서 오시오. 안 형!"

이 말에 도산은 제정신으로 돌아왔다. 문득 미국에 남아서 자기를 위해 삯바느질을 하는 아내 혜련이가 앞을 가로막는다. 퍼뜩 본능을 이기고 이성을 찾아준다. 어둠의 시험을 이긴 것이다.

"그 동안 안녕하셨습니까? 금능위 대감! 오래 격조했습니다."

실은 격조란 말도 맞지 않았다. 사실 그 전에는 한 번도 만나지 못했던 것이다. 그러니까 당연히 처음 뵙겠습니다 라고 해야 할 터인데 같은 개혁사상을 가지고 있었으므로 오랜 동지로 여겨져 자기도 모르게 문득 그렇게 말이 튀어 나왔을는지 모른다.

하여튼 일본은 성의 나라다. 밤에 처녀가 있는 집에 찾아 가면 그 아버지가,

"무스메노 해야와 무꼬오짜 무꼬오짜!-딸 방은 저쪽이다. 저쪽이다!-"

스스럼없이 딸을 내준다고 하였다. 그만큼 처녀 때는 성생활이 문란하지만 일단 결혼해서 남의 아내가 되면 절개가 굳다고 했다. 또 8월 가윗날 오봉-쟁반이란 뜻으로 달이 너무 둥글어서 그런 이름이 붙여진 것 같다-날 밤에 온동리 사람들이 한데 모여 춤을 추고 놀다가 불들을 끄면 모두 서로 마음 맞는 남녀가 손을 잡고 숲속으로 들어가서 그 짓을 한다고 했다. 그만큼 일본은 성생활이 문란하다는 것이다.

도테라-일본 사람들이 겨울에 입는 두툼한 옷-를 입은 귀족대감-한 때는 개화파의 민중의 선봉에 서서 싸운 투사였으나

그 뒤 다시 국왕에게 불려 들어가서 고관을 지낸 바 있다. 그러므로 대감-정2품 이상을 지낸 벼슬아치-앞에 도산은 스스럼없이 앉아 있다. 새 시대의 지도자로 말이다.

"박영효 대감! 대감이 우리나라 국기인 태극기를 처음으루 만드셨다구 하는데 그 당시의 얘기를 자세히 들려 주실 수 없습니까?"

박영효는 자랑스러운 듯 신식 궐련에 불을 그어 붙이고 나서,

"그게 1882년 임오군란壬午軍亂이 지난 때였지 아마 내가 사좌사절인 수신사修信使 단장으로 일본에 가게 되었는데 현해탄玄海灘을 건너려구 할 때 갑자기 누가 큰일났습니다. 우리가 아무리 독립 국가라구 해두 일본은 오랑캐 나라인데 그래두 히노마루라는 일장기日章旗를 국기루 쓰구 있지 않습네까! 헌데 우리나라엔 아직 그런 국기가 없으니 아무리 양반 나라라구 해두 체면이 뭡니까? 이때 모두 사절단장인 내 얼굴만 뚫어져라 쳐다보지 않겠소?"

"그래서요?"

"난들 무슨 뾰족한 생각이 있겠소? 헌데 문득 머리에 떠오르는 게 있었소!"

"……?"

"'태극'이었오. 무궁무진 끝 간데를 모르는 태극! 옳지 하얀 바탕에 태극을 가운데 두구 둘레를 사괘四卦루 두룬 그걸 우리나라 국기루 하문 되갔다 하구 생각했소."

“예에! 그룹게 된거군요!”

“그룹지! 그 태극은 위는 푸른 빛깔로 하늘을 나타내구 아래는 땅으로 붉은 색깔루 하기루 했지!”

“예에, 그룹게 됐군요!”

도산은 연상 감탄했다. 정말 길이길이 자손만대에 남겨줄 더없이 귀히 여길 나라의 상징인 국기인 태극기가 그렇게 우연한 착상으로 만들어졌던 것이다. 실은 태극은 무극無極이라구 간단하게 말을 했지만 말이다.

나라 노래인 국가를 지어야겠는데 머리에 뱅뱅 도는 안타까운 바람 절실한 희망 이제 국기인 태극기의 유래는 알게 되었지만 나라의 중대한 행사가 있을 때마다 불러야 할 나라노래인 국가가 아직 없으니 이것은 겉치레가 아니고 진짜 뜻으로 체면이 되겠는가! 숙사로 돌아오는 길 내내 그 나라의 노래인 국가의 노랫말에 더러울만큼 집착했다.

그날 밤 이광수가 찾아왔다. 이광수는 그때 일본 동경에 유학중인 한인 학생 중 홍명희, 최남선과 더불어 3대 천재로 불려지던 머리가 뛰어나게 좋던 사람으로 평안북도 정주平安北道 定州 출신의 고아로 그 뛰어난 재주로 파란 많은 일생을 살아가면서 독립운동의 최선봉에 서기도 하였으며, 1919년 2월 8일 이른바 도쿄 조선인 유학생들의 독립선언문인 <2.8선언문>을 기초하기도 했고, 그 뒤 상해에서 <신한청년독립당>을 조직하여 파리에서 열리는 <만국평화회의>에 김규식金奎植을 파견도 하였는데 말년에는 친일의 거두로 대동아문인회大東亞文人會의 회장이 되어 가야마 미쯔오香山光郞라고 창씨개명해서 조선인들의 학도지원병을 싸움터로 내몰았다고 8·15해방 뒤에 민족반역행위자처벌법에 걸려 제헌국회에서 자기는 일본 정부가 조선 지식인 4만여 명을 살해하려는 정보에 접하자 그 댓가로 자기가 일본정부의 시책에 협력함으로써 일종의 순국적인 친일을 했다고 주장했던 것이다.

별로 진취적이 아니었던 이광수임에도 불구하고 그가 도산을 찾은 것은 도산이 그만큼 당시의 조선인 유학생들의 독립운동에 있어서의 우상적 존재였다고 할 것이다. 이광수가 도산을 처음 본 것은 태극학회의 환영식과 그때의 연설회에서였다. 아주 감격적이었다. 물론 그 자리에는 최남선도 동석하고 있었음은 물론이다. 홍명희도 자리를 같이하였음은 더 말할 나위가 없다.

이광수는 도산 안창호에게 깍듯이 절을 올리고 겸손히 무릎을 꿇었다.

"이 군! 참 이 군이라 했소?"

"예! 말씀 낮추십시오. 나이두 수태 아랜데……."

"군두 평안도 출신인가?"

"예에, 덩줍네다."

"덩주? 아아 정주 말인가?"

"예. 하지만 우리 고당에서는 덩주라 하디요."

"응. 거기참 이인환이래는 부자가 있디?"

"예에 바루 그분네 사는 고당에 살았디요!"

"근데 이 군은 지금 뭘 공부하구 있디?"

"조도던에서 털학을 배우구 있디요!"

"응. 철학 그래 좋디!"

"그래 장차 멀하구픈가?"

"나라를 위해 무어든디 해야디요!"

"기럼 돟디!"

"예에?"

"우리나라는 지금 썩은 벼슬아치덜 때문에 백성덜이 모두 가난에 허덕이구 있네. 우선 백성을 깨우테야 하네! 힘을 길러야 하네!"

"그러기 위해선?"

"계몽운동이디!"

"……."

"모르겠나?"

"군같은 젊은이가 신식 학문을 공부한 젊은이가 나서서 무식한 백성덜을 가르테야디!"

"그것이 결국은 민족의 힘을 기르는 길이란 말이죠?"

"그롷디 바루 그걸세! 어떤가 군은 나하구 함께 그 일을 하디 않겠나?"

"결국 민족성을 뜯어 고티자는 거군요?"

"맞았어! 민족성개조론이다!"

여기서부터 민족개조론이라는 이광수가 일생을 바친 큰 이념이 싹트기 시작했다. 결국 그것이 이른바 친일파로 몰리는 구실이 되었다고는 하지만 실은 그 나름대로의 변명의 구실도 있었던 것이다.

태극학회의 총무였던 김지간이 그새 천재들을 안창호에게 정중하게 소개하였음은 뒷날 최남선이 도산과의 맺음을 보아 분명하다. 우선 도산 안창호가 단상에 올랐다.

"이 일본의 하늘 아래서 고생을 하며 학업에 정진하는 학도 여러분! 나라를 위해 열심히 애쓰는 학도 여러분의 노고를 치하하오. 지금 이 지구 위에는 많은 나라가 각각 자기 나라를 위해 힘이 약한 나라를 집어 삼키려구 눈을 밝히오. 헌데 우리나라는 서루 죽이구 헐뜯구 해서 게다가 벼슬아치덜은 뇌물만 먹으려구 백성덜의 살림은 돌보디 않구 오랜 세월 당파 싸움으로 지새왔소. 그러는 동안 코 큰 양코배기들은 문명이 발달하구 시시각각 힘이 없는 우리 대한을 노리구 있습네다. 정신을 바짝 차려야 살아 남을 수가 있습네다. 학도 여러분! 여러분의 두 어깨에 우리 대한의 운명이 달려 있습니다. 여러분 분발하십시오! 나는 전에 평양에서 연설을 할 때 거리를 걸어가는 사람들은 걸어가면서 애국을 하고 장사를 하는 사람은 장살 하면서 애국을 하고 저어 대동강 건너 능라도綾羅島에서 밭을 매는 사람은 호미루 애국을 하구 여러분처럼 내 강연을 듣는 사람은 귀루 애국을 한다고 했소."

이때 청중석은 까르르 웃음을 터트렸다. 만당의 학생과 원수의 서울에 살고 있던 교포들은 안창호의 웅변이 하도 유명하다고 들었으므로. 물론 그 속에는 일본인들도 수없이 자리를 메우고 있었지만!

과연 안창호는 능변도 능변이지만 간간이 웃음을 자아내는 유머도 있고 사람의 마음을 잡는 재치도 있었다. 안창호의 연설은 중음개中音揩로 약간 영탄조인데 서론은 없고 다짜고짜 본론에 들어간다. 물론 미사여구나 쓸데 없는 수식어는 일체 없고 단도직입적으로 본론에 들어간다. 솔직하고 쉽고 분명하고 아주 간결하였다. 그러면서 옛날의 흔한 이야기나 또 지금의 어떤 삽화도 인용하는 법이 없다. 그저 알맹이만 털어 놓는다. 그러면서 한 시간이고 두 시간이고 말을 계속한다. 그렇다고 원고가 있는 것도 아니다. 그냥 머리에서 나오는 대로 청중의 가슴을 두드린다. 그리하여 듣는 이로 하여금 울고 흥분시켜 그 자리에서 애국 운동에 쓰라고 반지를 빼게 하고 금붙이를 내놓도록 사람의 마음을 감동시키는 마력을 가지고 있다. 그 자리에서 목이 터져라 만세도 부르게 하는 흥분제의 역할도 한다. 안창호는 천성의 웅변가이다. 생이지지한 천재다.

어떤 제자는 이렇게 말을 한다.

"그는 <독립협회> 때부터-종로에서 열렸던 <만민공동회>에서 연설을 말함인 듯-항상 열변을 토하였다. 더구나 미국으로부터 돌아와서는 경향 각지에서 계속해 장시간의 연설을 하였으므로 아무리 건전한 성대라도 결국 난치의 고장이 생겨서 목에 탈이 나고야 말았소. 오랫동안 추운 날에두 말씀하게 되문 땀으로 멱을 감는데 그러면 한참 동안 눈을 감구 괴로워하곤 하였습니다. 그래서 친구들과 제자들이 될 수 있는 대루 목을 쓰시지 말두룩 권했지만 좀체로 들으시려구 하시지 않았지요! 허허허……."

유명한 중국 북경로 중국예배당의 명연설에서,

"대한의 남자야! 여자야! 묻노니 너는 내 나라를 위해 무엇을 하구 있느냐?"

항상 그런 식으로 그의 연설은 시작된다. 도쿄에서의 태극학회 주최 유학생들과 교포들을 상대로 한 연설에서도 그런 식으로 그의 명연설은 시작되었던 것이다. 다음은 그래도 대한의 유학생 가운데서는 꼽히는 웅변가 최남선의 차례였다. 그는 안창호의 명연설에 우선 질렸다. 도무지 단 위에 오를 용기가 나지 않았다. 그래도 짜여진 순서이니 나서지 않을 수가 없었다. 내려다 보았다. 수천의 눈동자가 자기를 노려 보고 있었다. 그렇게 생각되었던 것이다. 아찔했다. 그 자리에서 쓰러졌다. 안창호가 날쌔게 달려 나와 그 최남선을 부축했다. 업고 강연장 밖으로 뛰쳐 나가 지나가는 택시를 불러 타고 한달음에 병원으로 달려갔다. 충격으로 졸도했던 것이다. 원인은 대단한 것은 아니고 감정이 예민해서 그랬을 것이라는 게 주치의의 설명이었다.

그 뒤 육당六堂-최남선의 아호를 그렇게 지었던 것이다-은 도산에게 심취하여 도산이 창설한 <청년학우회青年學友會>-이것이 마침내는 <흥사단興士團>이 되고 또 <수량동우회修養同友會>로 발전한다-의 총무의 중책을 맡아 전국을 돌며,

"우리는 새 지식을 배와서 힘을 길러야 튼튼한 나라를 이룩할 수 있다."

도산 안창호의 나라 사랑의 이상을 펴는 데 앞장섰던 것이다. 마침내는 춘원 이광수와 육당 최남선이라는 근대의 두 천재가 도산의 휘하에 들어가서 그들의 청춘을 불태웠다.

신민회新民會

하늘의 큰 별과 동지들

어야 지야 어서 가자
무실역 배를 대고
실행 돛을 높이 달아
부는 바람 자기 전에
어야 지야 어서 가자

오자일吳子一이라는 흥사단 단원이 『새벽』이라는 잡지-<흥사단> 계통의 기관지-에 이런 글을 실었다.

"그 당시 일본인들까지도 안창호는 세치 혀三寸舌로 100만 대군의 힘을 낸다이 할 정도였다. 이로써 가히 안창호 선생의 웅변을 짐작할 수 있다. 한번 입을 열고 열변을 토하면 삼천 척이 나 되는 높은 벼랑에서 폭포가 쏟아지는 듯 또한 그의 늠름한 모습은 기뻐하고 슬퍼하고 즐거워하는 모습이 표정으로 솟아 나고 허공으로 치솟아 스스로 흥분케 한다. 도산의 웅변이 전설이다. 그리하여 나는 선생의 명령만 있으면 불이나 물 속에라도 뛰어들 작정으로 나 자신을 버릴 각오가 되어 있었다."

이것은 <신민회>를 이끌 때의 도산의 전설적인 변설의 군계 중의 학 같은 존재를 치켜 올리는 솔직한 말이다.

도산은 1905년 일본의 음흉하고 간교한 꼬임으로 을사보호조약乙巳保護條約을 맺게 되자 언론인으로 <황성신문皇城新聞>의 사장과 주필로 「시일야 방성대곡是日也 放聲大哭」이라는 만인을 울린 유명한 글을 쓴 애국 지사 장지연張志淵, 『한국통사韓國痛史』의 저자이며 역시 <대한매일신보大韓每日申報>와 <서북학회월보西北學會月報>의 주필로 활동하다가 3 · 1운동 뒤 시베리아로 망명 뒤에 <대한민국임시정부>의 국무총리도 지낸바 있는 박은식朴殷植, 그리고 그들과 더불어 <황성신문>의 창간에 간여하고 뒤에 1920년 <동아일보東亞日報>가 창간되자 언론계의 원로로서 편집 고문으로 활동하였던 유근柳瑾 등 특히 그는 <동아일보> 창간호의 1면에 아보의 본분이라는 애국의 심혈이 넘쳐흐르는 명문장으로 많은 독자를 울렸다.

헌데 미국으로부터 근자에 귀국했다는 소문을 들었던 도산 안창호가 느닷없이 나타나자,

"아니 이게 누구요? 안 동지가 아니요?"

안창호와 남궁억南宮檍은 도산이 옛날 <독립협회>에서 웅변가로 이름을 날릴 때 익히 가까이 지내고 있어서 서로 트고 지내는 사이였다. 도산은 남궁억이 열렬한 애국지사임을 익히 존중하고 있었다.

따라서 이번 본국에 돌아온 김에 무언가 실질적인 비밀 정치단체를 만들어야겠다고 생각하고 우선 의논할 상대로 <독립협회> 때 가까이 지냈던 그때의 협회 수석총무였던 남궁억과 앞날에 해야 할 문제에 대해 여러 가지로 의논하기 위해 그의 사무실인 사장실로 찾아갔다.

두더지처럼 철저하게 지하에 숨어서 기울어져 가는 나라를 힘을 가진 동방의 등촉으로 밝힐 그 기수 노릇을 조직과 그것을 만들 동지들을 뽑아야 한다고 생각해서였다. 그 첫 번째의 화살을 남궁억에게 쏘았다. 그와는 <독립협회> 때 어느 정도 뜻도 통했고 본국에 돌아와서 지도를 받을 만한 사람이 남궁억 밖에는 갑자기 생각나지도 않았던 것이다. 남궁억은 한밤 중에 갑자기 찾아 온 도산이 의심스럽기 조차했다. 얼마 전에 침략의 원흉이라고 소문이 떠돈 일본의 이토 히로부미와 가깝게 지낸다는 소문도 돌고 있는 안창호였기 때문이다. 일단은 의심해서 손해 볼 일이야 없겠지!

"아니 안 동지 아니요? 어쩐 일이요. 이밤 중에?"

"남궁 형! 누가 아니라오! 헌대 좌옹佐翁 월남月南 두 분 선생님들은 편안들 하시겠지요?"

"그렇소! 안 동지두 듣건대 왜나라에 들렀다 오셨다구 하는데 유길준 선생, 박영효 선생들두 잘 있습딧가?"

"예에, 두분 모두 찾아 뵈었는데 잘들 계십디다!"

"다행이군요!"

한참 동안 조용한 시간이 흐른다. 미국에서 돌아온 도산 안창호는 일단 조국의 실정을 자세히 살펴 본 뒤 미국에 돌아가서 애국 운동을 어떻게 펼쳐 나갈 것인가를 미국에 있는 동지들 이강 등과 의논해서 미국을 발판으로 본격적인 일본과의 항쟁 방향을 결정지으려고 했는데……. 정작 조국에 돌아와서 상황을 살펴보니 그렇게 느슨한 마음으로는 너무 늦을 것 같았다. 빨리 무슨 행동을 취해야 할 것 같이 느껴졌던 것이다.

어느 날 저녁 부랴부랴 <황성신문>사로 사장인 남궁억을 찾아 갔던 것이다. 자기가 이러한 처지에 나라의 앞날을 걱정하는 젊은이로 어떤 일을 하면 좋을지 가르침을 받기 위해서 <독립협회>의 선배인 남궁억을 찾기로 했다. 그래도 그와는 진지하게 의논할 수 있다고 생각했던 것이다.

생각다 못해 국내에서 동지들을 모아 허황되지 않고 실질적으로 민족의 앞날에 도움이 되는 일, 그런 알맹이 있는 실력배양을 위해 동지들이 힘을 모으는 임무는 장차에 있어서는 부강한 나라와 세계 만방에 자랑할만한 민족으로 살찌우기 위한 일에 서로 돕는 믿을 수 있을 만한 동지들을 가져야겠다고 결심해서였다. 그건 당분간은 비밀 지하 단체를 조직하자고 권유하기 위해서였다. 슬쩍 돌려서 이야기를 꺼냈다.

"남궁 형! 지금 우리나라가 어떻게 될 거라구 생각하오?"

"왜?"

"외교권두 일본에게 빼앗기구……."

"글쎄!"

역시 안창호가 무슨 뜻으로 밑도 끝도 없이 그런 문젤 끄집어내는지 알 수가 없었다. 그렇다고 별로 자길 떠보려고 하는 것 같진 않았다.

"안 동진 어떻게 생각하오?"

"글쎄요……."

안창호는 갑자기 한참 동안 먼 하늘을 뚫어져라 노려보더니,

"남궁 형! 우리 이대루 가만 있을 수야 없디 않갔소?"

"……."

"내가 이번에 미국으로부텀 많은 걸 배와 가지고 왔시다. 미국은 확실히 깬 나라드구만요. 민주주의라는 건 백성덜이 나라를 다스리는데 대통령두 뭐 일반 시민들과 마찬가지루 미스터Mister라고 부르는데 각하니 뭐니 하구 쓸데없는 높임말은 일체 안 쓰는 게 정말 맘에 듭디다. 우리나라두 빨리 그런 사회루 만들어야겠다는 생각이 불현듯 납디다. 옛날 <독립협회>시절 사회개혁이 거의 실현될 듯 하였는데 그만 일본인들의 간사 계책으루 좌절되었구……. 지난 일을 되풀이해서 무슨 소용

있겠소만!"

안창호는 침통한 얼굴로 고갤 푹 숙였다가 다시 벙글벙글 웃는 얼굴로,

"그런데 그렇다구 해서 미국 사람덜은 제멋대루가 아니구 법은 법대로 잘 지키구……."

한참 듣구만 있던 남궁억은 고개를 끄덕끄덕 하면서 도산의 말에 취하기나 한 듯 하였다. 그러다가 안창호가 찾아 온 목적이 무언가 생각이 떠올라왔다.

"헌데 안 동지! 무슨 일루 이 밤중에 찾아 왔지? 마음 속에 담아 둔 진짜 목적을 말하구려!"

안창호는 그제서야 둘레를 다시 한 번 둘러 보고는 한걸음 다가 앉으며 소리를 죽여서,

"남궁 형! 내가 비밀 지하 단텔 하나 만들었으문 하는데 어드룽게 생각합네까?"

"뭐요? 비밀 단체를?"

"예에! 비밀 디하 단테를요!"

"허어어……."

안창호는 얼마 전에 귀국하자마자 예전에 <독립협회> 때 <만민공동회>가 열렸던 종로 네거리를 한 번 돌아 보고서 깊은 감회에 젖었었다. 지금의 새문안교회가 있는 그 예전에 국립극장이던 원각사圓覺社 극장에서 연설회를 가진 바 있었다. 역시 단도직입적으로,

"대한의 연약한 동포 여러분! 우리의 위대한 조상님이었던 세종대왕께서는 세계 만방에서두 감히 견줄 수 없는 <한글>이라는 훌륭한 글을 창제하셨구 또 그 밑에서 18년 간이나 영의정으로 일인지하에 만인 지상인 황희黃喜 정승은 나라의 수장으로 있으문서 벤벤한 집 한 칸 없어서 비가 오문 집 안에서두 함지박으로 지붕으로부텀 새는 빗물을 받으문서 살았다는 그야 말루 청백리의 상징이었웨다. 한 번은 세종대왕께서 백성들의 실제 살림을 살펴보는 이른바 미행-평복을 입고 밤에 백성들의 사는 형편을 살피기 위해 측근만 데리고 궁궐을 벗어나서 거리를 살피려고 나오는 일-을 다니다가 황희 정승의 집에 들렀더니 지붕이 새는 현장을 목격하고 급히 궁궐로 돌아와서 도승지都承旨-임금의 비서실장-더러 영의정의 집을 빨리 고치라고 분부하셨다구 합니다. 요즘 같으문 그런 높은 벼슬 자리에 있는 사람덜은 돈을 숨길 데가 없나 해서 눈이 벍해 질 터인데 그 얼마나 깨끗합네까! 우리가 본받아야 하디 않가시오. 그 모두가 마음을 비우구 오로지 나라와 민족을 사랑하는 까닭으루라구 생각합네다. 대한의 백성 여러분! 지금 우리나라는 백척간두 누란의 위기에 놓여 있습네다. 정신덜 바싹 차레야 하가시오 나라를 위하여 하루 속히 새로운 학문을 배와서 힘을 길러야 하가시요! 세계의 열강이 국력이 강해서 디구를 지배하구 있습네다. 우리가 살구 있는 이 디구를 말입네다. 대한의 백성덜이여! 힘을! 실력을 기릅세다."

이런 연설로 청중들을 열광시켰던 것이다. 이것이 <신민회>를 만들기 전에 안 도산이 전국을 돌면서 백성들을 열광시켰던 웅변의 내용이다.

"남궁 형! 그래서 우선 동지가 될 사람덜을 좀 추천해 주시구레!"

"글쎄…… 그런 동지가 될 만한 더욱이 비밀을 지킬 만한 사람은 언론계에서 몇몇 추천하겠소만! 우선 1905년 한일보호조약 실은 일본이 우리 외교권을 빼앗은 늑탈한 거지만 강제루 뺏은 거지 만서두 그때 <시일야 방성대곡>이란 명문장으로 우리 온 국민을 울린 장지연 주필 그분은 내손을 지지라면 지질 수 있을 정도루 믿지요! 다음은 역시 <황성신문>을 같이 시작한 유근형-그는 <황성신문>의 창간 동인이었으며, 1920년 일본의 문화정치의 본을 보여주기 위해 3대 민족주의자로 일간지인 <동아일보> 중립지로 <조선일보> 친일지로 <중외일보> 등을 허가 하였다. 그 중 유근은 <동아일보>의 고문으로 창간호의 1면에 아보의 본분이란 논설로 민족의식을 앙양했던 것이다-을 자신있게 추천할 수 있소"

한편 도산이 박은식도 염두에 두고 있었다.

"백암白巖 선생은 어떠십니까?"

"아 참! 그 양반 백암 박은식을 뺏군! 그 분도 꼭 넣어야지!"

그 박은식은 황해도 황주 출신으로 기독교 신자이며 <황성신문> 창간에 동참했었다. 그가 지은 『한국통사』는 항일투쟁의 기념탑이라고 할 수 있다. 『한국독립운동지혈사韓國獨立運動之

血史』야 말로 일제 때에 빼앗긴 나라를 다시 되찾겠다고 피흘려 싸운 모든 분야의 혈투사를 상세히 기록한 귀중한 역사서이다. 물론 그것은 뒷날의 이야기지만.

"다음 선베루서는 유길준 선생이 계시지만 안 형이 이미 동경에서 만나 뵈었다니! 내가 왈가왈부할 계제가 아니구……."

"그럼 군인 출신으로선 물론 이갑李甲 군은 나와 같은 평안도 친구니까 전부터 잘 아는 사이구 내 직접 이갑 군을 만나서 군인 출신 동지덜을 추천 받두룩 하갔습네다!"

"그러시구려!"

"기럼 전 그만 가 보가시요!"

"벨루 대접두 못하구 안 됐수다."

"아닌 밤둥에 찾아와서 결례가 많아소이다!"

"천만에요!"

그 길로 도산은 나라를 빼앗길 앞날에 대해 함께 걱정을 나누었던 군인다운 괄괄한 성격의 옛부터 동지인 이갑을 만나러 갔다.

"어서 오소고레. 안 동디!"

"하하하 피안두 사투리가 없어디디 않은 모양이군 그래!"

"제 버릇 재 주가시요!"

"하하하……."

"하하하……."

두 사람은 한바탕 웃었다. 정말 허물 없는 사이다. 그것은 뒤에 알아진다.

"기건 기룽구, 군인 출신으루 그야 일본을 돟아할 사람은 없갔디만 그둥에두 정말 믿을 만한 동디를 추천하라구! 이동휘李東輝 군은 어때? 함경두 출신이라 좀 다루기 힘들갔디만."

"그룽디만 반일에는 더욱 털제할 걸!"

"그리구 또 적당한 사람 없어?"

"있디 누동렬柳東說과 그 동생 동작東作 두형제는 일신 동테루 제법 일본군과 싸우는데 힘이 될거요."

"돟아 내가 한 사람 한 사람 일일이 만나서 결덩 딧두룩 하디! 그럼 난……."

일어선다. 이갑이 놀래서 따라 일어서며,

"와? 벌써 갈라구?"

"응 전덕기全德基 목사를 만나야디. 그 낭반 상동청년회 관계루 애국디사덜과 많이 만나구 있을 테니까니! 쇠뿔은 단김에 뽑으랬다구 기럼 가 보겠네!"

전덕기 목사는 경기도 이천利川 출신으로 남대문 근처의 한성 상동감리교회尙洞監理敎會를 담임하고 있으면서 상동청년회를 운영하고도 있다. 갑작스런 안창호의 방문에 놀래는 한편 지난 번 도산의 강연회 때에 시간을 내서 한 번 찾아 뵙겠다는 말은 있었던 것이다. 마침 총무인 이동령李東寧이 옆에 앉아 있었다.

"안 선생 오셨군요!"

안창호는 어디선가 본듯도 한데 잘 생각이 나지 않는 젊은이

가 옆에 앉아 있어서 망설이고 있자 전덕기 목사는 재빨리,
"아 참! 소개하지요 이 분은 이동령 씨라고 우리 상동청년회 총무루 계시는 분인데……."
안창호는 그때서야 생각이 떠올랐다. <만민공동회>의 연설회때 만난 바가 있었던 것이다. 아예 잘 됐다고 생각했다.
"나는 안창호입네다."
눈짓으로 다른 사람이 있는데 괜찮냐고 묻자,
"이 분두 열렬한 독립투사이니 걱정없소."
"기럼 말을 하디요. 오늘은 긴히 의논할 일도 있구 해서……."
"우선 앉으시구려! 그렇게 서 있구서야……."
"단도딕입덕으로 말하갔웨다. 우리 예수쟁이덜은 빙 돌레서 말할 필요가 없구……. 목사님! 언제까디 일본의 압박 밑에서 살갔소? 벗어나야 하디 않가시소? 더더구나 일본 사람덜은 예수두 마음대루 못 믿게 하구……."
"그래서 내가 상동청년회라는 걸 만들어서 일본군에 항전을 하려구……."
이 때 또 잽싸게 어둠이 파고 든다.
"기독교는 엄연히 종교입니다. 종교가 정치에 뛰어 들문 되가시요!"
그 목소리는 마치 안창호의 입에서 나온 듯 들렸다.
"……?"
전덕기 목사는 안창호가 설마 자기에게 정치운동을 그만두

라고 충고하려고 왔을리는 만무하다고 생각하면서도 뜻밖에 종교와 정치를 혼동하지 말라는 엉뚱한 말을 하자 저으기 놀래지 않을 수 없었다.

"……."

안창호의 얼굴은 엄숙했다. 전덕기 목사의 얼굴을 뚫어져라 쳐다 보더니,

"어때요? 지금 전 목사는 이동령 씨 등과 사귀고 있죠!"

점점 이상했다. 아무래도 일본 경찰의 밀정같이만 보였다. 전덕기는 정신을 바싹 차렸다.

"지금 상동청년회를 움직이는 주요 인물들은 누구 누구입니까?"

"아니 안 형! 그건 왜 묻소?"

안창호는 마치 일본경찰이 심문하듯 애국운동을 하는 지사들을 샅샅이 캐내려는 일본 헌병보조원과 하나도 다름이 없었다.

"아니 안 형! 도대체 왜 왔소? 무엇을 알고자 하오?"

그제서야 안창호도 자기가 목적을 밝히지 않고 마치 형사가 피의자를 심문하듯 전 목사를 꼬치꼬치 조사한 것을 뉘우쳤다. 그건 어둠이 조작 곧 시험이라는 것을 깨달았다. 이제야 정신이 돌아왔다. 퍼뜩 정신을 차렸다.

"전덕기 목사, 목사님은 나 안창호를 믿죠?"

"예에! 그렇긴 하지만……"

그래도 미심쩍다는 얼굴이다. 도저히 어떻게 된 영문인지 몰

라 한참 동안 어리둥절 한다. 그제야 안창호가 잠깐 무엇에 홀려 정신을 잃었었다고,

"실은 그냥 국내의 형편이나 살피구 미국으루 돌아가려구 했는데 형편이 그렇딜 않구려. 국내 동디덜이 붓잡기두 하구 또 우리 동지들을 묶어서 단첼 하나 만들어야겠다구 생각하오만, 전 목사 어쩌면 좋소?"

전덕기 목사는 그제서야 안창호가 자기를 찾아 온 뜻이 어디에 있는지를 분명히 알 수 있었다. 문 두드리는 소리가 서너 번 나더니 최광옥崔光玉이 조용히 들어선다. 방안에 있던 애국자들은 으레 올 사람이 왔다는 것일 뿐이다. 새삼스럽지 않다는 표정들이다.

"안 동지는 안 오시오?"

전 목사의 물음에 최광옥은 마치 자기가 책임진 사람이나 되는 것처럼 당연하게 이리저리 둘러 보고,

"아직 안 왔소?"

모두들 마땅히 최광옥이 알 것이 아니냐는 듯 최광옥을 빤히 쳐다본다. 짓궂은 사람은 없으나,

"안창호 형이 너무 미남으로 자칫 하문 삼각관계로 번질 듯하지만 같은 안씨 종씨니까 그럴 염려는 없겠고……."

"하하하……."

모두들 유쾌하게 웃는다. 도산이 가져온 침중한 이야기로 분위기가 얼어붙는 듯 했지만 그 실없는 농담으로 방안 공기가

봄날 눈녹듯 훈기마저 돌았다. 이윽고 다시 문을 서너번 두드리더니 문제의 남장미인 안경신安敬信이 등장한다. 보통 여자도 남장을 하면 이뻐 보이는데 안경신 같은 아리따운 여자가 사내 복색을 하니 한층 이뻐 보였다. 이시영이 그답지 않게 농담을 했다. 그는 먼저 왔던 것이다.

"안 여사 오늘은 더더욱 이쁘시구려!"

"허허허……. 이 공이 농담까지?"

집 주인인 전덕기 목사가 새삼스럽게,

"방금 오신 분들은 모르시겠지만 도산 안창호 씨가 다시 미국으로 돌아가시기 전에 우리 애국하려는 동지덜을 묶어서 비밀 지하 단체를 만들었으며 하는데 여러분 의향은 어떠신지? 최광옥 형, 안경신 씨의 뜻은?"

이때 안창호가 나선다.

"내가 이번에 고국에 와서 형편이나 살피구 미국으루 돌아갈까 했는데 정작 와서 보니 그룷디가 않군요! 여기 남아서 할 일이 많은 것 같아서요!"

"그렇쉐다. 이제 우리나라는 일본에게 통째로 삼키우게 됐소이다! 안타까운 일이오. 이완용 등 정부의 친일파 대신들은 말할 것도 없구 친일조직 <일진회>인가 뭔가 하는 단체의 송병준, 이용구 등이 제 세상인 듯 날뛰는 꼴이란 눈꼴이 시어서 볼 수가 없을 지경이지!"

"그러나 저러나 우리나라가 망하는 것두 며칠 안 남았어!"

모두 긴 한숨을 짓는다. 도산이 무거운 입을 뗀다.

"동디덜! 우리 한층 더 허리띠를 졸라매고 왜와 싸우두룩 박차들을 가해야 할 줄 압니다. 여러분 어떠십니까?"

그 자리에 앉아 있는 모든 애국하는 독립투사들은 이를 갈며 분통을 터뜨렸다. 땅을 치며 통곡을 했다.

슬픔을 가슴에 안은 채 최강옥과 안경신은 설움을 헤치고 그래도 푸른 하늘이 펼쳐진 종로다리로 터벅터벅 걸어간다. 청계천 위에 놓인 광교廣橋 밑으로 내려 선다. 강가를 따라 하류쪽으로 내려가는데 첫 번째로 만난 다리가 바로 수표교水標橋였다. 무언가 무거운 흐름을 깨뜨려야겠다는 강박감 같은 것이 최광옥의 머리를 억누른다. 빠져나가고 싶다.

"안 여사!"

아직 결혼은 하지 않았지만 동지의 예우로 여사로 높임말을 썼다. 어느새 수표교에 다다랐다.

"안 여사! 이 다리를 뭐라 그러시는지 아시오?"

"수표교 다리 아녜요?"

"예! 그리구 그 수표교라는 게 무슨 뜻인지 아시는지요?"

"글쎄요! 확실히 세종대왕 때 만들었다는 것 만은 알고 있지만요!"

"그렇죠! 이 다리는 모두 화강암으루 만들었는데 다리 기둥은 여섯모의 돌로 만들었고 그 위에 길게 모진 횃대-桁-를 걸치고 돌을 깔아 놓은 매우 진기한 수법으로 되었소! 돌 기둥에는 경庚・진辰・지地・평平이라는 물의 깊이를 재었다구 하구 이씨조선 제21대 영조英祖 때에는 물이 느는 모양을 한성판윤漢城判尹-지금의 서울시장-에게 알려 홍수에 대비케 했다구 합니다."

"예에? 그런 연유가 있었구만요? 헌데 최 선생님은 어떻게 그릏게 역사두 많이 아시죠?"

"기야 모르는 사람들을 가르치려문 자연히 옛날 일두 자세하게 공부하게 되죠! 우리 다시 거슬러 올라가 볼까요?"

"예! 하긴 이 청계천처럼 조용한 데두 드무니까요."

"헌데 요즘은 아낙네덜이 서답-빨래-덜을 가디구 나와서 씻기 때문에 물이 티꺼워-더러워-데서 큰일이야요!"

"기런데두 거리가 한가해서 우리덜처럼 남의 눈을 꺼릴 사람덜은 돟네요!"

그들은 한동안 별 주고 받는 말 없이 마냥 강을 거슬러 올라간다. 어느듯 땅거미가 뉘엿뉘엿 지기 시작했다.

"발세 어두어 뎄네요! 우리 이제 그만 집으루 돌아갈까요?"

"아참! 이 다릴 뭬라구 하는디 아세요?"

"가만 있자 여기가 적선동이니까니 적선굔가요?"

"아뇨! 종교琮橋라 해요!"

"예에? 종교요?"

"예전 연산군燕山君 때……."

"폭군 연산군 말인가요?"

"그 연산군 때 허종許琮이란 대신이 있었는데 성종成宗 임금

앞에서 연산군의 생모에게 죽음의 사약을 내리는 회의가 있었지요. 허종이 급히 말을 몰다 그만 이 다리에서 떨어져서 입궐을 못해 다행히 연산의 그 뒤의 대량몰살의 사화를 면했다는거요! 기래서 기 다음부턴 이 다리를 허종교라 부른다드군!"

"예에?"

이미 어둑 어둑해서 발을 내디딜 수조차 어려울 지경이었다.

"그만 돌아가디요!"

앞 길도 어둡고 가슴들도 어두워 발길을 어두운 방향으로 돌리지 않을 수 없었던 것이다.

깊은 밤의 철석같은 약속

1908년 늦은 가을의 다 저문 저녁 가회동嘉會洞의 번듯한 개와집이다. <대한매일신문大韓每日新聞> 주필 양기탁梁起鐸의 우거다. 오늘 따라 왠일인지 부인과 아이들은 어디로 보냈는지 보이지 않고 또 손님을 사랑에서 맞이하지 않고 안방에 집주인 양기탁이 도산 안창호와 단둘이서 마주 앉아 있다. 두 사람 다 말이 없고 누구를 기다리는 모양이다. 이윽고 밖에서 큰 기침소리가 들리고 남강 이승훈이 들어온다. 평안북도 정주 오산에서 일부러 올라왔다. 그리고 남대문역에서 이 북쪽 가회동까지 천천히 걸어서 두루마기 자락을 휘날리며 근 한시간이나 걸려서 혹시 누가 쳐다보지 않는지 두리번거리며 아는 사람을 만나면

마주칠까봐 피하면서 올려니까 그만큼 시간이 걸렸던 것이다.

"어서 오십시오. 남강 선생님!"

집주인 양기탁이 일어나서 인사를 하자,

"앉으시구레 다들 아딕 안 왔구만!"

도산이 웃음 띤 얼굴로,

"인제 곧들 오갔디요!"

"내레 데 일탁이구만!"

두루마길 벗는다. 집주인이 지체 없이 받아서 벽 못에 건다. 곧 이어 김구가 흰두루마기를 펄럭거리며 들어온다.

"벌써 남강 선생님이 오셨군요!"

이어서 이갑, 이동휘李東輝, 유동열柳東說과 박은식朴殷湜, 안태국安泰國, 주진수朱鎭洙, 이동령, 이시영, 옥관빈玉觀彬, 전덕기, 노백린盧伯麟, 최광옥, 조성환曺成煥 등이 나타났다. 집주인 양기탁은 방안이 비좁을 정도로 많은 사람이 모이자,

"이제 어지간히 모인 것 같으니 도산 시작해 보시지요!"

"그럽시다."

"와 좌옹은 안 오디?"

남강이 윤치호가 나타나지 않자 의아해 한다.

"아아! 윤치호 선생은 지금 바쁘시구 또 기독교청년회 일루 눈코 뜰 새가 없이오."

"그래두 좌옹이 빠디문 되나?"

좌옹은 윤치호의 아호이다.

"그보다두 먼저 우리 모일만한 사람덜은 대개 모였으니까니 우선 우리 <신민회>를 아 참, 우리회 이름을 <신민회> 곧 새루 태어나는 백성들이 모인다는 뜻으루 단체 이름을 <신민회>루 이름 짓는 것이 어떻소?"

"거 돟구만!"

이번에도 남강이 찬성했다. 모두들 반대가 없어서 그대로 결정됐다.

"그럼 우리 단테 이름은 <신민회>라구 하구 대표를 뽑아야 갔는데……."

"뭐이? 대표?"

"그야 도산이 대표레 아니야?"

"천만에요! 나는 안되요!"

"와? 안되디? <신민회>! 기레 <신민회> 그걸 누구레 만들었는데 도산이 아냐? 그르문 당연히 도산이 대표가 되야디 않아?"

이승훈은 모두를 돌아다 보았다. 반대할 사람이 없을 것으로 생각하였다. 사실 모두 그것이 당연하다고 생각하고들 있었다. 헌데 장본인인 도산이 반대하고 나섰다.

"아니요. 난 안되오!"

"……."

"그게 무슨 소리야? 안되다니? 그럼 누굴 대표루 세우디?"

"이 집 주인 양기탁 군이요!"

"……."

모두 어리둥절했다.

"양기탁 군은 그동안 이 나라에서 한 일두 많구 이름두 꽤 알려졌구 모두에게 존경두 받구 있구 마땅히 대표가 될만 하다구 생각됩니다. 그래서 내가 특별히 추천하는 바이오. 또 나는 멀디 않아 미국으루 가게 될디두 모르니까니!"

도산이 양기탁을 <신민회> 대표로 추천한데는,

"내가 양기탁 선생을 우리 지하 비밀단테의 대표루 받들려구 하는 데는 그만한 니유가 있습네다. 녜산 양 선생이 <대한매일신문> 주필로 계실 때에 필화사건으루 잡혜 들어간 덕이 있어시오! 기때 무슨 일이 있었는디 알가시요?"

모두 도산이 무슨 말을 하려는지 궁금해 한다. 물론 그 당시에 공판정에서 있었던 일을 대강은 듣고 있어서 알고는 있었지만 그때 미국에 있던 안창호가 그 사실을 알고 있으리라고는 미처 몰랐었다.

"도산이 그때 사실을 아시우?"

이시영이 묻자 안창호는,

"나두 들어서 알구 있디요!"

"호오! 설마 했는데!"

"그때 쯔까와라 재판장이 이랬나? 저랬나? 하자 양 선생은 이랬다 저랬다 하문서 역시 반말루 딴전을 부리면서 정면으루 쳐다 보디 않구 뚱단디 같이 대답하자 그때에두 재판을 맡구 있던 쯔까와라 재판당이 이놈아! 내놈이 뭐길래 나를 보지 않구 딴전을 피우느냐? 하구 욕을 하자 양 선생이 이놈아! 하필 보기 싫은 놈의 상판대길 볼 필요가 무어 있느냐? 네가 나를 억지루 끌어다가 2년씩이나 징역을 지워서 네가 보는대루 이룧게 붉은 죄수복을 입구 있지 않느냐? 죄가 있다문 그때나 지금이나 내가 조선인이라는 죄 밖에 없지 않느냐! 라고 대답했다디 않소! 그른 기개를 가딘 분을 우리 단테의 최고 지도자루 모세야 하디 않갔소? 여러분 어떻소?"

아무도 반대하지 않았다. 결국 조직을 추진한 안창호의 추대로 양기탁이 비밀지하 정치단체인 <신민회>의 최고 책임자로 추대 되었던 것이다. 그러자 도산이 그렇게 결정된 것으로 알고,

"그럼 내가 부탁할 게 있소. 다름이 아니라 이 자리에 미쳐 오디 못한 동디들 말인데, 이미 내가 승낙은 받아 놓았으니까니 각 도 책임자루 선출된 동디들이 딕텁 만나서 오늘 저녁에 결정된 사항을 던해 주기 바랍니다. 그리구 이제부터는 우리 동디들끼리 서루 부를 때 아무개 군이라구 하구! 기럼 각 도 책임자를 뽑읍세다."

"경기도는 양기탁 동지가 겸임하는 것이 좋을 듯 하오."

이동령이 선뜻 추천했다.

"좋소 좋소!"

만장일치로 양기탁이 경기도 대표로 결정되었다. 다음 강원도 대표로는 주진수가 황해도 대표로는 김구가 평안남도 대표는 안태국이 평안북도 대표로는 이승훈이 함경북도 대표는 이

동휘가 각각 선출되었다.

"그럼 우리 <신민회>가 할 일을 의논합시다."

그러자 모두들 심각해진다. 가장 중대한 강령을 정하는 일이다. 결국은 자신의 뜻을 펴는 것이다. 이제부터의 애국 운동의 방향을 결정 짓는 다시 말해서 자기 인생의 방향을 세우는 갈피인 것이다.

"도산이 이 <신민회>를 만들 때 무슨 생각이 있었을 게 아니야! 그걸 속 시언하게 털어 놓구려! 우물쭈물 하디 말구 여러분의 생각은 어떻소?"

"남강 선생 말씀이 옳소!"

"그럼 내 생각했던 바를 남강 선생 말씀대루 털어 놓디요! 허허허……. 앞에서도 말했듯이 애당초 미국으로부터 본국에 돌아올 때에는 돌아가는 형편이나 살피고 그냥 미국으로 가려고 했지만 도저히 그래선 안 되겠다고 생각해서 동지들을 모아 지하 비밀단체 <신민회>를 조직하게 되었구 또 지금 실제적으로 총지휘하지 않으면 안되게 되었소."

자기에게 맡겨진 사명이라면 오히려 고맙다고 하느님께 감사할 따름이었다.

"하느님! 정말 감사합니다. 이제 전국의 열렬한 애국자들을 이처럼 악독한 섬나라의 살괭이와 싸우도록 모이게 해주셔서 정말 감사합네다. 이 혈맹의 동지들은 내내 변치 않고 왜와 싸워 빼앗긴 나라를 다시 찾을 때까지 힘을 합쳐 항쟁할 것을 지켜 주시옵서서. 십자가의 무거운 짐을 지구 이 세상을 하직한 주 예수 그리스도의 이름으루 간절히 기도드립니다. 아멘!"

그날 저녁 정성스러이 그가 닮기를 바라는 하느님께 진심으로 기도를 드렸다. 주님께서 겟세마네 동산에서 피땀 흘려 기도를 드림같이 기울어져 가는 조국의 앞날에 평강이 찾아오기를 간절히 바라면서!

도산이 이날 밤 비밀하게 모인 <신민회>의 중진들에게 밝힌 <신민회>가 갈 길은 첫째, 애국적 선구자들이 자기 수양에 힘써 힘을 키우고 민중의 모범이 될 것. 둘째, 그러한 동지들이 굳게 단결하여 힘을 더욱 크게 할 것. 셋째, 그 힘으로 교육과 산업 진흥에 전력하여 전민족이 역량을 준비할 것. 넷째, 그리하여 앞으로 오는 독립의 기회를 놓치지 말고 자주의 역량으로 민족 재생의 큰 사업을 이룩할 것.

"위와 같이 여러분께 당부합네다. 그래야만 우린 기필쿠 우리 겨레를 영원히 복된 나라로 만들 수가 있을 것입네다. 여러분들은 우리 민족의 희망입네다. 우리 겨레의 앞날은 여러분들의 두 어깨에 달려 있습네다. 한층 분투해 주십시오. <신민회>의 출범에 당해서 저 도산이 중진 여러분께 당부하는 것은 오로지 이 말뿐입네다. 부탁합네다!"

이와 같은 도산 안창호의 간곡한 부탁은 바로 우리 온 조선 민족에게 부탁한 간절한 꿈이었으며 나라 사랑의 정성이었다. 그 안창호는 일생동안 오로지 이 한마음으로 세상을 죽는 그

순간까지 노저어 나갔던 것이다.

<청년학우회>의 사상도 <대성학교>의 이념도 <흥사단>의 철학도 아울러 이러한 형이상학적인 정성을 씨와 날에 짙게 물들려 <남을 사랑 나를 사랑 나라 사랑>의 삶을 한올 한올 짜가려고 한다. 아니 도산 안창호의 인생의 전부를 하나의 판版으로 새겨 놓으려는 것이다.

남성의 흥분을 믿음으로

곯아 떨어졌다. 누군가 정말 말 잘했다. 구태여 미국으로 돌아갈 필요를 느끼지 않아 본국에 남아서 나라를 위해 겨레의 앞날을 걱정하는 우국 지사들을 묶어서 한 뜻으로 왜와 싸우려는 지하 비밀단체를 만들려는 도산의 생각에 찬동하는 사람들을 만나서 힘을 합치기로 하는데 애쓰다보니 긴장하고 또 여러 사람을 만났으니 자연히 피곤했을 것은 틀림없었다. 몸이 솜이 되었다.

도산은 자리에 눕자 마자 세상 모르고 깊은 잠의 수렁속으로 빠져 들었다. 아마 누가 그대로 업어 갔다면 꿈 속에서 구름을 타고 두둥실 여행을 즐기는 나그네가 되었을 게다. 이때 바시시 문을 열고 들어온 아리따운 아가씨가 있었다. 그녀는 오래 전부터 미남인 도산을 깊이 연모해 온 평생의 동지인 필대은의 외동딸로 과년해서 무르익을 대로 무르익은 터질듯한 몸매의 필은

애였다. 오늘 밤에는 기어코 오랫동안의 쌓이고 쌓였던 안타까운 욕망을 풀어야겠다고 간절하게 열망하고 있었다.

그녀는 살금살금 어둠을 더듬어서 도산의 옷을 헤쳐 가슴에 그녀의 야들야들하고 부드럽고 따스한 손을 도산의 가슴으로부터 차츰 불두덩 밑으로 더듬어 내려간다. 도산의 남성은 자기 의식과 상관 없이 본능적으로 부풀기 시작한다. 마침내 그녀의 손이 도산의 남성을 건들려고 했다.

도산은 퍼뜩 잠에서 깼다. 그건 오랫동안 왜와 싸우면서 자동적으로 몸에 익혀진 거의 본능적인 반사작용인지 모른다. 아내 혜련의 얼굴이 벼락처럼 눈 앞에 덮쳐 왔다. 또한,

'엘리 엘리 라마 사박다니'

골고다의 언덕에서 인류의 죄를 대속하기 위해 십자가의 갖은 고초와 모멸을 당한 왕중왕 그리스도의 마지막 울부짖음이 앞을 가로 막았다. 정신이 퍼뜩 든다.

"양초와 성냥이 머릿맡 책상 서랍에 있으니 어두우면 더듬지 말구 빨리 찾아서 불을 켜게!"

밖에까지 들릴 정도로 큰 소리로 외쳤다. 믿음이 그 도산에게 닥친 시험을 이기게 했던 것이다. 도산 안창호는 자리에서 일어나 단정히 무릎을 꿇고 앉아 은애에게,

"은애양! 그대가 오래 전부터 나 도산을 좋아하는 걸 알구 있었디만 난 이미 쥔이 있는 몸이라는 걸 잘 알구 있디 않소? 게다가 아가씨두 내 아내와 잘 아는 사이구!"

"……."

"제발 이제부터 다시는 이르디 마시라요!"

필은애는 어둠 속에서도 얼굴이 확 확 달아서 빨개진 채 고개를 푹 숙이고 가느다랗게 흑흑 느껴 울고 있었다. 무안했다. 당연히 마음을 고쳐 먹어야 할 것이다. 그런데 자기 마음인데도 자기 마음대로 안 되니 죽을 맛이다.

"선생님! 한 번만 꼭 한 번만 안아 주시문 다시는 괴롭히디 않가시요!"

"아가씨! 나는 예수교를 믿는 신자요! 십계명에 간음하지 말라는 대목이 있소. 자기 아내 밖에 다른 여자를 보고 음심을 먹기만 해도 간음한 것으로 된다구 했소. 그러니……."

"죄송합네다!"

도산이 한참 동안 어둠 속에서 깊은 생각에 잠기는 듯 하더니,

"은애양! 난들 젊은 몸이라 더욱이 오랫동안 아내와 접촉을 하디 않구 있는 이때 여자 생각이 어찌 없겠소? 나두 고자가 아닌 이상에 말이요! 허디만 참는 거요! 참는 자는 복이 있나니 천국이 저희 것이요! 라는 산상보훈을 들어 본 적이 있디요! 아바지에게서락두 말이요!"

필은애는 쥐구멍이라도 있으면 들어 가고 싶었다. 그만큼 부끄럼이 하늘에 닿았다. 슬며시 일어났다. 이젠 그 자리를 어떻게 뜨느냐가 수수께끼였다. 다행히 도산이 그 길을 터 주었다.

"이제 가보그려!"

도산이 구세주였다. 필은애는 한숨을 푸- 내쉬고 살그머니 일어섰다.

거국가

민족성 개조의 기지 대성학교大成學校

"좌옹 선생님! 저 안창호가 이 한성까지 올라 온 성의를 봐서 락두 저의 청을 들어 주시라요!"

"참! 딱두 하시우. 그 학교는 안 형이 세웠으니 의당 안 형이 교장이 되는 것이 당연하지 않아요?"

"글쎄 저는 선생님 밑에서 교장 대리루 실제 학교 모든 일을 돌보갔다구 하디 않아요!"

"아니 구태어 나더러 교장을 하라는 이유가 무어요?"

"글쎄 아까두 말씀 드렸디만 우리 대성학교는 다른 둥등학교와는 달리 좀 수준을 높에서 우리 사회를 뜯어 고틸라구 합네다. 그 지도자덜을 길러 낼라구 하니까니 교당은 좀 권위가 있어야 하디 않가시오! 그래서 좌옹 선생같은 분이 척하니 앉아 계셔야 학생덜두 전국에서 모여 들거구요! 생각다 못해 좌옹 선생을 모시려구 예까디 왔습네다. 그러니까니 꼭 와주세야 갔습네다."

"정 그러시다문 한번 생각해 봅시다!"

사실 윤치호가 대성학교 교장으로 오게 된데는 그 전에 좌옹에게 대성학교에서 초청 강사로 강연을 부탁했는데 400여 명의 학생들이 강연장에 들어갈 때와 나올 때 질서 정연함이 잘 훈련되어 있어 감명 깊어서 교장으로 올 것을 결정했다고 했다. 어쨌든 안창호는 그제야 좌옹 윤치호가 자기가 큰 마음 먹고 세운 대성학교의 교장을 맡아 주리라고 믿고 자리를 떴다. 부랴부랴 남대문역에서 평양행 경의선 기차를 잡아타고 학교로 돌아오고 있었다. 차창 밖으로 보이는 초라한 초가집들을 바라 보면서 안창호는 한 없는 서글픔에 눈 앞이 흐려져 고개를 떨구지 않을 수 없었다.

'어쩌면 저렇게 지지리 가난하담! 그런데두 깨닫딜 못하다니! 빨리 깨우티야디! 우리 대성학교가 할 일이 너무 많은데……. 할 일이 산떼미 같이 쌓였네.'

그의 마음은 어둡기도 하고 급하기도 했다. 속이 탔다. 정거장에 내리자 마자 잰걸음으로 학교 교무실로 달렸다. 두 분 귀한 손님이 기다리고 있었다.

"도산 지금 돌아오시오?"

이인환으로부터 거듭난 남강 이승훈이 반가운 듯 도산의 손을 덥석 잡는다. 그리고 또 한 사람은 체육선생으로 초청한 정인목鄭仁穆 선생이었다. 도산은 반가왔다. 이인환은 자기 연설을 듣고 그 자리에서 구시대적 양반의 상징인 상투를 아낌없이 싹뚝 잘라 버리고 그 길로 향리 정주로 내려가서 신식학교인 <오산학교>를 세우고 이제 자기 도산을 만나려고 온 것이다.

그리고 정인목 교사를 체조를 가르칠 선생으로 초빙해 온 것은 학생들을 군대식으로 훈련시켜서 인간성을 규율적으로 뜯어 고치려고 해서였다. 또 정인목은 도산을 존경하는 민족주의에 철저한 애국지사이기도 하였다. 그는 사관학교 출신으로 사실 대성학교에서 뿐만 아니라 옛날 서당에서 한학을 그저 외우게만 하게 가르치는 낡은 교수방침을 지양하고 학생들에게 이해시키는 새로운 교육방침을 따오려는 것에 마음으로 찬성해서였다.

이때 이승훈이 나선다. 자기도 할 말을 하고 곧 돌아가야 하겠기 때문이었다.

"데무사니 도산!"

그러자 안창호는 이승훈이 있다는 것을 새삼 깨닫고,

"아 참! 남강 선생!"

"나 좀 봅세다."

이승훈이 정인목에게 눈짓으로 용서를 빌며,

"도산 내사 할 일이 뭐요?"

"그렇디 않아두 내 부탁이 있수다!"

"뭐인데 도산이 죽으라문 내 죽는 흉내라두 하디!"

"다름이 아니구……."

소릴 낮추어서,

"<신민회> 평안북도 책임자가 되어 주십사 하는 거요!"

"까짓게 뭐 어렵갔소! 내 재정두 맡으리다!"

"그럼 더 할 나위 없이 고맙갔소!"

"넘네 놓시우."

다시 제자리에 돌아오며,

"정 선생 미안했소. 우리 잠깐 사사로운 내기가 있어서!"

"괜지 않습니다. 헌데 저분은?"

"아 참, 소개가 늦었군요! 저분은 그 유명한 무역왕으루 한때 우리 조선의 상권을 주름 잡으시던 이인환 씨! 으응 지금은 거듭나서 평안북도 정주에 <오산학교>라는 신식학교를 세우신 남강 이승훈 선생이시오!"

이승훈은 먼저 손을 내민다. 신식이다. 악수를 청한다.

"예에 미처 몰라뵀습니다. 전 정인목이라구 체조를 가르치려구 왔습네다."

"우리 <오산학교>에두 군인툴신 테조선생을 모세왔디요."

"그럼 남강 선생님두 오셨구 또 정 선생두 처음 오셨으니까니 학교 시설이나 구경하시디요!"

세 사람은 밖으로 나갔다. 학교 경내를 대강 돌아보고 난 뒤 이승훈은 정주로 내려가고, 도산과 정인목 선생은 각각 숙사로 돌아갔다. 물론 도산은 학교가 숙사지만!

대성학교는 평양 유지 김진후가 2만원을 희사하고 평안북도 선천의 오치은-그는 정주의 <오산학교>에도 막대한 금액을 기부했다-또한 보성전문학교를 설립한 이씨 조선조의 고관을 지낸 바 있는 이용익李容翊의 손자인 이종호李鍾浩와 오희원吳熙源도 학교 설립에 깊이 관여했다고 한다.

그러나 무엇보다도 안창호의 나라에 대한 사랑과 민족성 개조에 대한 불같은 열의가 살갗 밖으로 솟아 나온 것이 대성학교이다.

물론 교장은 좌옹 윤치호가, 대리교장인 안창호가 실질적인 교육 책임자로 학생 한 사람 한 사람을 일일이 그 성품에서부터 장래 무엇을 하려는지 마치 그 학생의 속에 들어 갔다 나온 사람처럼 속속들이 알고 있었다. 설혹 그 버릇이나 좋아하는 학과를 모르면 알려고 노력했다.

물론 대성학교는 기독교 교지의 학교는 아니지만 교장 윤치호는 물론이고 대리교장 안창호마저 열렬한 기독교 신자이니 만큼 전교생들에게 일요일날 교회에 나갈 것을 권유한 것은 물론이었고 학교 안에서 성경연구회를 두어 학생들의 성경연구에 힘을 기울이게 도왔으며, <신민회>의 총무인 전덕기 목사가 주였지만 선교사 기일 박사, 부두일 목사 등을 초청하여 자주 강론케 하였고 도산 자신도 가끔 설교를 하였다.

학교 운영 주체는 대강 이러했다.

교　　장 윤치호
대리교장 안창호
교무주임 장응진張膺震-태극학회 회장
교　　원 차리석 나일봉 김두화 장기영 문일평 황의돈 외 16인
체조교사 정인목 뒤에 이승설

등이었으며 학교 교육 방침은 어느 정도 스파르타 식이었고 어디까지나 성실을 근본으로 하여 건전한 인격을 가장 힘주어 훈련하였다. 그리하여 학생들의 선발에 있어서 체력, 총명, 담력, 정직, 학식을 시험하였으며 정인목 체조선생은 학생들을 새벽에 비상 소집해서 만수대萬壽臺나 청류벽淸流碧 꼭대기까지 달려가게 했다. 주로 집단체조를 위주로 했고 '장하도다 우리 학도 병식행보가 나폴레옹의 군인보다 질 것 없겠네'라는 노래를 소리 높이 부르며 평양거리를 씩씩하게 행진했던 것이다. 그 늠름한 모습과 기상을 보는 평양시민들은 과히 다음 세대의 대한을 짊어질 충분한 젊음을 발견했던 것이다. 더욱 나라의 어두운 앞날이 안타까왔다. 실은 도산 안창호는 그 학생들의 늠름하고 씩씩한 모습을 보여 줌으로써 우리 백성들에게 겨레에 대한 사랑을 깨우치려고 했는지 모른다.

김형식金瀅植이라는 신문기자가 된 그때에 다닌 학생은 다음

과 같이 회고하고 있다.

"근대 조선에 처음 생긴 유일한 정당인 <독립협회>가 없어진 뒤 1906년 경 뜻있는 이들은 여기저기서 실력배양을 외쳤다. 교육열이 다른 지방보다 앞섰던 관서지방關西地方에선 더욱 그랬다. 이 때 뛰어난 선각자이신 도산 안창호 선생이 민족을 사랑하는 정성이 고여 대성학교를 세우시고 전국으로부터 뜻있는 젊은이들을 모아 애국개세의 정신을 드높이고 나라 사랑의 뜻을 깊게 하고자 가르침에 정성을 쏟았다. …(중략)… 또 조회 때마다 애국가를 높이 부르고 엄숙한 애국 정신을 강조하는 훈화로 하루의 일과를 시작하였다. …(중략)… 동문회는 자치적으로 운영되었고 강론부, 음악부, 운동부, 검찰부檢察部-감찰부인 듯-, 사교부 등이 있는데 특히 검찰부는 체조선생의 관리 밑에 있었다. 더욱이 학교 가까이에는 교회당이 있어 학생들은 일요일에는 빠짐없이 예배를 보아야 했다. …(하략)…"

또 황해도 안악의 김용대金庸大라는 사람은 숭실학교 재학 중이었는데 도산 선생의 소문을 듣고 동창 10여 명과 함께 선생을 찾아와서 밤 깊도록 말씀을 듣고 감동을 받아 동생을 대성학교에 입학시키기도 했던 것이다. 이때 대성학교 재학 중이던 전영택田榮澤-아호가 늘봄인 그는 감리교 목사로 일본 도쿄에 유학할 때 김동인과 함께 『창조創造』라는 문학잡지를 창간한 동인이기도 하다-는 역시 함께 대성학교의 동창인 김성업金性業-평양 출신으로 국회의원을 지낸 바 있는 박현숙 여사의 남편으로 조만식 등과 훌륭한 민족주의자의 한 사람이었다-등과 이런 말을 주고 받는다. 도산이 지었다는 애국가의 제2절이,

이 기상과 이 맘으로
충성을 다하여
괴로우나 즐거우나
나라 사랑하세

김성업이 놀래며,

"아니 어드룹게 그룹게 잘 알디?"

"내가 본디 글재주가 조금 있디 않았네! 벌써 전에 도산 선생이 애국가 가사를 나더러 한 번 보라고 하셔서 그 때 본적이 있었디!"

"으응! 그랬구나!"

다시 김성업의 학교에 대한 자랑도 이어진다.

"우리 대성학교가 4년제 둥학교라구는 하디만 수준이 높기는 다른 전문학교와 같디 않가서? 게다가 나라 사랑의 뜻을 키우기 위해 도산 선생이 매일 아침 정신 훈활 통해 나라 사랑 말씀을 빠짐없이 하시디 않아? 그게 어디야! 정말! 다른 학교와는 달라! 이 학교에 들어오길 참 잘했어"

평양의 명승인 연광정練光亭에서 나라의 앞날을 걱정하는 우국청년 전영택과 김성업과 김형식 세 젊은이는 매달 한 번씩

만나기로 약조하고 자기네가 다니는 다른 학교와는 다른 <신민회>의 뜻을 펴려는 교육장으로서 큰 꿈을 키우려는 배움의 터인데도 차츰 기울어져 가는 나라의 앞날에 드리워진 어두운 먹구름을 어떻게 하면 걷어 낼 수 있을까 하고 한없는 근심에 불안한 나날을 어찌할 수 없었다. 진흙 수렁이를 벗어나려고 몸부림쳤지만 빠져 나가는 길은 바이 없었다. 간신히 도산 선생의 가르침 속에서 애오라지의 희망을 찾을 수밖에 없었던 것이다. 그런 뜻에서도 대성학교는 젊은이의 답답한 가슴을 속시원히 씻어주는 하나의 큰 빛 청량제가 되기도 했다.

전영택이 하루는 이미 지난 얘기지만 이런 말을 상기시켰다. 도산은 항상 "죽더라도 거짓이 없으라"라고 강조하면서 "꿈에라도 또 농담으로도 거짓말을 해서는 안 된다"고 했다. 그런데 이런 일이 있었다. 한번은 도산 선생이 조회시간에 교단에 올라서서,

"여러 학생덜 대단히 애석한 일이지만 오늘은 한 학생을 무기정학이라는 둥벌을 처하디 않으문 안 되갔소. 다름이 아니라 한 학생이 결석계를 냈는데 자기 도장이 없었던지 남의 도장을 부벼서 캄프라쥬했소."

도산 선생은 심히 노한 얼굴로,

"그런 학생은 도저히 우리 대성학교에서는 용납이 안되오. 그런 학생이 우리 대성학교에 있다는 것은 우리 학교의 정신에 어긋나오! 대단히 애석하지만 무기덩학에 처할 수밖에 없

소. 그런 학생은 아무리 공부를 한댔자 소용이 없소! 부득한 일이오!"

또 학생들의 협동심을 기르기 위해서 등교할 때 돌을 한 개씩 가지고 오도록 하였는데 한번은 학생학우회의 회장이면서 최상급의 급장인 학생이 깜빡 잊었는지 돌을 안 가지구 학교에 온 적이 있었는데 마침 도산 선생님한테 들켰다. 그러자 그 학생더러 돌을 가지고 오라구 했지만 그 학생은 '용서하십시오'라 하면서 무슨 생각에서인지 아무 말도 없이 그 채로 줄 속을 들어 갔었는데, 도산 선생이 그때에는 아무 말도 하지 않았다가 조회가 끝난 뒤 그 학생에게 머리에 새끼 수세미를 쓰구 또 팔을 벌리구 한 시간을 서있게 하고서는 학교 밖에 나가서 돌을 한 개 가지고 오게 했다.

"결국 일단 학교에서 결정한 규칙은 학생의 지위가 어떻든간에 지켜야 된다는 가르침을 털데히 디키라구 한거야! 그것이 우리 대성둥학교디! 우리 대성학교가 다른 둥학교와 다른 게 그 덤이야!"

김성업, 김형석이 역시 전영택의 말에 전적으로 동감이었다. 도산 안창호는 또 대성중학교는 남녀공학이 아니므로 조신성趙信聖 여사 더러 평양에 진명進明여학교를 세우게 하고 한성-서울-으로 여자들을 유학 보내 신식 학문을 배우게 하고 방학 때 돌아오면 대대적으로 환영회를 열었다. 한번은 기생이 자기 직업을 버리고 한성에 올라가서 여학교에 다니다가 돌아온 일까지 있었다.

사랑하는 우리 학생
오늘날 서로 만나보니
반가운 뜻이 많은 중에
나라 생각 더욱 많고나!

환영회 석상에서 드높이 부르며 즐거워했는데 이 노래는 물론 도산이 지은 것이다.

도산의 꿈은 컸다. 평양에 대성학교를 표본으로 세우고 전국 각 도시에 같은 식의 중학교를 세울 작정이었다. 우선 평안북도 정주에는 남강 이승훈이 <오산중학교>를 세웠으며 고당 조만식으로 하여금 교장으로 삼아 실천교육을 실시토록 하였다. 도산의 꿈은 한껏 부풀어 갔다. 헌데 갑자기 시커먼 먹구름이 덮어 씌어 왔다. 날벼락이 떨어졌다. 섬나라의 살쾡이가 연하디 연한 반도의 어린 양을 한 입에 삼켜 먹으려는 것이었다. 이른바 <대일본제국> 천황폐하大日本帝國 天皇陛下가 <대한제국> 황실大韓帝國 皇室을 보호해 준다는 구실로 일한합병日韓合倂이라는 늑탈을 감행하려고 했던 것이다.

이에 도산 안창호는 눈물을 머금고 다시 망명의 길을 떠나야 했다.

간다 간다 나는 간다

간다 간다 나는 간다
너를 두고 나는 간다
잠시 뜻을 얻었노라
까불대는 이 시운이
나의 등을 내 밀어서
나를 떠나가게 하니
일로부터 여러 해를
너를 보지 못할 지니
그 동안에 나는 오직
너를 위해 일 할지니
나 간다고 설어 마라
나의 사랑 한반도야

간다 간다 나는 간다
너를 두고 나는 간다
지금 너와 작별한 후
태평양과 대서양을
건널 때도 있을 지요
시베리아 만주들로
다닐 때도 있을 지나

나의 몸은 부평 같이
너도 나를 생각하라
나의 사랑 한반도야

간다 간다 나는 간다
지금 이별 할 때에는
빈 주먹을 들고 가나
이후 상봉 할 때에는
기를 들고 올 터이니
눈물 흘린 이 이별이
기쁜 일이 되리로다
약품 폭우 심한 이
부대 부대 잘 있거라
훗날 다시 만나 보자
나의 사랑 한반도야

"서병호 선생 아무래도 미주루 떠나야 하갔소!"
"아니! 언제요?"
"지금 바루 이 밤으로 말이요!"
"예?"
서병호는 놀랬지만 그러면 자기도 준비를 해야겠다고 생각해서,
"그럼 백씨에게 목선을 준비시켜 놓두룩 하지요!"

"예에? 가형에게요?"

그리고 긴 한숨을 푸- 내 쉬고,

"나라 돌아가는 꼴이 왜의 무쇠 발굽이 한층 무겁게 짓밟을 게 틀림없을 터이니 그 전에 이 땅을 빠데 나가야디요!"

"하긴 그를지도 모르지요!"

"허허어! 서 동디 아딕 눈티를 못채구 계셨소?"

도산은 다시 큰 한숨을 내쉰다.

"전에 이등-이토 히로부미-이 내게 내각을 조직할 생각이 없느냐구 할 때 벌써 기런 남새를 맡구 있었소! 그때두 이미 때는 늦었디만 말이요!"

"……"

"자아… 떠날 차빌 해야디!"

하면서 자리에서 일어선다.

"아니 이렇게 어두운데?"

"외레 이룽게 캄캄한 밤이 둏디 않소? 아무두 보디 않을 적에 빠데 나가야디!"

"그렇킨 하죠! 하지만……"

서병호는 눈물을 글썽한다. 그렇게두 우러러 모시던 스승을 떠나 보내야 하는 이별의 설움이 높은 물결처럼 앞을 덮쳐 왔다. 서병호의 설움은 오장육부를 찢어 놓는다.

도산 안창호는 그렇게도 사랑하는 조국 땅을 설혹 떼밀려서지만 떠나야 하는 그런 창자를 끊는 아픈 괴롬을 하늘에 내뿜으며 몇 조각으로 묶은 나뭇배로 그 옛날 임진왜란 때 권율權慄 장군이 아낙네들의 행주에 돌을 싸서 왜군을 물리쳐 이른바 행주대첩幸州大捷이란 큰 공을 세운 바로 그 행주에서 이번에는 왜에 쫓겨 그 나루를 남의 눈을 피해 몰래 빠져 나가야 하는 설움을 찢기는 입술을 악물면서 어둠을 갈라야 하는가! 너무나 서글프다. 땅을 치고 통곡하고 싶다. 팔자도 기구하다. 그야 도산은 기독교 신자니까 팔자타령을 할 처지가 아니지만!

도산을 비롯한 많은 애국지사들이 해외로 빠져 나가자 <대한제국>은 텅 비었다. <일본제국>도 속으로는 저으기 실망했지만 반일 분자들이 태반 사라져 오히려 겉으로는 안심한다. 도산은 위에 소개한 대로 거국가를 남겨 놓고 껴안아도 껴안아도 으스러지지 않을 것 같은 사랑하는 애인 한반도를 뒤로 한 애국자 도산 안창호는 무한한 우주의 미아로 하늘 저쪽으로 흘러만 간다.

1910년 8월 29일 <일본제국>이 <대한제국>의 황실을 보호해준다는 사탕 발림으로 냉큼 삼킨 이른바 일한합병이 발표되려는 기미가 보이자 도산 안창호가 민족성 개조의 기지로 세웠던 대성학교의 장응진 교무주임은 교단에 올라 서자 두 주먹을 꽉 쥐고 한동안 부르르 떨다가 여기 저기 모여서 흐느끼고 있는 학생들과 함께 울다가 간신히 입을 연다.

"내가 이제 할 말이 뭐가 있겠소!"

선생, 학생 다함께 통곡의 바다를 이뤘다. 그런가 하면 도산의 연설에 감명을 받고 신식학교를 세운 정주의 <오산학교>에서는 선생들과 전교생이 한 자리에 모여 서로 붙들고 통곡을 하며,

슬프도다 우리 민족아
사천여 년 역사국으로
자자 손손 복락 하더니
오늘날 이 지경 웬일인가

철사 주사로 결박한 줄을
우리의 손으로 끊어 버리고
독립 만세 우뢰소리
바다이 끓고 산이 동켔네

도산 안창호는 그런 저런 겨레의 슬픔의 도가니에서 조려진 비분의 정액精液을 가슴에 묻고 금세 부서져 조각날 것 같은 목선에 몸을 싣고 거친 물결을 헤치려는 것이다. 그러면서 태극기가 푸른 하늘에 마음껏 휘날릴 그날을 꿈꾸며 <간다 간다 나는 간다>의 거국가를 옛 이야기처럼 정겨워할 그 날을 먼 하늘에 그리면서 푸른 물결을 헤쳐가고 있다.

1912년 11월에 <대한인국민회>의 중앙총회가 미국 서해안의 샌프란시스코에서 설립되었다.

도산 안창호가 당연히 총회장으로 선출되었다. 그는 이 단체야말로 간교한 섬나라 살쾡이 일본에게 삼키운 마당에 있어서 나라를 다시 찾는 해외 기지로 독립의 발판이 될 가장 알맞은 터라고 생각해서 자기의 가슴 속에 아로새겨 동포에게도 깊은 감명을 주었다. 이 때의 연설문은 따로 소개한다.

이에 앞서,

1) 1903년에 도산 안창호가 캘리포니아에서 공립협회를 조직하여 샌프란시스코 퍼시픽 거리에 회관을 설치하고 <공립신문>이라는 기관지를 내었으며 L.A. 등 5곳에 지방회를 설치하였다. 동시에 김성무, 이강 등을 원동遠東에 파견하여 시베리아의 수청水清과 치타과 블라디보스톡-해삼위海參威-에 원동지회를, 북만주의 만주리滿洲里에 만주지회를 설치하였고

2) 1905년 2월에는 장경張慶이 따로 <대동교육회大東教育會>를 만들었다가 1907년에 <대동보국회大東輔國會>로 이름을 바꾸었고 <대동공보>를 발행하면서 5곳에 지회를 설치했었다.

3) 1909년에 그 <공립협회>를 비롯해서 미국본토와 하와이의

여러 단체가 통합하여 국민회를 창립했던 것이다. 나아가서 대동보국회마저 합류해서 아예 <대한인국민회大韓人國民會>로 정식 발족했다.

4) 1911년 10월에는 이미 <국민회>를 조직할 때 설치한 멕시코 지방회가 들어온 북미주 지방 총회를 비롯해서 11월에는 시베리아 총회와 만주리 총회를 합하여 미국식으로는 만주총회가 창립되었던 것이다.

5) 1912년 11월에는 하와이 지방 총회 등 4개 지방 총회 대표자들이 미 본토의 샌프란시스코에 모여 중앙 총회를 결성하고 도산 안창호를 총회장으로 선출했던 것이다.

이때의 지방 회의 대표자들은,

북미주 지방 총회-이대위 박용만 김홍규

하와이 지방 총회-윤병규 박상하 전원경

시베리아 지방 총회-김병총 유준구 홍신언(통신)

만주 지방 총회-안창호(대리) 강소영 홍언 (만주에서는 직접 참석이 어려우므로 미국에서 안창호 등 세 사람을 대표로 위임했다.)

그보다도 그 <대한인국민회>의 다음부터의 행보가 아주 중요하였다. 11월 총회에서는,

1) <대한인국민회> 중앙 총회는 각지의 지방 총회를 관리하

며 독립운동에 관한 일체 규모를 지도하고 행사한다.

2) 중앙 총회 헌장을 기초하여 규모의 일치를 기한다.

-아래부터는 <대한인국민회>를 단지 <국민회>라고 약칭한다.

3) <국민회> 회표會標를 만들어 일반 회원에게 나눠준다.

4) <국민회> 회기會旗를 제정하되 각 지방 총회마다 모형을 달리하여 각기 그 지방을 상징케 한다.

5) 중앙 총회에 대한 지방 총회의 의무금은 200달러로 한다.

또한 중앙 총회가 선포한 결정은 아래와 같다.

<대한인국민회>가 중앙 총회를 세우고 해외 대한인을 대표하여 일할 계제에 임하였으니 형식상 <대한제국>은 이미 망하였으나 정신상 민주주의 국가는 바야흐로 발흥되며 그 희망이 가장 깊은 이때 일반 동포는 중앙 총회에 대하여 일심이 있기를 믿는 바이다.

1) <대한인국민회> 중앙 총회를 해외 대한인의 최고기관으로 인정하고 자치 제도를 취할 것.

2) 각 지에 있는 해외동포는 <대한인국민회>의 지도를 받을 의무가 있으며 <대한인국민회>는 일반 동포에게 의무 이행을 장려할 책임을 가질 것.

3) 금후에는 <대한인국민회>에 입회금이나 회비가 없을 것이고 해외동포는 어느 곳에 있든지 그 지방 형편에 의하여 지정되는 의무금을 <대한인국민회>로 보낼 것이다.

이에 앞서 만장일치로 합의하여 그리고 곧 <대한인국민회>가 중앙 총회를 열고 안창호의 뒤를 이은 동지 이대위가 총회장 자리에 있을 때 이런 전문을 발송한 바가 있었다.

미국정부 국무장관 브라이언 귀하!

귀하께 드리는 바는 근일에 한국인 11명이 헤메트 지방에 일하러 갔다가 그곳 주민들에게 축출 당하였는데 이 사건을 일본 영사가 간섭하려고 하나 우리가 일본 관리의 간섭을 원하지 않는 까닭에 본회가 그 지방 주민들과 교섭해 시비를 타협했습니다.

귀국 법률 밑에 사는 한인들은 대개 한·일합방 전에 한국을 떠난 사람들이고 한·일합방을 반대하여 하늘에 해가 떠 있는 한 일본정부의 간섭을 받지 않을 터이니 전시나 평시를 막론하고 재미 한인을 일본인과 같이 대우하지 말며 어느 때든지 한인에 관한 문제는 한인 사회에 교섭 하시기 바라나이다.

1913년 6월 30일

<대한인국민회> 총회장 리대위

이건 말하자면 모기가 코끼리한테 또 조그마한 목선이 산더미 같은 철갑선鐵甲船에 부딪치는 것 같은 어이없는 격이지만 <대한인국민회>라는 한국인 망명자들의 조직이 감히 자기네가 곁붙이로 살고 있는 큰 나라에 정식으로 청원을 하였다. 나라를

빼앗긴 조그만 한반도 나라 주제에 일본의 동맹국이라고도 할 그러나 신진 민주주의 근대 국가인 미국의 제2인의 자라고 할 국무장관에게 턱도 없이 간청하는 청원의 전보를 쳤던 것이다.

그리고 난 뒤에도 <대한인국민회>의 이대위 총회장은 물론이고 도산 안창호를 빼고는 모든 간부들은 안절부절 못하며 미국 국무장관 브라이언으로부터 회답이 오기를 일종 두려움을 가지고 기다리고 있었다. 물론 안된다는 거절하는 답변이 오리라고 단정적으로 생각하였던 것이다.

전보를 기다리는 <대한인국민회>의 사무실은 살얼음 위 같은 아슬아슬한 순간이 이어지고 있었다. 그러면서 문 밖으로 가까이 오는 발자국 소리에 귀를 곤두 세우고 있었다. 배달부의 발자국 소리에 삶과 죽음의 판결이 달려 있기 때문이다. 물론 도산 안창호는 틀림없이 좋은 회답이 있을 것으로 굳게 믿고 있었기 때문에 느긋한 마음으로 문 밖을 내다보며 푸른 하늘을 흐르는 흰구름만 쳐다보고 있었다. 자전거 페달소리가 가까워진다. 문 두드리는 소리. 문이 벌컥 열린다.

"전보요!"

아무도 손을 내밀려고 하지 않는다. 도산이 성큼 일어나서 전보를 받아 읽는다.

미국 국무성 발표

'한인은 일본인이 아니다'라는 <대한인국민회>의 전보를 받았다.

그 전보에 말하기를 재미 한인은 대개 한·일합방 전에 한국을 떠난 사람들이고 한·일합방을 인정하지 않으며 일본 정부와 관계가 없고 일본 관리의 간섭을 받지 않겠다고 하였은즉 이로부터 재미 한인에게 관계 되는 일은 공사나 사사로운 일을 물론하고 일본 정부나 일본 관리를 통하지 않고 한인사회와 직접 교섭할 것이다.

1913년 7월 3일

미국 국무장관 브라이언

<대한인국민회>의 사무실은 우렁찬 만세소리에 유리창이 깨질 듯 들떴다. 서로 붙들고 안고 하면서 기쁨의 울음을 터뜨렸다. 오직 도산 안창호만은 새로 미국에 망명해 온 노백린의 손을 붙들고 흔들어 댔다.

"노 동디! 마침 잘 왔소! 이제 우리 <대한인국민회>는 일본의 통치 밖에 있소! 보는 바와 같소! 이 던보가 그 증명서요! 이제부터는 우리 한인들두 뻐젓하게 <대한민국> 백성으루 행세하게 됐구려!"

"<대한민국?>"

"예에! <대한민국!> 이제는 <대한제국>이 아니구 <대한민국>이 되야죠! 백성덜이 다스리는!"

모두들에게 노백린을 내세우고,

"여러분! 아시는 분두 있갔디만 이분은 노백린 선생으루 우리 <신민회>를 이끄시던 분의 한 분이시구 장차 나라 찾는 일에 큰 힘을 쓰실 분이오! 아마 우리 돟은 동디가 될거요!"

"노백린이라는 군인 출신입네다. 저기 계시는 박용만 동지와는 전부터 잘 알구 지내는 사이죠만!"

"노동지 참 오랜만이구려!"

도산 안창호는 다시 당당히,

"그리구 이제부터는 우리 대한사람덜두 아시는 바와 같이 대한인으루 이젠 나는 대한인이다 라고 당당히 어깨를 펴구 행세할 수 있게 됐소! 여러분 다시 한 번 축하하오!"

박수갈채가 터져 나왔다.

"대한민국만세!"

"대한민국만세!

군주국가로부터 민주공화국으로

여기에서 주목할 것은 군주국가로서 <대한제국>이 없어졌어도 정신상의 민주주의 국가로서의 대한민국이 일어날 것이라고 분명하게 밝혔다는 것이다. 도산 안창호의 건국이념이 뚜렷이 나타난다. 그건 그 옛날 <독립협회> 때 마음 속에 싹텄던 근대 국가로서 개혁 사상이 멀리 신대륙 미국에서 꽃피우려는 의

식이 밖으로 배어 나온 것이다. 대한 사람의 머리에서 민주공화국 사상이 공식적으로 세상에 고개를 든 것은 이것이 처음일 것이다.

<독립협회> 때에는 그저 입헌군주 국가로서 서민들이 정치에 참여하도록 정치체제를 바꾸려고 했을 뿐이었다. 도산 안창호는 오랫동안 아니 태어나기 전부터 일지 모른다. 선천적으로 이 세상은 백성들이 다스려야 한다고 생각했다. 그건 의식의 저 밑바닥에 고여진 끈적끈적한 진액이 딱딱한 땅 껍질을 깨고 솟아 나왔는지 모른다. 아니 그랬을 것이 틀림없었을 것이다.

도산이 가슴에 품고 있던 정치이념이 현실로 꽃피려고 하였다. 며칠 전이었다. <대한인국민회>의 중앙 총회를 결성하기 위해 몇몇이 모인 적이 있다. 송종익宋鍾翊이 마련해 준 도산의 한칸 방에 이강, 송종익, 이대위, 박용만과 하와이에서 온 박성하朴成河 등이 자기 먹을 것을 들고 왔었다. 그만큼 모두 살림이 어려웠던 것이다.

안주인 이혜련 여사가 그래도 커피는 끓여 내왔다. 사실 커피는 이 미국에서는 숭늉이나 다름없이 싸구려였다. 그리고 인사를 깍듯이 차렸다.

"송 선생님 덕택으로 잘 디내구 있습네다. 고맙습네다!"

"사모님! 그런 말씀이랑 마시소. 벨루 도움을 못 드려서 미안합니데이!"

모두 자리에 앉자 도산이,

“기럼 내기를 시작합세다. 오산-이강의 아호-형! 아무래두 나와 함께 본국에 다네와야 할 테니끼니 만제 말씀 하소고레!”

“그럴까! 박용만 형 어드릏게 생각합네까? 도산 형이 회당딕을 맡아줘야 할 줄 아는데! 참 도산이란 아호는 디난 번에 하와이를 디낼 때 섬 가운데 산이 솟아 있다구 해서 섬 도자 멧 산짜 도산이라구 호뎄다구 하는 데……. 어떻소 도산 형! 그랬디?”

“사실 그렇디. 갑재기 섬 한가운데 높은 산이 우뚝 솟아 있디 않가서! 옳디 잘됐다 하구 그 다음부터 내 호루 쓰기루 했디요!”

박용만이 박상하에게 눈짓을 하면서,

“멀리 하와이에서 일부러 오신 박상하 동지가 먼저 말씀하시지요!”

“그릏디요. 박동딘 하와이에서 <신한국보>의 주필두 맡구 계셨으니 하와이의 사정두 잘 아실게구 먼저 말씀하소고레.”

“하여튼 이번에 <대한인국민회>를 만드는 데 산파역할두 하셨구 또 실질적으로 동포들의 생활을 개선하는 데 애썼으니 도산 선생 밖에는 우리를 이끌 분이 없기두 하지요! 아까 이강 동지가 추천한 대루 도산 동지를 회장으루 모시는 것은 결정적이라구 생각하오!”

헌데 그 당사자인 도산이 이 자리에서 놀랄만한 발상을 끄집어냈다.

“이제는 시대두 바뀌었구 또 백성들이 나라를 다스리는 것이 세계의 추세니끼니 우리나라두 새 시대에 발맞추어 좀 달라데야 하디 않가시오!"

"그래서요?"

"이 참에 우리두 백성덜이 다스리는 그 뭣인가 공화제루 아예 못 박자 그 말이웨다."

"예에?"

"좋디요!"

"<대한인국민회>는 이왕 미국에 망명한 정부루 구실하려구 할 참이오. 그러니끼니 우리 <대한인국민회>의 선포문에 규덩을 밝혀 두는 것이 돟디 않가시오?"

"대찬성이오!"

그리고 한반도에 있어서 <대한제국>이라는 전제군주제가 <대한민국>이라는 자유민주주의 국가로 바뀌게 되는 첫 발상이 도산으로부터 비롯됐다고 해도 지나친 말이 아닐 것이다.

천국의 문고리를 잡고

멕시코의 자랑스런 동포들

멕시코에서 스스로의 꿈을 키워 온 대한 동포들은 그 끈질긴 목숨에의 집착으로 지옥의 가시밭길을 헤치고 천국의 문고리를 잡았다. 도산 안창호는 그 자랑스런 동포들을 찾아갔다. <대한인국민회> 중앙 총회장의 자격으로서 말이다. 첫 번째로 찾아간 곳은 메리다였다. 환대가 이만저만이 아니었다. 어영부영 시간 가는 줄 모르는 사이에 며칠이 지났다. 너무 폐가 되는 것 같아 떠나려고 하자,

"도산 선생님! 며칠만 더 계시다가 떠나시문 안 되시겠어요? 또 걸음 하시기가 어려우실 텐데요!"

"기회를 봐서 다시 오지요!"

모두들 입을 모아 만류한다.

1918년 9월 12일자 <신한민보>에 기자회견하고 9월 19일과 10월 3일자에 실린 기사다.

"동지들! 그동안 베풀어 주신 사랑의 만찬만두 과분했는데 더 폐를 끼칠 수야 없지 않아요! 너무 염치가 없어서요!"

"원 별 말씀을! 우리네가 도산 선생을 직접 뵙는 것 만두 영광인데 황송한데 분에 넘치는 말씀두 주시구……."

"그야 내가 여러 동지들에게 꼭 당부하구 팠던 얘기들인데……. 오히레 제가 고맙디요!"

도산 안창호가 5월 29일 떠난다니까 27일에 메리다의 <흥사단> 단우들과 동포들이 송별회를 성대히 열어 주었던 것이다. 이날 <흥사단> 단우들 뿐만 아니라 그곳의 각 농장에서 꽤 많은 동포들이 몰려와서 헤어지는 것을 서운해 하며 여러 가지 사랑이 가득 담긴 선물을 주었다. 도산은 마음이 흐뭇했다. 감동적이었다. 정말 감격적이었다. 헌데 항상 좋은 일이 생기려고 할 때마다 시기에 가득찬 어둠이 그림자처럼 또 끼어든다.

'도산군! 그건 사랑의 선물이 아니라 뇌물이라구! 당신이 <흥사단> 주재자인 동시에 <대한인국민회>의 중앙 총회장이니까 뒤에 덕을 좀 보려구 미리미리 손을 쓰는 거라구! 당신이 그룹게 율법이루 믿구 있는 성경에서두 하느님 말씀이 어떤 경우에서라두 뇌물은 절대루 받지 말라구 했잖았어!'

도산은 설마했다. 자기에게 선물을 준 사람들의 얼굴에서는 조금도 그런 세속적인 불순한 빛은 배어나지 않았다. 모두 해맑은 눈동자였고 티하나 보이지 않는다. 그런 불순한 생각일랑 차라리 농민들을 모독하는 더러운 마음씨다. 자기 마음에 그릇된 생각이 있으면 곧 그렇게 보인다지 않나! 아니다 도산은 뉘우친다. 정의돈수情誼敦修! 정의돈수의 가슴에서 우러 나오는 사랑의 표정들일 것이다! 뇌물이라니! 말두 안된다! 그러나 어둠은 물러서지 않는다.

'도산! 그들이 뭐라구 하지? 당신이 가지구 있는 물건을 하나라두 기념으루 달라지 않어? 마침내는 어차지 할 때 증거루 내겠다는 속셈들이란 말이야! 알겠나?'

도산은 잠깐 망설인다. 그럴 듯 하다. 그러나 곧 고개를 흔든다.

'아니다 아니다! 그건 너무 사람의 진심을 못 믿는 비인격적인 마음가짐이다. 순진한 농민들의 깨끗한 마음을 고스란히 받아 들이자!'

만일 사람이 사람의 참 마음을 그대루 받아 들일 줄 아는 마음 가짐이 없다면 장차 그 많은 <흥사단> 단우들을 어떻게 거느릴 수 있겠는가! 곧 고개를 흔든다. 그는 곧 무릎을 꿇고 하느님께 기도를 드린다.

"사랑의 하느님! 관용의 하느님! 악에 허덕이면서도 하느님을 항상 슬프게 하는 우리 죄 많은 인생을 사랑으로 은혜 내려주시는 창조주 대왕이신 하느님! 아버지! 보좌에서 이 흠투성의 지옥에나 빠질 우리 천한 인생을 굽어 살피시어 시험에서 구해 주셨으니 그저 감사할 따름입니다. 감사합니다. 광야에서 40일간이나 굶주림을 이기시며 마귀의 시험을 물리치신 주 예수 그리스도의 이름으루 기도 드립니다. 아멘!"

기도를 드리고 나니 가슴이 탁 트이는 것 같았다. 후련했다. 시원했다. 도산은 송별회를 베풀어 준 주최측 중 가장 나이가 많은 듯한 분에게,

"어르신! 이릏게 환대해 주셔서 고맙긴 합니다만……."

도산은 잠깐 말을 끊었다가,

"내가 이 멕시코 동포들을 더욱이 애니깽으로 놀부네 머슴보다 더 심하게 고생한 바 있던 분들에게 뭐 하나 도움을 주디 못했는데두 이릏게 분에 넘치게 잘 대해 주시니 몸둘 바를 모르갔소이다!"

"천만에요! 안 선생님이 북미주에서 우리 동포들을 위해 분골쇄신 모든 귀찮고 궂은 일두 마다 하지 않구 하셨다구 듣구 있습니다. 그거 누구나 할 수 있는 일이 아니지요! 누가 시킨 일두 아닌데 보수를 받지두 않구 말입니다! 그런 동포들에 대한 사랑은 아무나 할 수 있는 게 아니지요! 정말 훌륭한 지도자이십니다!"

그런 칭찬을 듣자 도산은 과연 멕시코의 우리 동포들을 위해 무슨 일을 하였는가 뒤돌아 보았다. 이른바 애니깽이라구 노예 취급을 받으면서 중노동에 시달리며 지옥같은 움막에서 그래도 목숨이 더러워서 죽지 못해 살아가며, 그야말로 학대 받는

머슴살이로 세월을 원망하던 막 노동꾼들을 위해서 자기 도산은 과연 무엇을 했던가! 쥐구멍이 있으면 지금이라도 들어가고 싶었다. 얼굴이 화끈 달아 올랐다. 가슴이 찢어지는 아픔이 뼈를 깎는다.

그런데 그런 유황불 길을 헤치며 나온 지금은 그래도 살만해서 사람답게 살아가며 그나마의 선물도 장만할 수 있으니 다행이었다. 환송연도 베풀었다. 사랑의 표시로 같이 찍은 기념사진들을 가장 많이 들고 나왔고 세월이 약이라 이제는 고생하던 그 옛날을 깨끗이 잊은 듯 모두 밝고 맑은 얼굴들이었다. 하느님의 사랑을 골고루 흠뻑 받은 것인가! 어찌 이들을 버릴 것인가!

그렇다. 고린도전서 13장 사랑의 장에서 바울 사도는 이렇게 가르쳤지!

'사랑은 오래 참고 사랑은 온유하며 투기하는 자가 되지 아니하며 사랑은 자랑하지 아니하며 교만하지 아니하며 …(중략)… 모든 것을 참으며 모든 것을 믿으며 모든 것을 견디느니라!'

'그릏디 민구 견뎌야디! 이 멕시코 동디덜의 순수한 정신을 잠시나마 의심했던 것은 천부당만부당한 일이야! 오히려 낯 뜨거운 짓이었어!'

도산 안창호는 마음속에 드리워졌던 검은 그림자가 이제 깨끗하게 사라지고 그야말로 명경지수 맑게 개인 가을 하늘로 돌아왔다.

"기엉구 떠나야 갔습네까?"

각별히 처음부터 한시도 떨어지지 않으려구 붙어 다니던 어떤 젊은 평안도 친구가 정말 아쉬운 듯 섭섭해 한다. 같이 따라온 송종익이 옆에서,

"선생님은 남은 일정이 아직 많으니까 오늘은 꼭 떠나야 하오. 섭섭하지만 이제 그만 놓아 주시구려!"

도산의 팔소매를 붙잡고 있는 손을 간신히 떼어 놓으며 강경한 말투로 뿌리치자 그도 하는 수 없이 놓아주었던 것이다. 29일 상오 11시에 마침내 메리다를 떠나야 한다. 다음 여정에 차질이 생기면 계속 늦어지니까 상당히 지장이 있다. 처음 방문지인 메리다의 동포들이 잡고 늘어지는 끈끈한 정을 억지로 뿌리치고 창자가 끊어지는 고통을 가까스로 참으며 기적에 떼밀려 기차에 올랐다. 그런데도 근 30여 명이 같이 타서 다음 목적지인 프로그리스항까지 따라 왔다. 이번에는 수행한 정인과가 그들 메리다로부터 따라 온 동포들에게 타이르듯 달랬다.

"여러분들 예까디 따라 왔으니까니 이젠 당신네덜의 그 끈끈한 정과 사랑은 잘 알갔쉐다. 제발 이제는 좀 돌아들 가주세요!"

그들이 배에까지 따라 오르자 그렇게 간청하다 시피 했다. 정말 눈물겨웠다. 고동이 울었다. 그래도 그 메리다의 끈질긴 정의 동포들은 내리려고 하지 않는다. 도대체 어쩔 셈인가! 수행한 송종익과 정인과 등은 속이 탔다. 그들을 데리고 다음 방문지까지 갈 수는 없었다. 배가 움직이기 시작한다. 그때서야

동포 중 한 사람이,

"무사히 미국에 가셨다가 속히 돌아오시기를 바랍니다."

도산이 마치 멕시코의 주민인 줄 착각하는 모양이었다. 그러나 다른 어떤 사람이,

"우릴 잘 인도해 주십시오! 언제쯤 다시 오시게 될까요?"

물론 그럴리야 없겠지만 그토록 도산에 대한 깊은 정이 너무 진하기 때문일 것이다. 도산은 가슴 저 깊은 밑바닥으로부터 솟구쳐 오른 감격의 흐느낌을 참을 길 없어서 흘러 나오는 눈물을 볼까 두려워 바다 쪽으로 고개를 돌린다. 그리고 엉엉 울었다. 흐느꼈다. 가까스로 소리를 삼켜서 다른 사람에게는 들리지 않았지만! 그것도 고통이었지만 그건 사랑이 시키는 성신의 역사임을!

도산은 난간에 기대어 아스라이 갈매기가 끼룩끼룩 울어대는 소리가 꿈결 속에서 들리는 듯 정기항로의 화륜선은 지평선 너머로 가물가물 사라질 때까지 선창가에는 전송객들이 그냥 서 있었다. 손을 마구 흔들면서! 배를 타고 가는 도산 등도 흐려지는 눈물 사이로 아스라이 가물가물 사라져 가는 메리다의 끈끈한 정을 지우고 있었다. 메리다의 대한 동포들의 무한한 사랑과 정에 다시 한 번 하느님과 동포들에 감사와 고마움을 느낀다.

5월 31일 도산 일행은 대한 동포가 불과 78명 밖에 살지 않는 베라쿠르즈에 도착했다. 생활이 모두 어려웠다. 어떤 늙은 부인이 상자 속에 깊이 숨겨 놓았던 멕시코의 큰 은전 5원을 기어코

받으라고 강권하는 데 정황으로 미루어 보아 그건 성경 말씀에 나오는 과부의 그 전재산임을 깨닫고 굳이 사양했으나 막무가내로 지갑에 넣어 줌으로 하는 수 없이,

"할머니! 정 그러시면 1원만 받기루 하죠! 4원은 돌려 드리겠습니다!"

가까스로 납득을 시켜 4원을 돌려 드리는 데 성공했다.

그토록 <대한인국민회> 중앙 총회장인 그리고 <흥사단>의 단우인 도산 안창호에 대한 멕시코의 사랑은 극진했다. 그 사랑은 다음에 들리기로 한 탐피로 시에 가서 더욱 깊은 감명으로 다가왔다. 적어도 그 무게가 갑절로 커졌다. 그곳에 사는 동포는 20여 명으로 그런대로 웬만큼 여유 있게 살고 있었는데 대강 얼음장사로 생계를 유지하고 있었던 것으로 짐작이 갔다.

김익주金益柱라는 사람은 얼음 가게를 2층 정각亭閣으로 아름답게 지었고 대한 사람 뿐만 아니라 그곳 멕시코 시민들도 한 번씩 올라가 보고 싶어 할 정도로 멋이 있었다. 이 정각을 처음에 문을 열때 멕시코의 귀부인들도 구름처럼 떼지어 모여 들었다고 전해지고 있다.

탐피로 시의회는 특히 음악대까지 동원하여 도산 일행을 환영 하였으며 정부관리들까지 태극기를 흔들며 대한민국만세 Viva la Korea를 외쳐댔다. 그야말로 도산은 흰말을 타고 하늘로 올라 가는 것 같았다. 그 탐피로에 34일간 머물다가 메리다 이상으로 붙잡는 것을 뿌리치고 6월 7일 다음 예정지인 몬데리로

떠날 수밖에 없었다. 정말 아쉬웠다. 탐피로를 떠날 때 어린 처녀들이 아름다운 꽃다발을 한 아름씩 묶어 가지고 나왔으면서도 수줍어서 어쩔 줄을 모르자 그 처녀애들의 어머니들이 재촉하고 그리고 도산이 성큼 받아 들자 자연스럽게 꽃다발을 주고받을 수 있었다. 그것도 퍽 인상적이었다.

다음에 몬데리에 닫자 깜짝 놀랬다. 난데없이 멋진 자동차가 기다리고 있었던 것이다. 이운룡李雲龍이라는 점잖은 분이 환한 웃음을 띄고 일면부지의 도산으로 다가왔다. 손을 내밀어 악수를 청했다. 감격적이었다. 자연인 안창호가 아니라 <대한인국민회> 중앙 총회장인 공인인 도산 안창호를 마중 나왔겠지만 그게 어디인가! 그만큼 <대한인국민회>가 이제 북미주北美州 뿐만 아니라 중남미中南美에까지 이름을 떨치기 시작했음을 확인할 수 있었던 것이다.

본디 도산은 자기 개인보다도 <대한>이라는 나라가 국제적으로 알려지기 시작한 것이 대견스러웠던 것이다. 안창호가 진정 바랐던 것이 바로 그거였다. 자기 개인보다 겨레와 나라가 먼저였다. 그런데 자랑스런 사람은 또 있었다. 바로 이준혁李俊爀이란 안경점을 경영하는 입지적인 인간승리의 주인공이었다. 이준혁 씨는 미국인이 경영하는 안경점에서 안경테를 만드는 기술을 배워 가지고 겨우 200불의 자본으로 가게를 시작했는데 원체 안경 장사는 고급이라 곧 번창해서 지금은 무려 10,000불의 대 자본주로 떵떵 울리는 대기업주가 되었다. 당시의 1만불은 10만불의 가치가 있었던 것이다.

그것도 그럴 것이 이준혁 씨는 뜻을 가진 사람으로 도산과 밤새 견식을 나누며 나라와 겨레가 나아갈 길을 주고 받았다. 통하는 바가 있었다. 아주 귀한 분이었다. 그와 헤어지는 것이 아쉬웠지만 일정 때문에 그 이튿날에는 떠나지 않을 수 없어서 짐들을 챙기자 역시 그곳에서도 한사코 붙잡았다. 또한 뿌리칠 수가 없어서 며칠 더 묵다가 6월 9일에야 몬데리를 떠나려는데 이준혁 씨는 자기 손으로 친히 안경테를 만들어 기념으로 줄 뿐 아니라 기차표까지 사 주었다. 정말 송구스러웠다.

이번 멕시코 출장-여행-이야말로 그 애니깽들이 지옥의 가시밭길에서 천국의 푸른 하늘로 빠져 나온 것처럼 천국에의 문고리를 잡기 시작한 것처럼 도산 안창호 등도 그의 평생에 있어서 그렇게 흐뭇하고 즐겁고 감격적인 여행 길은 다시 없었을 것이다. 모두 하느님의 은혜로 복을 주신 것이라고 감사했다. 멕시코의 나그네 길은 축복의 길이었다

박용만과 이승만 그리고 안창호

"유 동지! 적장을 잡으려면 어떻거문 좋지?"

"그가 탄 말을 먼저 쏘아서 쓰러 뜨려야만 하죠!"

"옳지. 박용만이 지금 그런 말 노릇을 하구 있는데 그게 미쳐 날뛰는 야생마란 말이야! 여간 사납지가 않거든 때레 잡을 자신

이 있나?"

"한번 시험을 해 봐야죠!"

"그랬으문 좋갔네!"

"박사님이 죽으라문 죽는 시늉은 할 저희들이니까요!"

"하여튼 강적이니까 각별히 조심들은 해야 하네!"

"알겠습니다!"

이승만은 별로 서두르는 빛은 없이 모두를 손짓으로 자기 가까이로 불러 한참 동안 무언가 귓속말로 지시를 하고 물러가라고 하였다. 우남 이승만이 그야말로 사냥개처럼 부리는 앞잡이들인 유동민 등을 불러서 작전을 짰다. 그 전에 이승만은 정식으로 <대한인국민회>에 가입했다. 도산 안창호는 우남 이승만의 인물의 비중을 봐서 교육부의 책임자로 정했다. 예의상 우남 이승만이 나이도 위이고 <독립협회>의 서열에 있어서도 도산보다 앞서므로 꼭 선배 대접을 했다.

"우남 형 실은 이 <대한인국민회>도 우남 형이 책임자로 계셔야 할 터이지만 내가 먼저 와서 조직했기 때문에 그렇게 됐으니까니 양해 하시구려!"

"도산! 참 아호를 도산이라구 지었다지? 도산이 터를 먼저 닦아 놓았으니 의당 도산이 총회장으루 애를 써야지!"

"그릏게 양해해 주신다니 고맙소!"

그러나 이승만은 속으로는 어디 보자 하고 벼르고 있었는지 모른다. 사실이었다. 그런 사실이 곧 나타난다. 이승만은 본국의 감리교 대표로 총회를 끝내고 미국에 유학차 왔던 것이다. 그는 현실 정치계에 대단한 야심을 가지고 있었다. 그 징후는 곧 나타난다.

미국의 서북쪽에 자리잡고 있는 네브라스카주로 도산 안창호는 태평양 서해안의 경승지이며 아시아에서 미국 본토에 일반인으로는 처음으로 상륙한 샌프란시스코로부터 네바다주, 유타주, 콜로라도주를 거쳐 네브라스카주까지 장장 한반도를 남북으로 가로지르기를 네 곱이나 되는 먼 곳으로 가고 있음은 새로운 애국자 우성 박용만字醒 朴容萬을 만나서 동지로서의 맹약도 하고 독립운동을 같이 하자고 말할 참이었다. 더욱이 우성은 강원도 사람으로 널리 조선 팔도에서 인재를 찾으려는 도산 안창호의 생각에 꼭 들어 맞는 애국자가 아닌가! 그렇지 않아도 동지만 되려고 한다면 나이는 상관치 않고 그가 있다는 곳은 아무리 먼 곳이라도 일일이 찾아가서 마음을 열고 함께 일본에 항거해서 싸우기를 약조 받기로 설득키로 했다. 그만큼 도산의 나라 사랑의 열정은 하늘도 감탄할 정도였다.

"아니! 이게 누구요? 안창호 선생 아니시오?"

직접 만나 본 적은 없으나 여러 동지들로부터 들어서 그 인상은 어렴풋이 알고 있었던 것이다.

"말로는 듣고 있었소만 상항에 계신다문서 어떻게 여기까지……"

"박 군!"

"예에?"

박용만은 아무리 안창호가 자기 보다 나이는 위이고 독립운동의 선배라고는 하지만 자기에게 군인이라고 하대하는 결례가 약간 섭섭했다. 눈치도 빠른 안창호였다.

"오오! 군이라구 해서 섭섭한 모양인데 이제부터 나는 가까운 동지에게는 누구를 막론하고 군이라구 부를 작덩이오!"

박용만이 듣고 보니 사실 오히려 마음이 풀렸다. 실은 이때부터 <흥사단>의 단우들이 서로 부르는 호칭을 군이라고 부르게 한 것이 이 때의 도산 안창호의 착상에서였을지 모른다.

우성 박용만은 강원도 철원 출신으로 1904년 푸른 꿈을 품고 태평양의 거친 물결을 헤치고 새 대륙에 발을 디딘 헌헌장부였던 것이다. 그는 미국 땅을 밟으면서 마음 속으로 미지근한 항일운동은 성이 차지 않으니 구체적으로 화끈하게 무력 투쟁을 벌여야겠다고 굳게 결심했었다.

"박 군! 네브라스카대학을 나오셨다죠? 무슨 과였디요?"

"예에. 정치과인데요!"

"정티과? 그거 둏디요! 둏은 공부를 했군요! 나두 덩틸 할라구 하는데……. 그래서 학교에 들어가서 공부를 계속 할라구 합네다. 헌데……."

그리고서는 한참 동안 무언가 생각을 하더니,

"그래 어드룽게 일본사람 덜과 어떤 방법으루 싸울 작덩이요?"

"나는 성미가 급해서인지 모르지만 뜨뜨미지근한게 아주 질색이요! 이왕 싸울래문 확끈하게 한바탕 해 치워야 하지 않겠어요!"

그 말을 듣자 안창호는 약간 실망했다. 그렇다고 조급하게 단념할 안창호는 아니었다. 그 사람을 동지로 꼭 맞이해야 한다고 생각했다. 도산은 무슨 수를 써서라도 설득해서 동지로 맞이하는 능력을 선천적으로 가지고 태어났다. 더욱이 박용만은 탐이 나는 애국자이고 동지가 될 충분한 자격을 가진 사람이었다. 무슨 수를 써서라도 포섭을 해야 한다. 안창호는 우선 그를 자기네가 지금 당장 필요한 직책에 앉히려고 일자리를 내세웠다.

"데무사니 내가 지금 가주加州-California-와 하와이에서 <대한인국민회>를 조직했는데 그리루 가서 날 좀 도와 주디 않갔소?"

안창호의 구수한 평안도 사투리가 어쩐지 그의 순박한 성품을 풍겨 주었다. 마음에 들었다. 그 자리에서 승낙하고 싶었으나 그건 너무 경솔한 것 같아 잠시 뜸을 두었다.

"예에! 그러지요!"

"듣자하니 여기서두 <신한민보新韓民報>를 내구 있다는데 거기 와서 우리 <대한인국민회>의 <신한국보新韓國報>의 주필일두 맡아 주었으문 하는 데요!"

"예에? 내가요?"

"비단 그 일 뿐만 아니라 <대한인국민회>의 일두 좀 도와 주시구!"

"그렇지 않아두 여기 네브라스카에서 소년들의 군사 훈련을 실시하구 있었는데 그것도 제대로 진행되지 않아서 집어 치울까 하던 참이라 그럼 아예 하와이루 가두륵 할까요?"

"하와이루 오신다문 지금 당장 떠나두룩 하셔두 좋습네다!"

"그러지요! 별루 준비할 것도 없으니까요. 잠깐 집에 들러 책들이나 몇 권 챙겨 가지고 오지요!"

"같이 가두 실례가 안된다문 나두 같이 가디요!"

"그러시지요!"

"여기서 얼마 멀지 않으니까요!"

"정말 고맙쉐다. 박동지가 와 주시문 우리루선 천군만마를 얻은 거나 마찬가집네다."

헌데 우성 박용만으로서는 그건 그의 혈전을 앞둔 폭풍전야이기도 했다. 안창호가 예고도 없이 어딘가 사라지더니 느닷없이 낯선 박용만을 데리고 나타나자 <대한인국민회>에 남아 있던 회원들은 저으기 놀랬다.

도산 안창호는 <국민회>의 직원들에게,

"여러분! 내가 좋은 동지 한 분을 소개하겠소이다."

박용만을 내세우면서,

"이분은 박용만 씨라구 강원도 철원 출신으루 네브라스카대학 덩티과를 나오신 열렬한 애국자이신데 이번에 우리 <신한국보> 주필을 맡아 주실 분입네다. 물론 <대한인국민회>의 일두 도와 주시구요!"

박용만을 내세운다. 모두 박수를 친다.

"박용만입니다. 안창호 선생님이 네브라스카루 갑자기 오셔서 이 하와이루 같이 와서 일을 도와 달라고 하셔서 그냥 따라 왔습니다. 귀신에 홀린 것 같습니다!"

그리고서는 모두와 일일이 악수를 한다. 하와이의 <대한인국민회> 직원들도 그야말로 귀신에 홀린 것 같다. 어리둥절했다. 박용만이 다시 일어나서 안창호에게 꾸벅 절을 하고 나서,

"나 박용만이 네브라스카의 군관학교를 세워 소년들에게 군사 훈련을 실시한 것은 물론 빼앗긴 우리나라 국권을 되찾기 위한 독립운동을 하기 위해서입니다만, 어느날 갑자기 안창호 선생이 나타나셔서 이 하와이로 가자고 하시길래 따라 왔습니다. 물론 저는 안창호 선생님보다 나이는 아래입니다. 그러나 나라 사랑의 열정은 안창호 선생님 못지 않습니다!"

도산에게 머리를 정중히 숙여 인사하고 나서,

"여러분께서 부족한 절 도와 주시면 저의 힘을 다해서 <대한인국민회>의 일을 돕겠습니다! 부탁합니다!"

다시 우뢰와 같은 박수가 터져 나온다. <대한인국민회>의 사무실은 박용만을 환영하는 기쁨으로 흥분의 도가니였다. 박용만은 정중하게 절을 한다. 그날 저녁에는 조촐한 환영회가 열리고 싸구려였으나 포도주 잔이 오가고 오랜만에 그래도 마음을 터놓은 즐거운 시간이 흘러갔다. <대한인국민회>도 큰 힘을 얻었다. 더더욱 뒤에서 지방색을 가린다고 비난을 받는 도산 안창호에게는 큰 동지를 얻은 셈이 된다.

어둠이 또 일이 풀릴만 하면 으레 끼어든다. 시샘이 이만저만 아니다. 남 잘 되는 꼴을 참아 볼 수 없는 모양이다. 그건 어둠은 사탄이고 사탄의 습성은 시기도 본능이다. 이번에는 송석준이라는 도산이 굳게 믿는 동지를 꼬인다. 어둠에 꼬인 송석준은 환영회가 끝난 직후에 별실로 박용만을 끌고 들어가서,

"박동지! 소년들에게 군사 훈련을 시킨다구 들었는데 어때요? 안창호 선생께서는 교육을 통해 민족 한 사람 한 사람씩을 깨우쳐서 독립의 기초를 닦자는 생각인데 어느 하 세월에 독립을 성취하겠소? 박 형 아무래두 잘못 오신 것 같구려!"

"아닌게 아니라 나두 잘못 온 것 같게 느껴져서 약간 뉘우치고 있소!"

송석준은 바싹 다가선다.

"그럼 송 형은 왜 안창호 선생 곁을 떠나지 않구 여기서 일을 하구 있지요?"

"나는 여러 가지루 도산 선생을, 참 안창호 선생의 아호가 도산이요! 도산 선생을 모셔야 할 사정이 있소만 박 선생이야 네브라스카에서 소년들에게 군사 훈련 시키는 일두 있다면서 예까지 오실 필요가 뭐 있었지요? 그 어린 아이들이 불쌍하지두 않소?"

박용만이 그러고 보니 그 어린 아이들이 정말 슬픔으로 다가왔다. 그래도 빼앗긴 나라를 되찾겠다고 오로지 열성으로 달아오르던 어린 아이들이 한결 가엾어진다. 온 몸에 넘쳐 흐르는

애국의 열정이 자기 박용만만을 믿고 따라와서 모여든 어린 애국의 덩어리들의 슬픈 얼굴들이 박용만의 가슴에 다가온다. 박용만은 더 참을 수가 없었다. 그 자리에서 벌떡 일어섰다. 인사도 없이 방에 들어가서 풀지 않고 그대로 놓아 두었던 가방을 들고 연락선 선창으로 달려 나갔다.

송석준은 어안이 벙벙했다. 도무지 무슨 일인지 알 수가 없었다. 그저 바라다 볼 수밖에 없었다. 연락선 의자에 덜썩 주저앉은 박용만은 오로지 앞에는 서러운 어린 소년들의 안타까이 울부짖는 얼굴만 덮어 씌워 온다. 빨리 달려가고 싶다. 아무런 말도 없이 떠나온 것이 죄스러울 따름이다. 더욱이 자기를 유난히 따르던 돌이라는 충청도 진천鎭川이 고향이라는 열다섯 살의 앳된 얼굴의 소년이 눈에 밟힌다. 그 어린 소년에게는 뺨을 부벼대면서 귀여워했다.

한편 안창호 선생에게 아무런 인사도 없이 떠나온 것이 죄송스러웠다.

"그래 내가 너무 경솔했어! 안창호 선생의 간곡한 청으루 하와이까지 오긴 했으나 또 안 선생께 아무런 인사두 없이 떠나서두 안되지! 돌아가야지 이왕 네브라스카를 떠났으니 하와이에서 새 일에 정성을 다해야지! 이것두 나라 찾는 일이니 열심히 힘을 다해 애써야지! 그래 다시 돌아가자!"

박용만은 하와이로 되돌아왔다. 이에 어둠은 아연실색 그야말로 닭 쫓던 개 꼴이다. 다시 돌아온 박용만을 본 송석준은 그 놀램이 이만저만이 아니었다. 아무래도 누군가에게 홀리지 않고서야 이런 귀신이 곡할 일이 어디 있겠는가! 자신이 어떻게 됐는지 의심스러웠다. 박용만이 어색한 웃음을 지으며,

"그렇게 됐소이다. 갑자기 잊은 게 생각나서 되돌아 왔소이다. 허허허……."

도산은 물론 아무것도 모르고 있었다. 그것이 천만다행이었다. 박용만도 정작 하와이에 돌아와 보니 <대한인국민회> 일이 너무 바쁘고, 어영부영 하는 사이에 신문 발행할 일이 또 다급해져서 며칠이 금방 지나가고 말았다. 그러는 가운데 도저히 맞수가 될 수 없는 강적이 나타났다. 우남 이승만이었다. 어둠은 파안대소 그야말로 제 세상을 만났다. 무서울 것이 없었다. 이승만과 박용만의 본격적인 대결이 곧 펼쳐질 판이다.

우남雩南의 음험한 흉계

"재판장! 이렇게 통분할 데가 또 어디 있습니까!"

이승만의 눈은 젖어 있었다. 그렇게 보였다. 마치 연극의 천재 같았다. 미국 하와이 지방법원 방청석은 물을 끼얹은 듯 너무 조용하고 엄숙까지 하였다. 능란한 우남 이승만의 박진의 연기에 모든 방청객은 숨을 죽였다. 이승만은 이 날의 연기를 위해 며칠 밤을 꼬박 세웠던 것이다.

"나는 <대한인국민회>를 위해 혼신의 노력을 다했소. <국민

회>의 의무금은 교육 사업에 쓰지 않고 다른 데 소모하고 있소. 도저히 용서 못할 것이오. 올해부터는 무슨 재정 곧 일체 의무금은 꼭 교육 사업 책임자인 나 이승만에게 보내서 교육 사업에 쓰도록 해야 하겠소! 헌데 그 동안은 헛된 일에 쓰이고 있었소!"

"아니오. 그렇지 않소!"

박용만이 너무 기가 막혀서 이승만의 증언에 반대했다. 사실 일부를 어쩔 수 없이 <대한인국민회>의 사무비로 쓴 바 있었던 것이다. 그건 분명히 공금유용이었다. 법을 어긴 것이다. 증인 이외는 증인석 아닌데서 발언할 수 없게 되어 있다.

"누구요? 증인석 밖에서 발언한 사람은? 당장 퇴장하시오!"

법정 경위들이 달려와서 박용만을 법정 밖으로 끌어냈다. 그것은 이승만이 미리 짐작한 바였다. 실은 이승만도 <국민회>의 도움으로 여자 학원을 경영하고 있고 또 『태평양』이라는 잡지를 발행하고 있었다. 하기야 그것은 일종의 교육사업이긴 하지만 그런 이승만이 정면으로 <국민회>를 헐뜯는 데는 분명히 저의가 있다고 볼 것이다.

물론 박용만을 내쫓기 위한 공작이었다. 박용만이 결국 걸려든 셈이다. 박용만이 흥분한 나머지 법정 모욕죄를 저질렀다. 이승만은 박용만이 으레 그럴 것이라고 생각해서 일부러 그를 흥분시켰던 것이다. 이제 박용만을 아예 법적으로 <대한인국민회>에서 영구히 쫓아내려고 했던 것이다. 이승만은 박용만이 쫓겨 나가는 것을 비웃음으로 곁눈질하면서 증언을 계속한다.

"한편 <국민회>의 의무금을 본인 이승만에게 보낸다고 해도 다만 교육비로만 쓰려고 하지만은 않고 <국민회>의 필요한 경비 곧 임원들의 월급을 모른다고 하지는 않을 것이오 <국민회>의 교육 책임자 이승만이 하늘을 두고 맹세하오!"

이때 방청석의 몇몇이 박수를 쳤다.

"누구요?"

필시 이승만의 지지자인 것이 뻔했다. 재판정 경위들이 달려가서 그 박수 친 사람들을 퇴장시킨다. 그것도 위법인 것이다. 법정 소란 행위이다. 그날 저녁 이승만의 숙소에 정인수, 유동민 등 이승만 지지자들이 여러 명 모였다. 물론 어둠도 한 옆에 죽치고 앉았고 이승만이 하바드대학에서 석사학위를 받고 프린스톤대학에서 박사학위를 획득했으니 자연히 그동안 알게 된 사람도 많을 것은 틀림없을 것이다. 프린스톤대학 출신의 철학박사라는 말만 듣고 무조건 존경하는 사람들도 있어서 꽤 많은 추종자들로 붐볐던 것이다. 그러니까 겉으로 보기에는 오히려 도산의 사람들보다도 큰 세력을 가진 듯 보이기도 했다. 그중에도 정인수는 아주 열렬한 거의 맹종적인 숭배자였으며 어둠이 그의 가슴 속에 깊숙이 숨어 들어 더더욱 부채질을 하기 때문에 거의 이승만에 미친 사람 같았다.

"박사님! 아예 이번에 <대한인국민회>를 타구 앉지요!"

"……."

이승만을 찬양하는 데 있어서 둘째 가라면 서러워 할 유동민이 바짝 다가 앉으며 입맛이 당기는지 다그쳐 물었다. 그러자 정인수는 한 발자국 물러 서면서 유동민의 귓속에 무어라 속삭인다. 유동민이 고개를 끄덕이며 뒤로 물러 앉는다. 그제야 이승만이 천천히 입을 연다.

"일단 나 이승만에게 의무금을 보내게 되어 있으니 우선은 돈이 모이는 대로 한동안 지내다가 천천히 다음 술책을 세우기루 하지!"

모두들 고개를 끄덕여 그대로 순종할 뜻을 나타낸다.

"오늘 밤은 실컷 마시구 가서 자두룩 하지. 나는 피곤해서 먼저 좀 쉬어야겠어!"

이승만은 침대에 들어 눕는다.

"그럼 우리두 다들 헤어지지!"

정인수가 말하자 유동민이,

"그럽시다. 박사님 편히 쉬게 저희들 갑니다."

이승만이 벌써 코를 곤다. 다들 헤어진다. 정인수만은 이승만의 잠자리를 돌본다. 물론 어둠은 정인수에게 찰싹 달라 붙어서 그의 숙사까지 따라 간 것은 두말 할 필요가 없다. 죽으나 사나 정인수와 행동을 같이 할 판이니까! 그 뒤 박용만 파와 이승만 파가 사사건건 의견 충돌한다. 분란이 그치지 않았다. 별로 아무런 문제가 아닌데도 틀어진다. 보이지 않는 두꺼운 돌담벽이 가로 놓인 것이다. 먹느냐 먹히느냐의 단판 싸움이었다. 박용만은 뜻밖에 담담했다. 여태껏 안창호가 쌓은 반석 같은 탑이 무너질리는 없으리란 생각에서였다. 그런데 그것이 아니었다. 이승만의 음흉은 상상을 뛰어 넘었다.

그 해 5월 달에 <대한인국민회>의 대의원 총회가 열리게 되었다. 재정상의 부정이 있어서 밝혀야 한다는 것이었다. 정인수는 자기 숙사에 돌아가자마자 어떻게 하면 이승만의 눈에 꼭 들을 뿐 아니라 이번 <국민회> 대의원 총회에서 자기네 파 곧 이승만측이 틀림없이 회장직을 차지하고 그동안 안창호 측이 마음대로 가지고 놀던 <대한인국민회>를 무슨 일이 있어도 이번 만큼은 자기네 이승만 파가 빼앗아야겠다고 머리를 짜냈다. 좋은 생각이 떠오르지 않아 역시 우남의 지혜를 빌려야겠다는 생각이 미치자 한밤 중인데도 그 길로 우두머리인 이승만이 묵고있는 호텔의 호화로운 방문을 두들겼다.

"누구요? 이 밤중에?"

"박사님! 접니다. 정인수입니다. 늦은 시간이라 결례가 됩니다만 급히 드릴 말씀이 생각나서……."

"웬만하문 밝은 날에 듣두룩 하세!"

"박사님! 남덜이 없는데서 조용히 말씀드려야 하겠기 때문에……."

부스럭 거리는 소리가 나더니 아마 옷을 갈아 입은 듯,

"들어오구려!"

정인수가 내일 열릴 대의원 총회에서 어떻게 하면 회의 진행을 원만히 할 수 있겠느냐고 묻자 이승만은 껄껄 웃으며,

"그건 염려 말게 저쪽의 김종학 회장은 이미 법적으로 집행 정지로 회의 진행을 못하게 될 걸세!"

"예에? 어떻게요?"

"내가 법원에 이미 회장직 집행 정지처분 신청을 했거든!"

"예에? 그걸 모르구선 공연히 허허허……. 역시 박사님은!"

"그러니까 안심하구 푹 쉬게!"

"고맙습니다! 이만 가 보겠습니다!"

정인수가 방을 나가려고 하자 우남이,

"잠깐 이번엔 미스터 정이 회장직을 맡아서 수고 좀 해 주게나!"

"네에? 전 아직 경력이 모자라는 데요?"

"허허허……. 그런 염려 말게. 오히려 자네가 학력으루 보나. 허허허……."

정인수는 아주 흥분했다. 자기가 대 <대한인국민회>의 회장이 되다니! 그 얼마나 영광스런 자린가! 벌써부터 가슴이 벌렁벌렁 떨린다! 지금까지 안창호의 수하가 차지했던 막강한 권한을 가지고 있는 한 나라의 외교권을 보유하고 있는 준정부의 우두머리인 원수 같은 자리가 아닌가! 흥분할 만도 했다. 결국 총회에서는 정인수가 회장으로 선출되었다. 김종학은 공금횡령죄로 기소되었다. 김종학은 펄펄 뛰었다. 박용만을 붙들고,

"아니 박동지! 내가 공금을 집어 삼켰다니! 박동지두 그렇게 생각하오? 정말 억울해서 죽갔소!"

"우남이 꾸민 음모요! 나두 감히 이승만하구는 싸울 상대가

될 수 없소. 허허허…….”

“어떻하면 좋겠소?”

“…….”

물론 김종학은 석달 뒤에 무죄로 방면되었으나 성미가 급한 그는 분노를 삭이지 못해 일을 저지를 것 같았다. 박용만이 김종학의 행동을 감시토록 몰래 기자 한 사람을 붙였다. 아닌게 아니라 김종학이 어느 날 밤에 권총으로 자살하려고 했다. 허나 그가 머리에 권총을 대고 쏘려고 할 때 그 기자가 달려 들어 권총을 툭 치는 바람에 총알이 빗나가 자살 미수에 그치기는 했지만. 박용만도 본디 성미가 담백한 사람이라 이승만과는 더러운 싸움을 하기 싫어서 말하자면 똥 묻은 개가 무서워서 피하는 게 아니라 더러워서 피한다고 우남과의 이전투구泥田鬪狗식 대결은 원치 않아 하루는 도산을 찾아가서,

“안 형! 이제 나를 좀 놓아 줘야겠소!”

“아니 우성! 그것이 갑자기 무슨 소리요?”

“무엇보다두 우남과 겨루기가 이제는 싫소!”

“그러잖아도 우남이 그렇게까지 술책을 쓸 줄은 몰랐소! 조금만 두구 봅세다. 우남두 시간이 디내문 반성 하갔디! 그도 사람이니까!”

“아뇨! 나는 우남에게 두 손을 들었소!”

그러자 도산은 무슨 좋은 생각이라도 난듯,

“그리구 참! <대한인국민회>에 경찰 조직이 있다는 걸 알구

있디요? 실은 우성이 그걸 좀 맡아 주었으문 했는데 이 참에 그쪽으루 돌문 어떠겠소?"

"아니오 아무래두 이왕 말이 나왔으니 <대한인국민회>에는 아주 손을 떼는 게 좋을 듯 하오! 미안합니다!"

"정 그러시다문 하는 수 없디요! 허디만 나라 밖에 나와서까디 이룹게 뜻을 합티디 못하다니! 힘을 모아두 왜와 싸울래문 벅찬데……."

그 뒤 박용만은 같은 하와이에서 새로운 단체를 조직하기로 했다. 박용만이 <국민회>를 그만둔다는 소문은 동포사회에 급속히 퍼져 나갔다. 처음에 박용만이 <국민회>의 일을 맡기 위해 멀리 네브라스카로부터 왔을 때는 의구 겸 기대감이 있었다. 대학 출신이기는 하지만 군사훈련을 시킨다는 소문이었기 때문이다. 물론 도산이 직접 그곳까지 가서 모셔왔으니까 인물은 인물이라고 믿었지만 한번도 실증을 받아 본 적이 없으니 단정할 수는 없었다. 지내 보니까 더욱이 일솜씨가 퍽 좋았다. 그래서 하와이에서는 도산 다음으로는 평판이 좋은 편이었다. 실제에 있어서 도산이 나라를 다스리는 임금이라면 박용만은 일인지하 만인지상의 영의정 같은 존재였다.

그러나 새로운 우남 이승만 박사는 하바드대학의 석사와 프린스톤대학의 박사학위를 받은 바 있어 학벌도 훌륭하지만 본국에서는 <독립협회>라는 사회개혁의 진보적인 개화 정치단체에서 중요한 자리에서 활동했을 뿐 아니라 이번에 감리교의 대표로 명성을 떨친 애국자요 청년 정객이니 기대가 자못 컸다. 더욱이 도산 안창호의 선배이기도 했기 때문이었다. 안창호도 깍듯이 선배로 모시고 있었다.

설혹 박용만이 <국민회>를 그만 둔다고 해도 우남 이승만이 대신 그 자릴 메우면 오히려 차고 넘친다. 하와이의 한국인 동포들은 차라리 잘 됐다고 반겼다. 그런데 그것이 아니었다. 이승만이 하는 꼴이 점점 뒤틀어지고 있었다. 오히려 조용하고 화평스럽던 하와이의 하늘에 먹구름을 몰고 왔다. 도산이 모든 것을 잘 다스려 주겠거니 기대했으나 도산도 가만히 보고만 있었다. 아무것도 할 수 없는 애꿎은 일반 회원들만 골탕을 먹을 판이다.

추한 늙은이의 노탐老貪

박용만이 더욱 아쉬웠다. 그는 나라 사랑의 열정도 있고 신문 편집에 능력이 있고 <국민회>의 운영도 성실했다. 약간 성급한 데는 있었지만 사람에게 그만한 결점도 없다면 오히려 술에 술 탄 듯 물에 물 탄 듯 쓸모가 없을 것이다.

우남의 비인간적인 음흉한 술책이 노골화하였다.

"재판장! 그건 그렇지가 않습니다. 장부를 다시 뜯어 보십시오. 여기 장부를 가지고 나왔소. 공인회계사에게 감사를 시켜 보십시오."

공인회계사가 장부 검사를 한참 하고 있는데 갑자기 우당탕 우당탕 요란한 소리가 나더니 곤봉을 든 젊은이들이 여러 명 재판정 안의 감사장으로 쳐들어왔다. 직업적인 폭력배들인 듯 싶었다. 조민수 등 이승만 파의 앞잡이였다. 하지만 능수능란한 우남 이승만은 거꾸로 뒤집어 씌웠다.

"재판장! 저들은 박용만이 <대한인국민회>에서 쫓겨난 것을 분하게 여겨 거리의 불량배들을 사서 신성한 법정을 쳐들어 온 것입니다. 빨리 쫓아 내주십시오!"

거기서 깜짝 놀란 것은 이승만이 시켜서 조민수가 불량배를 이끌고 법정으로 쳐들어왔는데 적반하장으로 자기를 박용만의 패로 몰아세우니 벌렸던 입이 다물어지지 않는다. 사실 <국민회>의 재정을 맡자 이승만은 견물생심 생선을 통째로 맡은 고양이처럼 이게 웬 떡이냐고 마구 썼다. 물론 사사로운 생활비로 돌리기도 했던 것이다.

그러자 그전에는 그런 일 없었는데 발 없는 말이 천리 간다고 회원들이 노동으로 피땀 흘려 벌어서 나라를 되찾으려는 애국 성금으로 내는 의무금을 이승만이 공금을 사사로운 생활비로 쓴다는 소문이 소문을 낳아 이승만이 <대한인국민회>의 재정을 맡고 난 뒤부터 회원들이 줄기 시작하고, 제10차 하와이 지방총회가 열렸을 때엔 2,300명이었던 회원이 740명으로 줄었던 것이다. 엄청난 회원감소였다. 그리고 조민수 등은 이승만이 작전상 자기네들을 적 박용만의 편으로 몰은 데는 피치 못할 사정이 있다고 억지로 생각했다.

여기서 잠깐 6・25때로 돌아가 보자. 북한 괴뢰군인 인민군이 U.N.군에 쫓겨 압록강과 두만강까지 밀려 가자 중화인민공화국은 이른바 의용군-실은 정규군이지만 그렇다고 하면 국제적으로 분규가 생길 터이니 의용군을 가장하였다-그 수를 헤아릴 수 없을 정도의 중공군을 내보냈다. 이른바 인해전술이었다. 1951년 1월 대한민국정부는 경상남도 부산으로 피난가서 임시로 국정을 시행하였다. 국회랍시고 명목상으로는 민주주의 정체를 지키는 듯했다. 대통령 이승만은 자기가 곧 나라였다. 일인독재 정치를 펼쳤다.

서울로 환도해서는 집권 자유당은 썩을 대로 썩고, 독재정권의 말기 현상은 야당 민주당民主黨이 대선구호로 내세운 '못 살겠다 갈아 보자'로 민주당 대통령 후보인 해공 신익희海公 申翼熙의 선거 유세 때 한강 백사장에 모인 서울 시민이 신문들이 발표한 수로는 100만을 헤아렸다고 하면 가히 짐작이 갈 것이다. 그 당시의 서울시민은 약 500만이었다. 국민들의 열망이 어땠으며 반면에 집권 자유당과 이승만정권의 학정과 부패가 얼마나 혹심 했던가가 짐작이 된다.

근대의 우리 시민들은 그대로 눌리기만 하진 않았다. 드디어 일어섰다. 경상남도 마산에서 이주열李朱烈이라는 고등학생의 시체의 눈에 박힌 최루탄이 도화선이 되어 전국의 대학생들이 들고 일어났다. 마침내 중・고등학생들도 거리로 뛰쳐 나왔다.

4월 18일 평화적인 시위를 끝내고 학교로 돌아가는 고려대학교 생들을 정치 깡패 이정재李丁載의 똘마니 임화수林和秀의 졸도들이 동대문 근처에서 마구 두들겨 팼다. 그것이 결국은 대통령 이승만의 무덤을 팠던 것이다. 이른바 4·19학생 혁명이 일어났던 것이다. 이승만은 물러나게 된다.

어디까지나 노탐의 치사한 늙은이, 해방 뒤에 친일 고등경찰을 이용하여 정권을 강취하였고, 자기 정권의 협력자였던 일제 때 독립투사들을 구금·고문·치사시킨 친일 고등계 사상 경찰들로 하여금 제헌국회에서 통과된 <민족 반역행위자 처벌법>의 특별경찰대를 습격하여 박살냄으로써 민족정기를 짓밟더니 마침내는 죄 값으로 스스로의 무덤 속으로 들어 간 셈이다. 한때 의기당당했던 바로 그 하와이로 쫓겨나서 쓸쓸하게 죽어갔다. 추한 늙은이의 말로라고 할 것이다.

그런 늙은이를 그래도 일제 때의 중국 상해의 <대한민국임시정부> 때 도산 안창호는 항일 통합 전선의 형성을 위해 끝까지 이승만 대통령을 옹호했던 것이다. 몇 번씩 원통하게 배신 당했으면서도 말이다. 그만큼 인간의 크기의 차이가 있었던 것이다.

피의 외침과 안창호

1919년 3월 1일 억눌렸던 2천만의 울분이 두꺼운 땅 껍질을 뚫고 터져 나왔다. 바다가 들끓었다. 삼천리 방방곡곡 두메와 높은 봉우리와 깊은 골짜기를 피로 물들이면서 억눌렸던 어린 양은 울타리를 뛰쳐 나왔다. 더 이상 숨이 막혀 갇혀 있을 수가 없었다. 일본이 <대한제국>을 통째로 삼킨 것을 더 이상 참을 수가 없어 그 유명한 긴긴 <거국가>를 서해바다와 태평양 거친 물결 위에 펼쳐 놓으면서 미국으로 망명해 간 안창호는 흐릿한 이국의 하늘에나마 울분을 뿌려 놓는다. 중국 만주 시베리아 유럽 미국 멕시코 등지에 흩어진 어린 양들을 모아 놓고 본국의 아우성을 꿰매 놓는다. 먼저 온누리를 지으신 하느님께 자기가 자유의 나라 이 새로운 자유의 천지인 미국으로 인도해 주신 창조주께 감사의 기도를 드렸다.

"전능하신 구세주 하느님 아버지! 감사합니다. 지금 우리 대한은 흙탕 발에 짓밟히고 있습니다. 하루 속히 건져 주시옵소서! 저는 요행히 그 지옥을 빠져 나와 외롭지만 자유의 하늘로 날아가고 있습니다. 무쇠 발굽에 밟히지 못해 짓이겨 지고 있는 어린 양들을 불쌍히 여기사 주님의 크신 사랑의 팔로 감싸 주시옵소서. 바라옵나이다. 구해 주시옵소서! 골고다의 언덕에서 우리들의 피와 같이 붉은 죄를 대속하시려구 그 치욕의 십자가를 지신 주 예수 그리스도의 이름으로 기도드립니다. 아멘!"

도산 안창호는 정성껏 자기를 지금까지 이끌어 준 창조주 하느님께 겟세마네 동산에서 마지막 기도를 드린 주님처럼 피땀 흘려 창자를 훑는 애끓는 기도를 드렸다. 나라 사랑의 지성이었다. 다시는 이 세상에서 삶을 이어 가기를 바라지 않을 것처럼 서러움을 짜내면서…….

얼마 안 있어 날벼락이 떨어졌다. 본국으로부터 들려 온 소식이었다. 이천만의 어린양이 마침내 더는 참을 수 없다고 피 흘릴 각오로 일어났다는 것이다.

1919년 3월 1일. 33인의 민족 대표가 앞장 서서 독립선언서를 발표했다고 했다. 그 중에는 도산의 연설에 감명을 받아 <오산학교>라는 신 교육기관을 세운 남강 이승훈이 기독교 대표로 나섰다고 했다. 아니 온전히 그가 모든 것을 이끌고 일어섰으리라 짐작이 되었다. 남강 이승훈은 그런 정열의 사람이었던 것이다. 안창호는 우선 감격했다. 자기가 뿌린 씨앗이 싹트기 시작한 것이다. 그보다도 우리 겨레가 죽지 않고 꿈틀거렸다는 사실이 반가웠다. 도산은 전에 없이 서둘러 아내 혜련이와 평생 동지인 송종익과 박용만, 이대위, 정인과 등 여럿을 자기 집에 간단한 음식을 차려 놓고 우선 조촐한 축하연을 베풀었다.

"여러분! 소식 들었갔디? 그룹게 유순한 우리 조선 백성들두 더는 참을 수 없다구 드듸어 일어났소! 맨 주먹으루 말이오! 왜놈의 총 칼 앞에서 목숨을 내대구! 얼마나 장하오! 이제 여기 사는 우리덜두 가만 있을 수 없디 않가서!"

"도산이 그동안 부르짖던 나라 사랑 독립정신이 꽃 피울 때가 왔구먼!"

"나 박용만이 소년병 학교를 세운 보람이 있구먼!"

"그보다두 <대한인국민회>를 철저하게 활용해야 겠는데요!"

"그렇소. 이대위 동디. 우리들의 꿈을 한껏 펴 봅시다!"

"우선 우리끼리만 움디기디 말구 필라델피아에 계시는 서재필 박사님의 의견을 들어보구 모든 일을 단행합세다. 여러분 어떻소?"

한편 서재필 박사도 도산을 찾아 리버사이드로 달려 왔으며 이승만도 찾아왔다. 이제 미주의 애국자들 가운데 지도급 인사들이 모두 한 자리에 모인 셈이다. 우선 서재필 박사와 이승만 박사 그리고 도산 안창호가 한 자리에 모였다는 것이 어쩌면 역사적인 사건인지 모른다. 미국에 와 있는 내노라하는 지도자들 어쩌면 조선사회를 각각 자기 나름대로 설계하고 있는 지도자들이 그래도 큰 사건을 맞아 조선의 독립을 되찾으려는 주어진 긴급한 과제를 놓고 서로 의견을 나누고자 모인 것이다. 물론 서로 뜻은 다르다. 서재필은 순수하게 나라를 걱정하는 처지이고 이승만은 정권을 차지하려는 야욕을 가지고 있으며 도산은 나라를 사랑하는 일념의 권화였다.

"서 박사님! 참 오랜만입니다. <독립협회> 때 지도를 더 많이 받고 싶었습니다만 이 박사님도 안녕하셨는지요?"

"안창호 군두 여전 하신지? 독립을 위해 많이 수고하신다던데……."

"무슨 말씀을!"

"도산, 우리 한성에선 사회 개혁을 위해 힘을 제법 썼건만……."

"그렇죠. 우남 형! 이제부터두 나라를 위해 힘을 합치자구 이룹게 두 분 선배님을 오시라구 했습니다만……."

"고맙소!"

"도산이 <대한인국민회>를 만들어서 좋은 일을 많이 하신다구 들었는데……. 이번에두 본국에서 일어난 독립만세 사건을 어떻게 처리하려구 하시는지?"

"그래서 두 분 선배님들의 말씀을 들으려구 이룹게 모신 겝니다."

"허허……. 우선 도산은 우리 2천만 인민이 총 궐기한 이번 독립운동을 어떻게 받아드리구 있소?"

"더는 참을 수 없어서 일어났다구 보는데요!"

"그야 그렇구 말구요!"

이승만이 맞장구를 쳤다. 두 손을 불끈 쥔다. 심히 분개하는 눈치다.

"나두 그렇게는 생각하구 있소만!"

"그래서 말인데 우리 미주에서두 그냥 있을 수만은 없지 않을 거루 생각해서 그에 마땅한 행동을 해야 할 것으루 일단 구체적인 행동으루 나가려구 우리 <대한인국민회>에서 이런 결의문을 발표하려구 합네다."

"잠깐! 구태여 <대한인국민회>의 이름으로 하지 말구 미주동포이름보다 포괄적 이름으루 하는 것이 좋지 않을까?"

이승만이 도산이 총회장으로 있는 <대한인국민회>의 이름을

쓰지 않으려고 교묘히 말을 돌리려고 하여,

"서 고문님 어떻습니까?"

서재필이 이승만의 속마음을 꿰뚫어 보고 도산과의 감정적인 골이 패여지고 있는 것을 오히려 사전에 막으려고,

"우남! 구태여 그럴 필요가 없지 않을까! 이왕 <대한인국민회>라는 조직이 있으니 그 이름으루 우리 미주와 해외동포의 전체 뜻을 대표하는 결의문을 발표하는 것도 좋다구 생각하오! 우남 이해하시구려!"

이승만이 무안해서 입을 다물었다. 박용만이 재빠르게 끼어든다.

"서재필 고문님 말씀대루 이왕 <대한인국민회>라는 단체가 있으니 그 이름으루 하는 것이 좋을 듯 합니다만. 여러분 어떻소?"

모두 박용만의 의견에 동조해서 그대로 결정되었다. 여기서 이승만의 도산에 대한 감정이 빗김이 더욱 깊어지기 시작했다고 볼 것이다. 그 골은 해방 뒤까지 이어진다. 세 지도자들을 비롯해서 그 자리에 앉아 있던 모든 동지들은 겉으로는 찬성이었다. 하지만 도산의 순수한 나라 사랑과 이승만의 세속적인 야욕에서 갈라진 것을 막을 자는 없었다. 오로지 창조주 하느님도 세속의 욕망을 건들려고 얕은 편가름은 가지고 있지 않았다. 오히려 속된 권력의 욕망에 대한 징벌의 섭리였는지 모른다.

사실 3・1운동에 대한 해외동포들의 전체 의사가 도산의 <대한인국민회>의 이름으로 결의문을 발표하기로 결정되자 이승

만은 별로 흔쾌히 찬동하지는 않았던 것이다. 차라리 자기 이름으로 나가야 할 것을 바랐었는지 모른다. 그것이 실제에 있어서 결코 가능하지 않았지만 말이다. 하여튼 본국에 있어서의 피로 물든 3·1독립만세 사건은 해외의 동포들에게 있어서 조국의 독립열망에 큰 희망과 열의를 부어주었다.

우선 3월 15일에 미주 하와이 멕시코의 재류 동포의 대표자 회의를 열고 결의문을 <대한인국민회> 중앙 총회장 안창호의 이름으로 다음과 같이 발표했다.

결의문

우선 저번에 본국에서 궐기한 전국적인 독립만세 운동을 전폭적으로 지지하며 우리 미주에 있는 조선동포들은 모든 정성을 다해 돕고자 힘 닫는대로 정신적 또는 물질적 그리고 정치적으로 지원을 아끼지 않으려고 함. 따라서 이의 실천을 위해 아래와 같이 결의함.

1. 재미 한인 독립운동 응원의 일체 행사는 전체 대표회의 결의에 의하여 이행하며 그 행정은 <대한인국민회> 중앙회에 일임함.
2. 중앙 총회 사무 부서를 확장하고 상무원을 증가하기로 함.
3. 중앙 총회 예산은 우선 7만 6천달러로 함.
4. 원동과 구미 각 지에 운동 경비 조달을 위하여 일반 동포에게 애국 특연금 납부를 권유함.

5. 서재필을 외교 고문으로 임명하여 필라델피아에 외교 통신부를 설치하고 경비는 매월 800달러씩 지불함.
6. 원동에 대표를 파송하여 <대한민국임시정부> 수립에 봉사하고 미주와 하와이 각 지방에 특파원들을 파송하며 의사를 연락하여서 행동일치를 도모함.
7. 하와이에서 진행하는 사무는 <대한인국민회> 하와이 지방 총회에 위임함.
8. 윤병구를 지방 외교원으로 임명하여 가주-캘리포니아-에서 미국인 사회에 선전사무를 담임하게 함.
9. 이승만을 필라델피아에 보내서 서재필을 협조하게 함.
10. 홍언, 김영운, 임정우, 강영각들을 화교위원으로 임명하여 중국인 사회에 선전사무를 담당케 함.
11. 영문과 한문으로 선전문을 출판하여 분포함.
12. 한국어를 만들어서 동포에게 나눠 줌.
13. 미주 하와이 멕시코 재류 동포를 등록하여 인구를 조사함.

이와 같이 모든 회원이 일치단결하여 일사불란 전체의 뜻을 모두었다.

"이제 결의문은 발표키로 됐지만 본국에서는 본격적으로 대한독립선언문을 발표한 모양인데 우리 미주에서두 본국을 본따 무언가 독립을 해야 한다는 선언을 해야 할 거 아니야!"

"물론이디!"

누가 평안도 사투리로 도산의 말에 동의를 했으며 그 자리에 있는 모든 동지들은 고개를 끄덕였다. 두말할 것 없이 당연하다는 동의를 나타냈다.

오히려 지난해 만주에서 김동삼, 조소앙, 이동령, 김좌진, 여준 등 39인이 서명한 무오선언戊午宣言이 1918년 11월에 길림성에서 또 1919년 2월 8일 왜의 서울 동경에서 유학생들인 백관수, 김도연, 송계백, 서춘, 김상덕 등이 이광수가 기초한 독립선언문을 낭독하였던 것이다.

그러나 도산 안창호는 해외의 그런 애국적인 운동이 하나의 구심점으로 통합되어 좀 더 커다란 힘으로 부풀어 올라 본국의 화산 분화구에서 폭발되기를 기다렸다. 그것이 사실로 나타났던 것이다. 본국에서 드디어 옛날 <신민회>의 동지인 남강 이승훈의 주도로 감행된 것이다. 적어도 도산은 33인의 한 사람으로 이름을 내세우기는 했지만 이승훈이 아마도 앞장 섰을 것으로 확신하였다. 사실이 그랬다. 이제 도산은 망설일 필요가 없었다. 자기 짐작이 들어 맞은 이상 이 미주에서 마음껏 활개를 칠 수 있지 않은가!

"아! 다 이루어졌다!"

큰 소리를 쳐도 좋지 않은가!

"동지덜! 남강이 드디어 해냈소!"

"예?"

"남강이 누군데요?"

"으응 내 미처 그가 누군지를 말해 드리지 못했었군!"

그리고 자기가 일본에 우리나라가 먹히기 전에 평양 모란봉 밑에서 연설을 했을 때 웬 중년 신사가 연설을 듣고 그 자리에서 상투를 자르고 그 길로 향리인 평안북도 정주로 돌아가서 <오산학교>라는 신교육기관을 세우고 <신민회>의 평북 총갑이라는 중책을 지고 있었을 뿐 아니라 <105인 사건> 때 가장 중벌인 10년형을 언도 받았던 열렬한 항일 독립투사라는 것이다. 서재필을 비롯한 그 자리에 모여 있던 애국자, 해외로 망명해 있던 애국자들은 본국에 있어서의 항일 투사들의 피나는 항쟁에 새삼 존경심을 드높였다.

사실 월남 이상재 같은 거목이 상해의 <대한민국임시정부>의 최고 책임자인 대통령직도 마다하고 국내에서 반일 투쟁을 계속 하겠다고 고집한 사실을 알고 미국으로 도망쳐 온 것을 오히려 부끄럽게 생각하기도 했던 것이다.

"도산 그런 훌륭한 지도자들을 이 미주에 모셔와야 하지 않겠어요?"

"그분들 결코 본국을 떠나디 않을라구 할 걸!"

"유감인데요!"

"그르니까니 해외에 나와 있는 우리덜이 몇 갑절 더 조국을 위해 일을 하야디 않가서?"

"고롬! 그러니까니 우리 <대한인국민회>에게 지워 딘 짐이 더 무겁디!"

"도산이 한층 더 힘을 써야 하겠네!"

서재필 박사가 안창호를 격려했다. 그러자 이승만이 버러지 씹은 얼굴이다. 이제 아예 노골적이다. 이승만이 더는 참을 수 없다는 듯,

"나 우남이 이제 볼 일 다 본 것 같으니 그만 가 보겠네!"

슬그머니 자리를 뜬다. 그렇더라도 도산 안창호는 우남이 나쁜 감정으로 떠나는 것을 심상히 생각한다. 이승만이 그리 옹졸한 사람이 아니므로 차후로 자기가 힘을 다해 감싸주면 모든 오해가 풀릴 것으로 낙관했던 것이다. 그건 큰 착각이었다. 항상 어둠이 끼어 든다는 것을 몰랐던 것이다.

그러면서 미주 나름대로의 진짜 <독립선언서>를 지어야 할 판이다.

"여러 동지덜! 이제 가장 둥요한 문데가 남아 있소!"

"예에?"

"본국의 독립선언서 못디 않게 국내외의 조선민족 전테의 뜻을 세계만방에 알릴 우리 대한인의 독립 염원을 솔딕 담대하게 호소하는 명문장을 지어야 할 거요!"

"기거야 여태것 도산이 나라 사랑의 진정이 가슴에 쌓였구 쌓였으니까 도산 밖에 쓸 사람이 없지 않갔소?"

"그렇소!"

"그렇구 말구!"

모든 동지들이 한결같이 도산더러 쓰라고 권유했다. 안창호도 영원히 남게 될 독립선언문을 쓰고 싶은 욕심이 없을 수는

없었다. 그래도 마음을 비워야지. 더 좋은 글을 쓸 수 있는 사람이 있다면 얼마든지 양보할 아량이 있다. 도산은 그런 너그러움을 가지고 있었다. 아니 오래오래 남을 글이어야 하니 가령 춘원 이광수만큼의 글재주가 있다면 얼마든지 그런 사람에게 부탁해도 좋다. 얼핏 들리는 바에 의하면 이번 본국의 독립선언서는 육당 최남선이 썼다고 했다. 최남선이건 이광수건 모두 자기가 거느리는 재사들이 아닌가! 그것만으로도 흐뭇하다. 그 두 사람 모두 자기에게 충성을 다하는 인물들이 아닌가! 그것만으로도 자기가 쓴거나 마찬가지인 것이다. 그들이 곧 자기고 자기가 곧 그들이 아닌가! 설혹 몸은 다르지만 정신에 있어서는 한 사람인 것이다. 사실 너와 나, 나와 너, 예수님의 사랑 속에서는 성신의 역사함에는 하나다. 하느님의 사랑으로 우리는 하나인 것이다.

도산 안창호의 영원한 동지가 될 정인과가 안창호더러 독립선언서를 쓰도록 못을 박는다.

"2・8선언의 독립선언문은 춘원 이광수가 지었구 또 본국에서의 3・1독립선언서는 육당 최남선이 지었다면 이제 두 분을 정신적으루 이끄는 도산 선생께서 그 두 분을 아우르는 결정적인 기념비적 독립선언서는 의당 두 분의 지도자이신 도산 선생님이 짓는 것이 당연하지 않습니까? 여러분 어떻게 생각하십니까?"

모두 당연한 결론이라고 찬의를 나타내는 뜻으로 박수를 쳤다. 말하자면 정인과의 제안이 만장일치로 채택이 된 셈이다. 그러나 당사자인 도산은 겉으로 나서는 것은 별로 마음 내키지 않은 듯 약간 찜찜해 했다. 그건 <애국가>의 노랫말의 경우와 마찬가지로 자기를 내세우길 극도로 꺼리는 겸손함이었다.

"동디덜! 서재필, 이승만 두 선배두 계시는 데 내가 그른 둥대한 글을 쓴다는 건 아무래두 념티없는 짓인 것 같은데……."

"천만에요! 객관덕으루 봐두 도산이 써야 할 것 같소!"

"그러시구려!"

이번에는 점잖게 앉아 있던 서재필 고문마저 거들었다. 어쩔 수 없이 해외의 종합적인 <독립선언문>은 도산 안창호가 작성키로 결정되었다. 도산은 마음을 가다듬었다. 워낙 춘원 이광수와 육당 최남선은 문필의 천재들로 이름나 있었다. 그들이 제아무리 도산 자신을 정신적으로 사상적으로 존경하고 있으나 하느님께서 각자에게 주신 달란트는 다르다.

춘원과 육당에게는 글 쓰는 문재를 주셨고 자기에게는 사랑이라는 <남을 사랑 나를 사랑 나라 사랑>의 깊은 뜻과 연설의 능력을 주셨다. 그리하여 안창호는 평생을 기독교적인 사랑의 은혜 속에서 사랑을 실천하는 데 온 정신과 영혼을 다 바쳐야 한다. 그것이 자기에게 주어진 이 세상에서의 사명인 것이다. 따라서 글을 그것도 나라의 독립을 열망하는 독립청원의 글을 쓰리라고는 생각지도 못했었다. 그러나 이제 절대 절명이다. 참으로 난감했다.

미주의 독립선언서는 <대한인국민회> 중앙 총회의 포고문이라는 이름으로 발표되었다.

“오랫동안 우리 민족이 마음 아픈 바에 쌓여 있다가 이제 비로소 큰 일을 일으켰으니 이는 대한독립선언이다.

이 소식을 받고 기쁨과 슬픔이 아울러 나와 피가 끓으니 실로 마음을 진정하기 어려우며 국내의 2천만 겨레가 함께 일어나는 이때에 느낌이 간절하여 정신이 막막하니 이는 성공의 길이 간난함을 염려하는 까닭이다.

우리 민족이 적수 공권이었지마는 끓는 피와 붉은 주먹으로 다만 인도와 정의와 민족자결이라는 무기를 들고 용맹하게 일어 나서 수만번 싸우고 수만의 주검이 쌓인 지 10년 만에야 그 소리가 우리 귀를 울렸으니 그동안 잔학무도한 탄압의 참상이 어떠할까! 양심의 눈을 능히 볼 수 있는 것이다.

과거를 회상하라! 우리가 낮이면 노동에 흐르는 땀으로 몸을 적시다가 밤이 되면 전전긍긍 하던 것이 무슨 근심이었는가. 오직 나라 잃은 민족으로 인권 무시를 당하여 느끼던 설움이었다.

우리의 소망이 조국 광복이요 부르던 것이 인권 자유가 아니었던가.

그 정신의 결정으로 오늘에 거룩한 3월 1일이 생겼으며 이것이 우리 민족의 정신부활이요 자손 만대의 기초를 세움이다. 우리의 국권이 찬탈되던 때에 독립을 잃지 않으려고 얼마나 싸웠으며 독립을 잃은 후에 독립을 찾으려고 오늘날까지 얼마나 싸우고 있는가. 국내에서 생명을 희생한 애국지사가 수백만에 이르렀고 국외에서 생명을 희생한 의사들이 우리 기억에 분명하지 않은가! 그러나 이것은 부분적 활동이었다.

(지은이: 여기서 도산의 항일 투쟁에 있어서의 통합적인 전선 통일의 이념을 알 수 있다.)

이번의 독립선언은 거국 일치하여 왜적을 대항하는 혈전이므로 앞에서 왜적에게 죽으면 뒤에 섰던 자 계속하여 방방곡곡에 만세 삼창과 왜적의 총소리가 삼천리 강산을 흔들었다.

우리의 독립선언이 이만큼 장쾌하다. 그 뒤를 이어서 일 할 자가 누구인가! 만일에 국내에서 독립운동이 왜적의 총칼에 진압되면 어찌할 것인가? 이에 대하여 우리의 각오가 있어야 할 것이다.

우리의 독립선언은 독립을 하겠다는 의사 발표요 그 뒤를 받들어서 할 일은 이로부터 독립을 찾을 때까지 허다하게 많다. 그런데 세계 역사로 보아서 한 때에 일어난 열정만으로 성공한 일이 별로 없고 어느 국가나 값없이 얻은 독립이 없으며 더욱이 우리의 사정은 반드시 악전고투하고 수 없이 피를 흘려야만 성공이 있을 것이다.

(지은이: 여기서 이 독립선언서를 재 발표하는 까닭이 있다고 할 것이다.)

이번 3 · 1독립선언서가 발표되기 전에는 우리가 국내 동포의 기밀 공작과 연락이 없었던 까닭에 주저하던 때도 없지 않았으나 오늘은 전체 민족이 일어나서 생명을 바칠 때니 아무것도 주저할 것 없이 대한 민족된 자는 일제히 일어나서 가진바 생명 재산 기능 모든 것을 바치고 용맹하게 나가기를 맹세하자!

용감한 자는 큰 일에 임하여 대담하고 신중함으로 일을 치루는 것이니 우리는 허영을 징계하고 진실한 행동으로 독립운동에 응원을 끝까지 할지며 죽음으로써 성공하기를 기약하자. 따라서 우선 아래 세가지를 실천하자.

1. 우리는 피 흘린 후에 목적이 관철될 것을 각오하고 마음으로 굳세게 맹세할 것이며 우리의 운동이 단결과 행동일치를 요구하나니 동포간에 서로 비밀이 없을 것이다.
2. 재미 한인은 처지와 환경의 구애로 이행할 책임이 국한되어 있는데 다행히 미국은 공화국으로 인권과 자유를 가장 힘있게 창도하고 사정을 선전함으로 국제 공론을 일으키는 데 노력할 것이다.
3. 재미 한인은 다른 곳 동포에 비교하여 경제적 여유가 있은즉 내외 각지 독립운동 경제적 책임을 부담한다."

위와 같이 도산 안창호는 1919년 3월 15일 <대한인국민회> 중앙 총회 석상에서 연설을 통해 발표하였던 것이다.

춘원, 육당, 도산이 일본 군국주의의 무쇠 발굽 아래서 풀려나고자 몸부림의 외침을 터뜨렸다. 그건 <남을 사랑 나를 사랑 나라 사랑>의 뜻으로 이어지고 꿰뚫은 도산 사상의 피투성이의 절규이기도 했다.

통일전선을 만들자

왕따 당하는 도산

"전능하시고 무소 부재하신 하느님! 간구하옵건대 우리 민족이 무서운 왜의 발굽 밑에서 놓여 나서 자유스럽고 평화스러운 삶을 누릴 수 있두룩 성령으로 하여금 역사해 주시기 바라옵니다. 지금 이 배는 태평양 푸른 물결을 가르며 둥국으루 떠가고 있습니다.

사랑의 주님! 바라건대 저에게 남을 용서하는 너그러운 마음을 베풀두룩 역사해 주셔서 우남 이승만 형에게 잠시라도 가졌던 섭섭함을 말끔히 씻어 버리고 주님의 크신 사랑의 가슴으루 감싸두룩 애쓰게 도와 주시옵소서. 그리구 또한 원동-이때에는 중국을 원동이라고 했다-에 가서 여러 애국자들 지도자들을 주님께서 감화 감동시켜 서루 마음을 열어 오로지 나라를 찾는 일에만 힘을 모두 두룩 모든 지도자가 하나의 뜻을 가지게 해 주시기 바랍니다. 더욱이 우리 정부 <대한민국임시정부>에서 자리 다툼이 없두룩 전능하신 왕이신 주님께서 다스려 주시옵소서! 우리들은 속된 욕심을 가진 천한 인간들이라 명리만 쫓기 쉽사오니 우리들의 마음 속 깊이 아로 새겨서 다시는 흔들리지 않두룩 꽁꽁 동여 매주시기 바랍니다.

하늘의 영광스런 보좌로부터 천한 인간의 모습으로 섬기려구 오신 하느님!

바라건대 저희들이 나라를 찾는데 있어서 설혹 가시밭길이 되어도 끝내는 승리의 길이 되도록 인도해 주시기 바라옵나이다. 골고다의 언덕에서 갖은 수모와 괴로움을 겪으시며 우리 죄를 대속해 주신 주 예수의 이름으로 기도드립니다. 아멘!"

일렁이는 태평양의 물결 위를 춤추듯 흘러가는 화륜선의 한 조그마한 선실에서 오래오래 기도를 드리고 나자 도산은 한결 믿음의 굳센 힘으로 저 멀리에 아스라이 나타나기 시작한 홍콩의 희미한 양옥들을 일일이 쳐다 본다. 그 가운데 자기를 애타게 기다릴 청사 조성환의 얼굴을 떠올린다.

그런데 이때 국내에서는 누구나 인정하는 열렬한 애국자로 존경받는 조성환은 우선 이동령을 찾았다. 손에는 안창호로부터 온 전보를 들고 있었다. 이동령은 뜻하지 않게 나타난 청사 조성환을 보고,

"아니 웬일이요? 청사가 다!"

손에 든 전보를 보고,

"그건 어디서 온 거요?"

"글쎄 도산이 오늘 도착한다구 하지 않소! 어떻게 하죠?"

"으-응……. 그거 문젠데……."

"곧 이 홍콩에 도착한다구 나더러 마중 나오라는데!"

"허어 도산이 재주야 뛰어나지! 그래서인데 예전처럼 생각하구 뭐든지 자기 맘대루 할라구 해서 큰 일이야! 모두 큰 줄은 모르구!"

"듣기루는 평안도 사람만 두던한다던데……."

"또 그른 애기두 들리긴 합디다!"

"그래서 말인데 도산이 오기 전에 어디루 가서 바빠서 못 나갔다구 하는 수밖에요!"

"나두 이시영, 신규식 동지들과 의논해서 항주杭州든지 어디든지 아예 가버릴라구 하오!"

"<대한민국임시정부>가 섰다구 해서 도산이 필시 상해루 올게 틀림없을 터이니 말이요!"

"청사는 어디루 가겠소?"

"글쎄! 나두 그냥 여기 있으문 곤란하니까 어디루 던지 가버리긴 해야겠지요!"

"하여튼 피합시다."

"예. 그럼 나두 가보겠소!"

"하여튼 도산을 만나지 않는 게 좋을 듯 하오."

도산 안창호는 1919년 5월 25일 제1차 세계대전이 끝나고 월슨Willson 미국대통령이 <민족자결주의>를 제창하고 모든 약소민족의 자유 해방을 주장하자 조선민족도 이 기회에 독립을 이루고자 프랑스 서울 파리에서 열리기로 된 만국평화회의에 대표로 김규식金奎植을 보내려고 국제 도시 중국 상해에는 청년정객들인 여운형, 이광수, 장덕수, 선우혁, 김철 등이 새로이 <신한청년당>을 조직했던 것이다. 물론 그 전에 이미 본국에서 이름을 떨치고 있던 민족 진영의 거물급들인 김규식을 비롯해서 신규식申圭植, 신채호, 조소앙趙素昻, 문일평文一平, 홍명희洪命憙, 정인보鄭寅普 등 기라성 같은 거물급 지도자들이 왜의 탄압을 피해 망명의 길을 틀고 있었다.

4월 13일에는 상해에도 <대한민국임시정부>가 수립되었고 러시아령 시베리아서도 <대한인국민회>라는 일종의 정부가, 또 본국인 한성에서도 임시정부가 섰으며 위의 두 정부에서는 안창호를 내무총장으로 한성 정부에서는 역시 국무위원급으로 노동총판으로 선출했다. 이에 도산 안창호는 세 갈래의 정부를 통합하여 하나로 통합하고 갈래 갈래 찢어진 지도체제를 하나로 묶어 항일 전선을 통일시키는 데 온갖 힘을 쏟으려고 먼 미국에서 원동으로 급히 달려오고 있었다.

공연한 분규가 일어나기 전에 그건 항일전력을 쓸데없이 산산히 흐트러뜨려 아까운 항일의 힘을 소모하는 무위가 될 터이니까. 그것이 걱정스럽고 안타까왔던 것이다.

안창호는 속이 탔다. 한시라도 빨리 가서 영향력이 있는 지도자들을 만나야 할 터인데. 힘이 새기 전에! 왕따를 당하고 있는 줄도 모르고 물론 거기엔 어둠이 몰래 쑤셔 대고 있었지만. 그 어둠은 도산의 장래에 항상 그림자로 따라 다닐 판이기도 했다. 도산 안창호에겐 큰 악사이다. 웅변의 재주와 더불어 사탄의 불운도 아울러 타고난 동반자인 것이다.

동지 조성환의 기쁨에 가득찬 얼굴로 다가오리라고 가슴 부픈 가운데 부두에 내린 도산에게 다가온 사람은 뜻하지 않은 얼굴의 현순玄楯 목사였다. 도산은 저으기 실망했다. 조성환에 대해 분노가 치밀었다. 그만큼 믿었던 동지였기 때문에 더욱 그랬다. 화가 치밀어 올랐다. 믿었던 벗에게 배신 당한 기분이었다. 다음 순간 마음의 저 안쪽 깊은데서 꾸짖는 소리가 들려왔다. 그리고 부드러운 하늘의 소리가 은근히 들려 온다. '사랑은 오래 참고 성내지 아니하며 악한 것을 생각지 아니하며 불의를 기뻐하지 아니하며 진리와 함께 기뻐하고 모든 것을 참으며 ……' 고린도전서 13장의 사랑의 장이었다. 깜짝 놀랐다. 그건 하느님의 부드러운 사랑의 속삭임이었다. 큰 소리가 아니라 어디까지나 달램이었다. 그것이 우뢰처럼 도산을 두들겼다. 안창호는 뉘우쳤다.

"내가 크리스천으로서 무슨 망녕된 생각을 했단 말인가!"

그 자리에서 무릎을 꿇었다.

"하느님! 아버지 용서해 주십시오. 다시는 하느님의 계율을 어기는 행위는 하지 않겠습니다. 죽을 죄를 지었습니다. 무슨 벌이라두 달게 받겠습니다. 더욱이 청사 조성환 동지에게 가졌던 섭섭한 감정을 말끔히 씻어 주십시오. 어떤 피치 못할 사정이 있었거나 오해가 있었거나 했을 것으로 생각됩니다. 모든 것을 너그럽게 사랑의 가슴으로 감싸게 해 주시기 바랍니다. 주 예수의 이름으로 기도드립니다. 아멘!"

기도를 드리고 나니 가슴이 후련해진다. 새삼스러운 일이지만 역시 어려울 때는 기도가 제일이다. 이동령과 이시영 등 다른 동지들에 대한 섭섭했던 감정도 봄날 눈 녹듯 사라졌다. 이제 모든 지도자들을 홀가분한 기분으로 만날 수 있게 되었다. 그런 마음으로 여러 애국자들을 만나 설득하여 드디어 1923년 1월에야 <국민대표회의>를 열 수가 있었다.

안창호를 비롯해서 신숙申肅, 박은식, 원세훈, 안병찬安秉瓚, 왕덕삼王德三 등 13명의 연서로 열렬한 동의를 얻어 서로 군정서의 김동삼金東三을 의장으로 도산을 부의장으로, 61개 단체의 대표 113명으로 마침내 <대한민국임시정부>의 김구, 이동령, 이시영, 노백린 등의 이름으로, 그리고 그밖에 조소앙, 윤기섭, 신숙, 여운형, 신익희, 한정교, 현순, 김홍서, 한진교 등 30여 명이나 합류하여 <시국책진회>로 발전시켰었고 처음으로 도산이 그렇게도 절실히 바랬던 통합된 대동 단결체가 이루어졌던 것이다.

그것은 안창호가 해외 기지에 흩어진 수령급 지도자들을 한 자리에 모아 독립운동의 중심체를 만들고자 1919년으로부터 1921년까지 만 2년 동안 애쓴 보람이기도 했고, <국민회의대표회의>를 소집하여 항일 독립운동의 핵심세력을 구성하려고 힘을 기울인 열매 맺음이기도 한 것이다. 이로써 상해의 <임시정부>를 중심으로 하여 세 갈래로 나뉘어졌던 망명정부를 하나의 정부로 일원화하여 단결된 힘으로 왜적과 싸울 수 있도록 뭉치고자 한 목적이 어느 정도 이루어지고 있었다.

끝내는 뜻을 이루다

마침내 하나의 협의체로

마침내는 도산 안창호가 그렇게 바라던 중국과 만주에 흩어져서 제각각의 왜와 싸우던 지도자들을 하나의 힘으로 모아 통일된 대열을 꾸미는데 성공했던 것이다. 도산은 힘이 솟았다. 우선 처음으로 보람된 일을 해냈던 것이다.

"2천만 민족이 자유를 얻고 못 얻음도 제군의 손에 달려 있고 다시 말하면 국가와 전 민족이 죽고 사는 것이 제군의 손에 달렸습니다. ……우리 민족이 목마르게 바라는 바는 통일이요 또 통일입니다. 통일의 방법은 지난날에는 무엇이라 하였으며 미래에는 무엇이라 할는지 모르거니와 우리 전 민족이 통일하고 못됨이 국민대표 자체가 잘 되느냐 못 되느냐에 달려 있습니다.

따라서 이 국민대표회의가 꼭 성공해야 할 것입니다."

그건 도산 안창호의 나라 사랑의 피맺힌 외침이었다. 그리고 난 뒤 그 애국 지사들의 독립 열정으로 정부를 세우면 통일된 힘으로 정권을 움직일 실체적인 견인차로서의 정당을 곧, 여당을 조직하는 일이 남아 있다. 그러기 위해서는 <신민회>의 동지가 아닌 사람인 조소앙을 설득하는 것이 빠르다고 생각되었다. 조소앙은 경기도 출신으로 뒤에 삼균주의三均主義라는 <대한민국임시정부>의 경제 이론을 정책화한 이론가로 때의 정부 안에서도 말발이 서는 핵심적 요인이었다.

"조동지! 이제 모든 지도자들을 하나의 행동테인 국민대표회의로 통합되었디만 정작 그것이 협의체는 될지언정 알맹이가 될 정당을 만들어야 하디 않갔소? 그 정당의 이름은 뭐라구 하는 것이 돟갔소?"

"글쎄요! 안동지 생각은 어떻소?"

"우선 조소앙 동지 생각부터 말해 보구려!"

"역시 우리나라의 독립을 위한 거니까……. 한국독립당?"

"그룷디 그게 돟갔구먼! 그럽시다. 아예 우리 여기서 잠덩덕으로 가칭 <한국독립당>이라구 덩합세다. 그름 조소앙 동디가 앞장서서 그 정당 창당준비를 서둘러 주시구려!"

"도산 선생은?"

"아시다시피 내가 설티문 또 오해가 생길 수두 있으니까니 아무래두 조동디가 앞장 서는 것이 돟을 듯 싶소! 그룷게 합세다."

"정 그렇다문 그럽시다!"

그리하여 <신민회>의 동지였던 김구 등과 함께 1929년에 <임시정부>의 여당인 <한국독립당>을 창당하였다. 순전히 도산 안창호의 독립 방향에 따른 계산된 차례였던 것이다.

망중한의 반송원半淞園

도산 안창호가 여러 갈래로 흩어졌던 해외의 항일 독립투사들의 지도자급들을 한 조직으로 모아 그것을 다시 하나의 정당으로 묶은 뒤 잠깐 틈을 낼 수 있었다. 그러던 어느날 가까운 동지들이 한자리에 모일 기회가 생겼다.

"이유필 동지! 오랜만에 우리 어디 놀러나 갑시다!"

"뭐요? 이 바쁜 때에 놀이라뇨?"

미주에서 정인과와 고일청 등이 오고 <신민회>의 옛 동지들인 이유필, 유상규, 김복형, 전재순 등 도산 안창호의 가까운 친구들이 대강 모인 자리에서 정인과가 느닷 없이 놀이를 가자고 말을 끄집어냈다.

"정 동지는 미국이라는 정치적으루 안정된 사회에서 오래 살다가 왔으니까 한가한 말씀을 하시지만 우리 정부는 할 일이 너무 많아 눈코 뜰 사이가 없이 바쁜데 한가롭게 놀이를 가자니요!"

"바쁠수록 쉬엄쉬엄 일을 해야 하지 않겠어요!"

"정말 한가한 소리네요!"

"정 동지! 미국에서 언제 오셨죠?"

이번에는 김복형이 묻는다.

"와요? 한참 됐디요!"

"그럼 인제 여기 상해 사정두 알만큼 됐는데……."

"허허……. 그러니까니 좀 쉬엄쉬엄 일을 하자는 겁니다. 뭐 잘못했나요? 도산 선생님두 좀 쉬셔야 할 줄 아는데요!"

"……."

사실 그곳에 모인 동지들은 도산 안창호가 너무 정부일 동지들을 묶으려구 그 화합을 위해 노심초사 신경을 갉아 먹고 있음을 늘 안쓰럽게 여기고 있던 것이 사실이었다. 그러니까 좀 쉬도록 해 드려야겠다고 모두 생각하고 있었던 것이다. 그러니까 정인과의 제안이 그렇게 황당한 것만은 아니었다. 한번쯤 생각해 볼 여지가 없진 않았다. 그렇다면 어디루 갈까? 이유필이 역시 모든 일을 주도해야 할 것 같다. 문득 머리에 떠오르는 데가 여러 곳이 있었다.

상해는 국제도시라 서양식으로 놀이터가 많았다. 넓기로 말하면 홍구虹口공원이 좋을 상도 싶었다. 어느 한 구석에 틀어박히면 남의 눈에도 띄이지도 않고 여럿이 어울려서 놀다가 와도 중국 사람은 물론이고 더더욱 <임시정부>의 사찰원들의 감시를 벗어날 수가 있어서 안심이 된다. 하기야 감시원들이 본댔자 무슨 음모를 꾸미는 것도 아니니까 하나도 겁날 것은 없지만 말이다. 그렇더라도 하도 말이 많으니 될 수 있는 대로 그들의 눈에 띄지 않도록 조심하는 것이 상책이긴 하였다. 불쑥 정인과가 엉뚱한 말을 끄집어 낸다.

"도산 선생! 언제 미국으루 돌아가시죠?"

"그건 와?"

"사모님께서 오랫동안 독수공방 하셔서 외로운 나머지 쓸쓸한 잠자리에 어떤 젊은 남자라두 끌어 들이문 어떠실라구요?"

"차라리 그랬음은 좋갔어!"

"예에?"

"이 못난 남편 버리구 싱싱한 젊은 사내하고 짝 지으문 혜련이에게두 새 인생이 마련되구……. 하하하……."

"선생님은 농담두……. 하하하……."

"하여튼 여기 <임시정부> 일을 대충 마무리 짓구 하루가 천년 같이 기다리시는 사모님을 반갑게 해 드려야죠!"

"나라일이 내 개인일 보다 더 중요하디 않가서?"

사실 도산 안창호는 우스개 소리도 잘했다. 그렇게 폭이 넓은 인간성이다. 그리고 자신보다 나라와 남의 걱정을 몇 갑절이나 더 근심하는 그런 애타심과 애국심의 덩어리였다. 그건 뭐니뭐니해도 그 밑바닥에는 옛날부터 마음속 깊숙히 흘러 넘치는 기독교의 박애정신 때문일게다. 이유필이 다시 함께 쉬러 가자고 말을 꺼낸 정인과에게,

"정 동지! 아무래두 우리끼리 조용히 쉴려면 반송원이 좋을

듯 싶으이. 동지의 생각은 어떤가?"

"돟습네다. 거기는 경티두 돟구 조용하니까니! 돟은 망중한이 되갔디요! 거기루 가두륵 하디요! 언제가 돟을까요?"

"그러기루 뜻이 모아졌으면 빠를 수룩 좋지 않겠소? 가만 있자 오늘이 며칠이지! 응 오늘이 열엿새이니까 그룹지 나흘 뒤인 20일이 좋겠군! 다들 어떻소? 다른 의견이 있으문 말씀들 해 보시오!"

"난 좋습니다! 그렇게 결정하지요!"

결국 그래서 1920년 4월 20일(음력) 화요일-도산일기에 화요일로 되어 있음-하오에 정말 뜻이 맞는 국내외의 동지들 10여 명이 떼지어 상해에서도 조용하면서도 빼어난 경치를 자랑하는 더욱이 연못이 아름다운 반송원으로 둘씩 또는 셋씩 나른한 봄날 속으로 숨어 들어갔다. 쓸모 없는 농담을 주고 받으면서 연꽃이 수줍어 하며 피어 있는 연못가를 먼 산 기슭에 하늘 하늘 피어오르는 아지랑이에 취하며 감겨오는 눈꺼풀을 가까스로 들어 올리며 졸음을 쫓았다. 태평연월이었다. 참으로 기다리던 망중한이었다.

도산에게는 이런 세월이 언제까지나 이어졌으면 했다. 그동안 하도 신경이 쓰여진 순간 순간의 계속이었다. 불현듯 유상규 동지가 기가 막힌 듯,

"도산 선생! 선생은 틀림없이 평안도 출신이죠? 그런데두 오히려 평안도 사람을 멀리 하는 데두 평안도만 두든한다구 오해

들을 하는데 어째 그러죠?"

"그런 정치 얘긴 오늘은 그만 합시다. 쉬러 왔으니까!"

이유필이 선배답게 유상규의 말을 야무지게 꺾는다. 그렇다고 유상규도 무안해 하지는 않는다. 그만큼 서로 마음이 통하는 사이들이었다.

"내가 그걸 어드룮게 알가서?"

유상규는 이유필이 잠깐 주의를 주었으나 도산이 하도 어이가 없어서 못 참겠다는 듯 불만을 토한다.

"그리구 선생님만큼 야심이 없는 분이 드문데 마치 야심덩어리처럼 몰아 세우니 억울해서 배겨 날 수가 있어야죠! 내참!"

기가 막혀 죽겠다는 말투다. 그러자 도산은 쓴웃음을 내뱉으면서,

"내가 덕이 없어 그러는 걸 어쩌겠소!"

"선생님 만큼 너그롭구 후덕한 분두 드문데……."

"눈을 씻구 찾아 봐두 찾기 어려울 디경이디!"

정인과의 화답에 간단한 간식 준비를 한 이유필도,

"글쎄 말이요!"

그날 반송원에 놀러 갔던 동지들은 한결 같이 마음이 통하는 친형제 같은 피를 나눈 형제와 지기들이기도 했다. 도산이 그런 오해를 받는 것이 무척이나들 억울해 하는 도산의 <남을 사랑 나를 사랑 나라 사랑>의 참마음 기독교적 사랑의 정신을 속속들이 알고도 남는 그야말로 피를 나눈 동기들과 같은 사이들이

었다. 그렇다고 대신 매를 맞아 줄 수도 없었다. 모두들 그럴만한 생각들을 가지고 있기는 했지만, 이미 뉘엿 뉘엿 해가 지기 시작했다. 봄날은 나른한 졸림 가운데 아쉽게도 눈 깜짝할 사이에 지나간다. 인제 그 무거운 짐속으로-<임시정부>라는 짓누르는 사건의 산더미 같았다-다시 돌아가야 할 시간이 되었다. 정인과가 새삼 생각이 난듯,

"아 참! 북경에는 언제 가시죠?"

"응 내일! 미국 국회의원단이 곧 도착한다니까니 집에 돌아가는 대루 준빌 해야디!"

"아예 모든 걸 잊어 버리구 나라 독립에 대한 근본 사업인 민족성 개량과 <흥사단> 창립 사업에나 몰두 하시디요! 좋은 기회이기두 하니까요!"

"아닌게 아니라 그럴 작정이오. 그리구 오늘은 정말 즐거웠소!"

그 이튿날 도산은 홀가분한 기분으로 북경으로 떠날 수 있었다. <임시정부>가 있는 번거로운 상해의 정치 싸움터를 벗어나서 외교활동도 할 겸 그것도 역시 망중한의 세월이었다.

포터Porter와 장백령張伯苓과 안창호

북경으로 간 도산 안창호는 마침 미국 국회의원단의 일원인 포터의원과 남개南開 대학총장, 장백령 박사를 한자리에서 만날 수 있었다. 그 자리에서 도산은,

"내가 오늘 중국 민족을 위해 가장 큰 일을 하는 두 분의 선생을 뵙게 되어 영광으로 생각합니다. 한 분은 남통주南痛州의 장 견張堅 선생이요. 그리고 또 한 분은 바루 제 앞에 계시는 장백령 총장 선생입니다."

안창호는 남개대학 총장 장백령을 만난 자리에서 이렇게 솔직히 말하면서 일본과의 항전에 힘을 합치자고 노골적으로 제의했다. 장견은 장관 벼슬을 깨끗이 사양하고 남통주에서 모범농장과 공장을 경영하고 있으며, 장백령 박사는 교육총장의 자리를 물리치고 대학을 세워서 청소년 교육에 힘을 쏟고 있었다. 벼슬이라면 깜빡 죽는 우리네 동양 사람치고는 별종이기도 하지만 세상의 명리에 초연한 탈속의 귀한 인품을 엿보게 한다.

"선생은 확실히 계획이 서 계시는 분이시오. 정당한 일에만 신경을 쓰시는 분이시라 존경스럽습니다!"

조금도 아첨하는 빛은 보이지 않았다. 진정 마음 속으로부터 우러나오는 찬탄이었던 것이다. 그 뒤에 장박사가 조선사람을 만나면 으레,

"당신네 나라에는 안창호라는 훌륭한 지도자가 있지요! 정말 훌륭한 분이시지요!"

극구 도산을 치켜 세우곤 하는 것이었다. 양의 동서를 막론하고 자기를 칭찬하는 것을 마다하는 사람은 드물다.

도산은 4월 14일 북경에 도착했다. 일단 육국반점六國飯店-중국에서는 묶는 여관을 반점이라고 한다-에 짐을 풀었다. 마침

그날 하오에 미국 의원단도 알맞추어 북경에 왔던 것이다. 본디 미국 의원단은 조선의 3 · 1독립만세 사건의 실황을 알아 보려고 조선 현장에 가려고 했던 것이었는데 일부는 중국에도 들렀었다. 사실 일부는 가기도 했다.

(지은이: 『월남 이상재』 편에 그 사실을 상세하게 기술한 바가 있다.)

한편 대다수 의원은 중국에 와서 3 · 1운동의 결과로 중국의 국제 도시 상해에 세워진 <대한민국임시정부>로 망명해 온 애국지사들을 만나서 그 실상을 낱낱이 살펴보려고 했던 것이다. 그 대응의 중책을 도산 안창호가 맡게 되었던 것이다.

그 이튿날인 15일에 다행스럽게도 <동아일보>의 장덕준張德俊 기자-장덕수의 친형으로 그 뒤에 만보산 사건을 취재하기 위해 만주로 출장갔다가 실종되었다-가 왔다는 사실을 차이나 프레스China Press-대륙보大陸報-의 기자 페퍼Nathniel Peffer에게 들어서 마침 잘 됐다는 생각이 들어 그를 만나서 당시의 국내 사정을 자세히 들은 바에 의하면 3 · 1독립만세 운동이야말로 자기와는 특별한 관계이면서 <신민회>의 중요 간부이기도 했던 남강 이승훈이 기독교의 대표로 총지휘하여 실제로 종교계를 이끌고 총궐기했던 전 민족의 아우성이었던 것이다. 물론 이승훈은 서명한 33인의 한 사람이면서 주동자였다. 따라서 그가 세운 명문 사립학교 <오산학교>는 잿더미로 불태워졌지만 말이다. 도산 안창호는 자기가 모퉁이에 고즈넉이 뿌린 씨앗이 활짝 꽃을 피웠던 것이어서 기쁘기가 한량 없었다. 이제야 첫 번째로 남강이라는 이름의 꽃을! 새삼 보람을 느껴 한껏 흐뭇했다. 물론 누구보다도 앞장 서서 붙들려 가서 감옥에 들어 갔지만!

16일 도산 안창호는 그 장덕준과 여운형, 황진남黃鎭南을 대동하고 포터S. G. Poter 상원의원과 만났다.

"어서 오시오. 안창호 씨라구 하셨지요?"

"그렇습니다. 포터 의원! 먼저 귀 의원께서 수고스럽게 우리 대한을 위해 예까지 오신 것을 고맙게 생각합니다!"

"천만에요! 우리들의 의무인걸요! 우리 미국은 약소 민족을 위해 도울 수 있는 길을 찾구 있습니다. 이번 귀국의 독립운동을 조사하는 것은 당연한 일입니다."

그는 자세를 바로 잡으며 정색하고,

"우선 몇가지 물어 보겠소! 말씀해 주십시오."

"물론입니다. 제가 잘 모르는 일은 여기 <동아일보>의 장 기자가 있으니까……."

"아! 참 지난 번 만세사건으루 일본 정부두 일방적으루 누루기만 해서는 도저히 안되겠다구 생각했는지 좀 부드럽게 다스린다구……."

"예. 문치정치文治政治를 내세워 민족지로 우리 <동아일보>를, 그리고 중립지로 <조선일보>를, 자기네 정책을 선전하는 신문으로 <중외일보> 등 세 일간지를 허가해 주었지요. 그리고 월간잡지두 많이 출판하게 됐습니다."

"그것만으루두 큰 성공이군요!"

"그 대신 피를 얼마나 흘렸게요!"

"……."

포터 의원은 입을 열지 못했다.

"사실 부상을 당한 사람은 그 수를 헤아릴 수가 없고 죽은 사람만도 7천 5백명이 넘고 잡혀 들어간 사람도 4만 7천명에 달합니다. 물론 일어난 지방만도 200여 군데요! 총 참가인원은 놀래지 마십시오. 우리 조선 인구의 10분의 일에 달하는 2백만여 명이오!"

"그렇게 많은 인원이?"

"미스터 안! 당신은 직접 3·1운동을 치루지 못했지요?"

"그러나 내 정신은 조국에 달려가서 겨레의 마음 속에서 함께 외쳤소! 원한의 피를 토했소!"

"그리구 이 장덕준 기자의 설명으루 대강 실상을 짐작할 수가 있었소! 자세하게 들려 주셔서 고맙습니다! 헌데 직접적인 동기는 우리 미국 윌슨 대통령이 제창한 민족자결주의였겠지요?"

"물론입니다."

"언제 일어났지요?"

"아시다시피 3·1운동은 1919년 3월 1일 그날은 일본인이 독살했다고 널리 알려진 고종황태제高宗太皇帝의 인산因山-임금이 죽어서 장례를 치루는 날-날인데 그러므로 시골에서도 많은 백성들이 그 장례를 구경하려고 서울 장안으로 몰려들기 때문에 그걸 기회로 독립을 선언했던 것이오!"

"아아! 그렇게 됐군요! 이제 알겠소!"

그리고 밤에 몰래 등사판으로 찍은 우리나라 국기 태극기를 손에 손에 쥐고 힘차게 흔들며 '대한독립만세!'를 목이 터져라 외치며 거리의 골목 골목과 두메 산골의 골짜기마다 바닷가까지 울부짖은 피의 함성이었다. 도산은 남경南京에서 천진天津으로 가는 진포선津浦線을 타고 가면서 철로 가에 살고 있는 무수한 가난한 중국 사람들을 보고 슬픔에 잠겼던 사실을 말해야겠다고 깨달았다.

"포터 의원! 내가 그 전에 꼭 드릴 말이 한가지 있소!"

"3·1운동과 관계가 있나요?"

"물론이죠!"

"그럼 들어 봅시다!"

"의원께서두 진포선으로 오셨으니까 당연히 보셨으리라 믿습니다만 철로 가의 그 무수한 가난한 쿠리苦力-중국의 노동자들-가 돼지우리 보다 못한 땅굴에서 고생하는 걸 목격했으리라 믿습니다."

도산 안창호는 잠깐 동안 숨을 돌리고 나서,

"당신네 시찰단들은 그 거지떼 같은 사람들이 왜 그렇게 살구 있는지 알고 계십니까?"

"물론 중국의 정치가 좋지 못한 탓이라구 생각합니다."

"천만에요!"

도산의 대답은 단호했다.

"아니요!"

"그럼?"

"물론 중국 정치가들이 썩은 탓두 있습니다만 더 근본적인 이유는 일본인 때문입니다! 물론 장견, 장백령과 같은 훌륭한 분들이 묵묵히 산업과 젊은 제자 키우기에만 온갖 힘을 쏟는 지사들이 있는 한 중국의 장래도 그리 어두운 것 만은 아닙니다만 보다 근본적인 이유는 따루 있습니다!"

"……."

"혁명 뒤의 중국 애국자들은 깨끗한 정치를 하려고 애를 썼으나 그걸 방해하는 자가 있었소. 그 자가 누구인지 아시오?"

"그들이 바루……."

"그렇소. 중국이 힘있는 나라가 되는 것을 바라지 않는 나라가 바로 섬나라의 살쾡이 일본이었소! 동양을 지배하려면 중국이 힘이 세지는 걸 결코 보고 있을 수 만은 없었거든요! 그래서 어떻게 해서든지 중국인들이 잘 살 수 없게 방해를 했지요!"

"아아! 그래서 중국도 일본을 원수루 생각하는 군요!"

"바루 그것입니다. 이제 진포선 철길 가의 중국인 노동자들의 비참한 꼴이 어째 그런가를 아셨죠!"

포터 의원은 그제서야 고개를 끄떡거렸다. 잘 알겠다는 것이었다. 과연 일본이 얼마나 악랄하고 교활하다는 걸 절실히 깨달았던 것이다. 일본에 대한 적개심이 치솟았다.

"그러니까 우리 조선에 대해 그 왜가 얼마나 무섭게 탄압하구 있었음을 짐작할 거요!"

포터 의원은 두 주먹을 꽉 쥐며 부르르 떨었다.

"잘 알았소. 우리두 그런 자들과 꼭 싸우겠소. 내 여기 굳게 약속하오!"

손을 내밀어 약속의 뜻으로 악수를 청했다. 도산은 마음 속에 기쁨이 솟아 올라 포터 의원의 손을 꽉 쥐었다. 우선 북경에 온 보람을 새삼 느꼈다. 외교에 성공한 셈이다. 물론 선전에도 커다란 효과를 거두었다. 포터 의원은 탁자를 쾅 치면서,

"미스터 안! 정말 고마웠소! 이제야 아시아를 구할 길을 깨달았소."

그리고는 무언가 생각이 떠오르지 않는지 머리를 이리저리 굴리더니,

"아 참! 그 뭐라드라……. 동양……."

"예에 동양척식주식회사 말이군요!"

"그래요. 바루 그거요. 그래 그것이 뭐지요?"

"예에. 그놈이 바루 우리 조선을 통째루 삼키기 위한 경제적 착취기관입니다. 땅을 개간해 준다는 달콤한 말로 농민들의 문전옥답 기름진 땅을 헐값으로 뺏구 그래서 농민들은 서 · 북간도루 목구멍에 풀칠이나 하려구 유랑의 길을 헤매게 됐지요!"

"에잇! 그렇게까지……."

포터 의원은 참아 말을 잇지 못하고 애꿎은 천정만 뚫어져라 쏘아본다. 도산은 도산대로 먼 하늘을 멍청히 바라다 본다. 그의 마음 속의 억울한 심회가 가슴을 쥐어 뜯는다. 그러면서 얼마나 시간이 흘렀을까! 호텔 방안은 납덩이가 억누른다. 이윽고 포터 의원이 먼저 침묵을 깨려고 하자 도산이 먼저,

"아아! 실례했습니다. 그만 잠깐 감상 속에 잠겨서……. 허허허……."

"아니 올시다. 도산 선생의 심정을 충분히 헤아릴 수 있습니다. 그렇지 않다면 냉혈 동물이게요!"

"어떻든 귀 의원님이 부탁하신 우리 <임시정부>의 헌법과 일본 정부의 불법 행위 등을 황진남 군에게 번역시켜 곧 보내드릴 터이니 귀국 국회에 제출해 주시기 바랍니다."

"약속하지요!"

다음 17일에는 이번 3·1운동의 실정을 조사하기 위해 한국과 우리 동포의 처지를 알아 보려고 중국에 온 미국 의원단장인 스몰J. H. Small 등 많은 의원들을 만나서 3·1운동의 실상을 낱낱이 알려 주자 모든 의원이 분개하는 것이었다. 이에 도산 안창호는 미국의 의원단을 맞는 <영접위원장>으로서의 공적인 책임은 물론 애국자로서의 독립운동의 실질적인 외교와 선전도 어느 누구 못지 않게 실적을 올렸던 것이다. 그건 전에 어느 일본인이 그의 혀舌가 백만명의 군대와 맞먹는다고 평한 것처럼 이번의 북경에서의 외교 활동의 성과도 심히 큰 것이었다.

그는 꿇어 엎드려 큰 성과를 거두게 해주신 하나님께 감사의 기도를 드렸다. 정말 고마웠다. 결코 사람의 힘은 아니다. 전능하신 창조주 성신님의 역사하심이 가슴에 넘치는 기쁨으로 저절로 무릎을 꿇게 했다.

"하느님 아버지! 감사합니다. 우리 민족을 불쌍히 여기시어 가까운 장래에 왜의 쇠사슬에서 풀려나게 역사해 주시기 바라옵니다. 골고다의 언덕에서 우리 죄를 대속하신 주 예수의 이름으루 기도 드립니다. 아멘!"

이번에는 동북지방에서 통합을

만주滿洲도 한데 뭉치자

만주에선 서로 아옹다옹 다투고 있는 항일 독립 투사들의 뜻을 모아 하나의 전선으로 묶어 주자는 것이 도산이 만주로 온 중요 목적의 하나였다. 실은 그런 항일 투쟁을 위한 영원한 터전을 찾기 위한 나라를 되찾으려는 보다 원대한 터 닦기의 기지인 이상촌의 후보지를 찾는 것이 또 하나의 여행 목적이지만. 도산은 동지들을 앞에 놓고,

"내가 본디 정부에 있은 것이 누가 고와서 있은 것이 아니요 지금 정부를 나온 것이 누가 미워서 나온 것이 아니오! 그런즉 나의 들고 나옴이 조금도 감정상 문제가 아니외다. 정부 안에 있는 것보다 밖에 나와 평민의 신분으로 무엇을 해야 되겠다

하고 이같이 나왔습니다."

1921년 5월 <대한민국임시정부>의 내무총장직을 사임하면서 이렇게 성명을 발표했고 그 뜻을 여러 지도자들 앞에서 밝혔던 것이다. 도산 안창호는 자유스런 입장에서 보다 먼 장래에 새로운 나라를 짓기 위해 우선 터를 튼튼히 다져야겠다고 생각했다. 차곡차곡 돌멩이 하나라도 단단히 쌓아야 한다는, 그리고 그런 생각은 그 뒤에 창립한 <흥사단>적인 꿈을 밑바닥에 깔고 있기도 했다. 결국 도산 안창호의 꿈과 철학과 이념 아니 삶 자체가 그런 착실한 걸음으로 걸어 가려고 했다. 농담으로라도 거짓이 없어야 한다는 철저한 기독교적인 뜻과 사랑의 정신을 밑바닥에 깐 좁은 길 설혹 그것은 바닷길일지 산길일지 또는 가시밭길일지 모르나 그건 전적으로 도산 자신이 택한 길이니까 하나의 숙명 아니 하늘의 섭리였을는지 모른다.

어떻든 도산은 이강 등 믿을 수 있는 동지들을 보내 민족의 장래를 지어야 하는 흔들리지 않을 터를 고르기 위해 아무래도 땅이 기름진 만주-중국의 동삼성인 요양성遼陽省, 봉천성奉天省과 길림성吉林省 등-를 샅샅이 뒤지도록 했다. 남의 눈에 쉽게 띄지 않는 으슥한 깊은 골을 고르라고 했다. 도산도 직접 가보기도 했다. 두 가지 목적이 있었다. 한 가지는 독립을 쟁취하기 위한 인재 양성의 터로서의 이상촌을 만들 고장을 정하기 위한 것이었고, 둘째는 흐트러진 독립지사들을 뭉치게 하는 접착제 노릇을 하는 것이었다. 그 두 가지가 모두 중요했다.

1926년 겨울이었다. <흥사단> 단우이면서 간도 출신으로 중국어에 능한 젊은이며 또 산서성의 수령인 염석산閻錫山 장군의 수하인 유기석柳基石 군을 데리고 북경을 떠나 길림에 가서 대동문大東門 밖 대동공사에 머물면서 이상촌의 후보지를 고르기로 하였다. 동경성東京城과 경박호鏡泊號 부근을 몇 차례 가 보았다.

만주에 온 기회에 또 하나의 목적인 독립투쟁의 단체들과 지도자들을 하나의 전선으로 통일시키기 위해 참의부와 정의부, 신민부 등 3부를 하나의 단체로 통합하고 김동삼과 이탁李鐸 또 다른 이탁李沰, 현정경玄正卿, 현익철玄益哲, 오동진吳東振과 청산리 대첩의 영웅 김좌진金佐鎭, 이준식李俊植, 김이대金履大, 손정도, 김지간, 김유성 등을 초치하여,

1. 전 만주의 항일 단체를 조사하여 통합할 것.
2. 통합 단체로써 각지 동포의 계몽사업을 일으킬 것.
3. 각 지에 산재한 독립군을 조사할 것.
4. 이런 사업 경영에 필요한 기금 운동을 일으킬 것.
5. 소학교 아동들의 교육 방침을 통일할 것.
6. 사관학교를 설립하여 무관을 양성할 것.
7. 일본인의 세력이 덜 미치는 안전 지대를 택하여 그곳에 통합기관의 본거지를 둘 것.
8. 통합 후에는 아령-러시아를 아라사라고 불렀다-과 만주 중국 각지 상해 본국 미주 등지와 긴밀한 연락을 취할 것.

도산은 자기가 내무총장직을 사임한 연유를 밝힌 뒤 이와 같

이 만주에 흩트러진 독립투사들이 서로 뭉칠 것을 강조하고 힘을 합쳐 일본군과 싸우자고 힘주어 말했다. 흩트러진 각개전투로는 도저히 현대적인 병기를 가지고 있는 왜군과는 적수가 안 된다고 하였다. 사실 그러했다. 청산리 싸움 같은 것은 김좌진 장군의 탁월한 작전술, 독립군 용사들의 투지의 성과였다고 강조하였다. 그러면서 김좌진 장군을 치켜 세우는 것도 잊지 않았다. 모임은 성공적으로 끝났다.

학생들의 힘

길림사건吉林事件

도산은 독립지도자들의 모임이 원만하게 끝나자 그들을 길림시 안에 있는 송강 제일루松江 第一樓라는 중국 음식점으로 전원을 초청했다.

"여러 동지들! 미안하지만 오늘은 우리 김좌진 장군을 주빈으로 모시기로 하지요! 어떻습니까?"

"그럴 수는 없지요! 아무리 그렇더라도 김동삼 동지가 윗 자리에 앉으셔야지! 동지들 그렇잖소?"

"그렇구 말구!"

"그야 김좌진 장군두 훌륭하지만 역시 김동삼 동지는 우리 중 가장 선배시구 저번 국민대표회의 때두 의장을 맡으신 바 있으니 김동삼 동지가 상좌에 앉으셔야지!"

모두들 찬성한다. 주최자인 도산이 들어온다. 줄줄이 앉는다. 도산은 모두를 둘러 보고 조용히 앉는다. 다시 일어서서 정중히 절을 하고,

"여러분 정말 장하시오! 오늘 나는 얼마나 보람을 느꼈는지 모르겠소! 정말 이번에 만주에 온 것을 기쁘게 생각하오. 우선 세 단체가 하나로 합쳤다는 것은 놀랠만한 성과입니다. 우리 대한 민족은 예로부터 각자가 저 잘났다고 만나서구 좀테루 누구에게 고개를 숙이는 걸 부끄럽게 여기는데 오늘 여러분들은 서루 양보하는 겸양의 정신으루 다른 분에게 윗자릴 내주는 그야 말루 착하게 섬기는 예수 그리스도의 진실한 마음씨를 보여 주셔서 나 도산이 예수교를 믿는 사람으로서 마음이 흡족합네다. 고맙습네다! 다시 한 번 감사의 말씀 드립니다. 그런 뜻으루 오늘 저녁에는 실컷들 드십시다. 우선 잔들을 비웁세다."

그리고서는 먼저 잔을 높이들고,

"깐뻬이!"

모두 잔들을 들고 독한 빽알들을 단숨에 쭉 들이마신다.

"깐뻬이!"

"깐뻬이!"

각자 그동안의 치열했던 싸움을 치하하면서 고되었던 날들을 위로하였다. 한동안 떠들썩하니 좌석은 소란스러웠다. 이윽고 잔치가 끝나자 현익철이 도산 옆으로 다가와서,

"도산! 예전에 <독립협회>의 만민공동회 때 종로 네거리에서 열변을 토했다구 들었는데 이왕 여기 오신 김에 우리에게두 그 능변을 한번 들려 주시구려!"

"그럽시다. 그게 뭐 어렵갔소!"

"언제쯤?"

"내 곧 경박호에 일이 좀 있어서 다녀 오갔소! 다름이 아니라 무관학교를 세울 마땅할 만한 곳이 있나 하구 알아 볼라구요! 그럼 시간 나는 대루 연락주시구려!"

"그러디요!"

그리고선 해를 넘겼다. 다음 해도 정월은 지났다. 이번엔 정의부의 군사위원장인 오동진이 재촉한다.

"그래 연설장은 어드매가 둏디?"

"응 대동공사 창고가 비어 있으니끼니 거기서 하디. 내래 교섭하디!"

"그래 줄래? 그럼 오동디만 믿가서!"

도산 안창호가 찾고 있는 대한독립의 근본적인 터전이 될 이상촌은 높은 산이 솟고 맑은 강이 흐르는 이른바 산자수명한 곳으로 200채 가량의 집이 들어 설 수 있고 둘레가 산으로 에워 쌓여 있으면 더욱 좋은 분지를 경박호 근처에서 찾고 있었지만 알맞은 곳이 없었다. 그래서 차일피일 늦어졌다. 그러는 가운데 시간은 살처럼 빨리 기다려 주지 않고 마침내 해를 넘겨 1927년이 되었다.

"도산! 지난 해에 약조한 강연건 어드릏게 됐디?"

오동진 동지가 재차 물었다.

"응! 해야디. 그동안 무얼 좀 찾아 보느라구 틈을 낼 수가 없어서……. 허디만 기건 뒤에 미루기루 하구 우선 연설을 해야디."

"동디덜이 너무 바래구 있구 또 동포덜이 꼭 도산의 그 유명한 연설을 듣구파 하니끼니! 원을 풀어 줘야디!"

"언제 쯤이문 돟을까?"

"글쎄 빠를 수룩 돟디!"

"오늘이 며칠이디?"

"2월 열이틀이니끼니 내일은 너무 급하구. 그래 내일 모레가 어때?"

"그럼 14일이군! 돟아 그날 저녁에 하두룩 하디!"

"그릏게 급하게 해두 괜디 않가서?"

"물론 난 입만 있으문 되니까니!"

마침내 1927년 2월 14일 저녁이 되었다. 해가 뉘엿 뉘엿 지기 시작할 때부터 강연장인 대동공사 창고는 청중들로 붐볐다. 역시 소문은 소문을 낳아 유명한 웅변가의 명연설을 들으려고 일찍부터 꾸역꾸역 모여든 청중들로 발디딜 자리가 없을 지경이었다. 사발통문이 돌지 않아서도 도산 안창호의 열정어린 설득에 두말 없이 그동안의 사소한 감정을 깨끗이 씻어버리고 흔쾌히 통합을 약조한 단체들의 간부들은 한 사람도 빠지지 않고 모였다. 그 밖에 근처의 동포들도 많이 모여 들어 창고 안은 꽉 찼다. 그야말로 발디딜 곳도 없을 지경이었다. 400명이 들어갈 수 있는 넓이에 500여 명이나 밀려 들어 너무 많은 청중으로 초만원이었다. 시간이 되자 사회를 맡은 박일병朴一秉이 어느 초등학교 교단으로 만든 임시 연단 위에 올라 섰다.

"여러분! 다 아시갔디만 도산 안창호 선생으로 말하문 우리 평안도이 낳은 텬재덕인 웅변가루 피양 모란봉 아래의 쾌재덩 연설은 사람덜의 헤를 털게 했소이다. 잠시 뒤에 그 세상을 깜짝 놀래게 할 명연설을 들을 수 있갔습니다. 기대해 주십시오! 도산 안창호 선생을 소개합네……."

도산이 나타나기 전에 벌써 큰 박수가 터져 나온다. 모든 청중이 우레와 같은 박수로 환호하는 가운데 안창호는 천천히 단으로 올라선다. 손을 번쩍 든다. 다시 터지는 박수의 물결 물결 물결! 도산은 꾸벅 절을 한다.

"대한의 아들 딸 여러분! 만나서 반갑습네다. 이역만리 낯선 고장에서 얼마나 고생들이 심하십니까? 다시 본토에서 마음놓구 만나길 우리 이 자리에서 굳게 맹세합세다!"

다시 터지는 우뢰와 같은 박수! 엉엉 흐느껴 우는 아낙네들의 울음에 전염된 듯 창고 안은 울음의 물결이 휩쓴다. 흐느낌이 꽉 찬다. 지붕이 터져 나갈 것 같다. 독립단체의 지도자들도 손수건으로 또는 손등으로 뜨거워지는 눈시울을 닦는다.

바로 그 시간에 길림거리 어느 으슥한 골목 후미진 집 구석방에선 담배 연기 가득한 가운데 눈이 벌개진 중국의 정복 경찰관들이 둘러 앉아 맞은 편 사람의 눈을 뚫어져라 쳐다본다. 혹시 끝발을 속이지나 않나 하고 새 매 눈들이다. 좀 높은 자리에 있는 한 꾼이 아마 돈이 다 떨어진 모양으로 슬쩍 물러 앉는다. 재빨리 그 투전꾼 약간 높은 상관인 듯 등 뒤에서 구경하던 한 경관이 옆으로 다가가,

"나으리! 돈이 다 떨어진 모양이죠!"

"어디 돈 좀 빌릴 데 없나?"

그러자 빙 둘러 앉은 투전꾼들 속의 한 사람이 잽싸게,

"돈 대구 돈 먹기! 돈 떨어진 사람은 돈을 구해 오거나 그러잖으문 일찌감치 집에 가서 마누라 엉뎅이나 두드리문서 자기요! 뒷 등에서 개평만 뜯을라구 하지말구. 흐흐흐."

그러자 아까 곁에 달싹 달라 붙어 앉은 부하가,

"나으리 좋은 수가 있소!"

"으응? 무슨 수? 돈을 좀 마련할 수 있나?"

"저 왜 그 삼시협정三矢協定 아시죠? 왜 그 저 미쯔야 협정 말예요!"

"미쯔야 협정?"

"예에! <조선총독부> 경무국장 미쯔야와 우리 장 원수님의

비서장인 우진于珍 장군 사이에 맺은 협정 말예요!"

한편 보잘것 없는 부하에게 이끌려 가고 있는 돈 떨어진 나으리는 자기를 데리고 가는 데가 철저한 민족주의자 도산 안창호의 연설장이니 놀랠 수밖에. 그래서,

"안 돼!"

"예에?"

"안된다니까!"

"……."

대동공사 창고로 상관에게 좋은 수가 있다구 꼬시고 가던 그 부하는 한동안 어리둥절해서 머뭇거리다가 좋은 생각이 떠오른 듯 비굴한 웃음을 흘리며,

"아 참! 그러문 되겠습니다."

부하를 따라 와서 난처해졌던 그 나으리는 이제 빼도 박도 못해 차라리 쥐구멍이라도 있으면 들어가고 싶을 지경이었다.

"어떻게?"

"조선독립군이라두 공산주의자들은 좋다구 했죠!"

"그렇지. 한 사람당 일본돈 10원씩 보상으루 준댔지!"

"그러니까 공산당으루 알구 잡았다구 하죠!"

"으응! 그런 수가 있군!"

"그러니까 지금 당장 한 20명가량 동원해서 연설장을 습격합시다!"

그래서 그 돈 떨어진 높은 양반은 가까운 경찰관 주재소에

들어가서 직권으로 20명 가량의 경찰대를 데리고 그 부하를 따라 마침내 도산이 연설중인 대동공사를 습격했다. 정복을 한 20여 명의 중국 경찰관들이 강연장인 대동공사 창고 안으로 쳐들어오자 청중들은 어리둥절했으나 그런 일에는 이제 익숙했으므로 별로 동요는 하지 않았다. 다만 연사인 안창호의 안위를 걱정할 따름이었다. 경찰들은 단상에 올라가서 연사인 안창호를 오라줄로 묶으려고 하자 유명한 여류 독립투사인 유장춘柳長春 여사가 그 오라줄을 낚아채며,

"이 분이 누구신줄 알기나 하우. 이 분은 그 유명한 도산 안창호 선생이시오! 절대루 안되오!"

그러자 경찰대의 우두머리인 듯한 약간 상관이 나서며,

"우리는 <조선총독부> 경무국 미쯔야 국장과 우리 장작림 장군의 비서장인 우진 장군의 협약인 미쯔야 협정에 의해 만주에서 준동하고 있는 모든 반일 분자를 체포할 권리를 가지구 있소. 모르오?"

"그건 알고 있소. 허지만 당신네의 총사령관인 장작림 장군께서 별도로 비밀 지시가 있었을 터인데요!"

그러자 그 자는 주춤한다.

"그럼 이 자들은 공산주의자들이 아니오?"

"누가요? 도산 선생말이요? 아니 아직 모르구 계셨소?"

"<조선총독부>에선 분명히 공산주의자들이 모여서 회의를 한다구 알려왔소만……. 허허허……."

멋쩍게 웃었다. 사실을 알면서 모르고 있는 척하고 일부러 얼버무릴려고 엉뚱한 소리를 하는 것이 분명했다. 그는 무대 배우가 아니니까 연기가 서툴렀던 것이다.

"하여튼 본서로 가서 당신네가 공산주의자인지 민족주의자인지 흑백을 가립시다."

"좋소! 당신네들 큰 코 다칠걸요! 호호호……."

유장춘 여사가 앞장선다. 물론 청중 속에는 무기를 가진 독립군도 많이 있었지만 도산이 자제시켜서 무기를 버리고 순순히 끌려 갔던 것이다. 중국 경찰도 <조선총독부>가 고답적으로 나와 사사건건이 보이지 않는 압력을 가해 오기 때문에 중국측은 속으로 괘씸한 생각이 들어 될 수 있는대로 말을 듣지 않으려고 반항적이었다. 처음에는 전부 중국 경찰이 조사를 했다.

학생들의 힘

일본측은 한국 독립운동자가 전부 공산주의자라고 했지만 엄밀히 조사해 본 결과 공산주의자는 한 사람도 없고 전원이 철저한 민족진영이었다. 중국 경찰은 그런 <조선총독부> 측의 거짓 정보의 잔꾀에 우선 비위가 뒤틀렸다. 결코 일본측이 하자는 대로 하지 않으려고 버텼다. 일본 사람들은 무엇이든지 명령조였다. 마치 상관이 부하에게 지시하는 식이었다. 속이 더욱 뒤틀렸다. 미쯔야 협정이란 어디까지나 국가 간의 협약으로 동등한 입장으로 서로 협의해서 곧 상대편의 의견을 존중해야 되는 것인데 이건 완전히 일방적이었다. 처음에는 중국 경찰이 길림시 안에 있는 조선인의 집을 모조리 뒤져 17세 이상의 남자를 전원 붙잡아 갔다. 그러나 곧 대다수를 놓아 주었다. 여론이 들끓었던 것이다. 그러자 <조선총독부>의 구니도모國友 경무과장과 평안북도 도미나가富永 경찰부장이 비밀리에 만났다.

"구니도모 과장! 조선인 독립 운동자들 중 거물급들이 많이 걸려든 모양인데 정말 좋은 기회요! 이 참에 모조리 족쳐야 하지 않겠소?"

"나두 그렇게 생각하구 있소. 헌데 중국군이 말을 고분고분 들어 먹어야지!"

"그렇다문 길림의 우리 영사에게 압력을 가하라구 부탁합시다!"

"역시 그게 좋을 듯 하오."

"결국 굴복할겝니다!"

"물론이죠. 히히히……."

"허허허……."

이때 안창호는 安昌浩가 아니고 발음은 같으나 한자론 달리 쓰는 晏彰昊로 바꾸기로 하였다. 그것은 세상에 널리 알려진 그 이름이 언뜻 다른 사람처럼 보여지도록 속임수를 쓰자는 것이었다. 좀체로 거짓말을 하지 않으려고 했지만 원수인 일본 관헌을 속이기 위해서는 불가불 편법을 써야 할 경우도 있었다. 역

시 그 시간에 또 만주군 헌병대에 <조선총독부>의 경찰 간부들이 들이 닥치자 느닷 없는 방문객에 당황해서,

"누구들이시죠?"

헌병대장이 물었다. 비록 경찰이지만 만주의 헌병쯤은 별로 대수롭지 않았다.

"아아 나는 <조선총독부> 구니도모 경무과장이고, 이 사람은 평안북도 도미나가 경찰부장이요."

"그렇소? 나는 중국 동삼성 헌병사령관 양우정楊宇霆이요. 무슨 일로 오셨죠?"

"귀관은 미쯔야 쿄오떼이를 잘 아시겠지?"

양우정 대장은 길림사건 때문에 <조선총독부>가 안달이 났다고 알면서도 모르는 척 능청을 떤다.

"그렇지. 지지난 해인 1925년 6월 11일에 우리 장작림 원수의 비서장인 우진 장군과 미쯔야 조선총독부 경찰국장 간에 체결된 협정말이지? 그런데?"

"지금 저 밑 대동공사 창고에서 조선 반일 독립군들이 모여서 연설을 듣구 있소."

"도산 안창호가 연사라문서?"

"그렇다구 하더군요!"

"그 양반은 철저한 민족주의자라면서?"

그렇게 말을 해놓고서는 아차했다. 독립운동가지만 민족진영은 건드리지 말라는 것이 장작림 원수의 비밀지령이었던 것

이다. 그만 실언을 했다. 하지만 쏟아진 물 다시 주어 담을 수는 없었다. 뺏댈 수밖에. 양우정 대장의 말 속에는 다분히 꼬불어진 뼈가 들어 있었다.

사실 그랬다. 아무리 무력적으로 강대국이라고는 하지만 섬나라 살쾡이 주제에 지금 약간 무력적으로 강하다고 으시대고 있지만 국력이나 역사로 보아 대국인 중화의 나라인 자기네 중국에 비해 견줄 수 없는 몇 개의 섬으로 된 별 볼 일 없는 왜소한 종자들이 설치는 꼴이 정말 눈 뜨고는 못 보겠던 것이다.

"헌데 그 체포한 불량선인들인 범인들을 빨리노 넘겨주소!"

"예에? 그 일루 오셨군요?"

"능청 떨지 마시오! 다 아시면서!"

"천만에요! 내가 그걸 어떻게 알겠나!"

밑져야 본전이라구 구니도모 경무과장은 강경한 말투로,

"양 사령관! 미쯔야 협정에 따라 조선인 범인들을 우리 총독부 경찰에 넘기두룩 하시오!"

중국 헌병사령관은 빙긋이 웃으며,

"예에? 그건 좀 곤란한데요! 상부의 지시 없이 내 마음대루 그럴 수는 없소! 상부에 지시를 요청할 터이니 당분간만 기다려 주십시오!"

"뭐요? 우린 마냥 기대릴 수는 없으니 하루 이틀 사이루 확답 주오."

그러자 양우정 헌병사령관은 의자를 돌려 앉으면서도 다른 서류를 뒤적거렸다. 더 이상 말이 필요 없다는 속마음을 넌지시 보여 주었다. 양우정 헌병사령관과의 담판이 실패로 돌아가자 이번에는 길림시의 교섭 서장에게 따지자 자기는 일본 영사가 상대이므로 <조선총독부> 관리에게는 범인을 넘겨줄 수 없다고 잘라 거절했다. 더 말을 붙일 수 조차 없었다. <조선총독부> 관리들은 최종적으로 일본 영사가 있는 봉천으로 달려갔다. 가와꼬시川越 일본 총영사를 만나 매달릴 작정이었다.

"어쩐 일이요? 군인들이 이렇게 들이 닥치니?"

"별 수 없습니다. 총영사님이 길림 사태를 좀 해결해 주셔야겠습니다!"

"허어! 길림두 네 담당 구역인데……. 나에게는 미리 연락두 없이 그런 일을 저질렀으니 내가 지금 와서 손을 쓸 수 없지 않나?"

그건 관료주의 국가에 있어서의 벼슬아치들의 자긍이었다. 실제 처음부터 그런 정치적인 문제는 영사관을 통해야 하는 건데 경찰들이란 자기 권력만 믿고 중국인들을 깔본 월권 행위였던 것이다. 결국은 구니도모 과장과 도미나가 평안북도 경찰부장은 중국의 수도인 북경까지 가서 요시자와芳澤 일본 공사에게 정부 차원에서 공식적으로 사건의 해결을 진행시켰다. 요시자와 일본 공사는 당시의 대원수인 장작림에게 조선인 피의자 42명을 넘겨 줄 것을 정식으로 요청했다.

"허허어……. 그건 지방 관청에서 처리할 일인데 그런 사소한 것을 나한테까지 가져와야 하나?"

장작림은 너무 번거롭다고 회피했다. 그러는 동안에 상해의 <대한민국임시정부>에 독립 투사들의 석방에 힘써 달라고 전보가 날라왔고, 따라서 <임시정부> 명의로 북경의 중국 정부 당국과 길림의 독군서에 반일 애국자들의 석방을 촉구하는 독촉이 빗발치듯 날아 들었다. 그뿐이 아니었다. 염석산 주석이 자기 부하인 유기석을 석방하라고 독촉이 심했다.

결국 길림 독군 장작상吉林 督軍 張作相은 입장이 곤란하던 차에 중국의 정계와 사회단체 학생들이 외국혁명가들을 자기네 나라 안에서 희생시킬 수 없다고 들고 일어나서 장작상은 대원수 장작림의 내락을 얻어 20일 만에 전원을 석방했던 것이다. 실타래가 슬슬 풀렸다.

이때 <동아일보>의 보도에 의하면 그때 연행된 독립투사들은 도산 안창호를 비롯해서 김동삼, 오동진, 현익철, 김이대, 유장춘, 유기석, 박일병 등이었다고 했지만 만주 경찰에 끌려간 사람들은 삼부의 간부들 전원이었고 대다수는 풀려났지만 억류된 사람만도 42명에 달했다. 학생들의 태도는 강경했다. 이른바 요새 말로 하면 연좌 데모를 한 셈이다. 전원 자유의 몸으로 풀려났다. 예나 지금이나 학생들의 힘은 과연 무섭다. 그래서 4・19도 학생혁명이라고 하지 않는가! 그리고 거기에는 길림교섭서의 직위인 윤형식尹亨植의 공이 컸다고 할 것이다.

농민호조사農民互助社

도산 안창호는 일단 길림사건으로 고생하다가 풀려나자 이번에는 만주지방에서 고생을 하고 있는 우리 농민들을 위해 스스로 일하면서 살 수 있는 길을 마련해 주기로 했다.

"손동디!"

"와 그르십네까? 안창호 동디!"

"그르니까니 그래 뭐드라! 그래 협동조합! 응 그릏디. 그런 걸 하나 만들문 어드릏가서?"

"여기 길림에다가요?"

"물론이디요! 그래야만 우리 동포덜이 안심하구 살 수 있디 않가서?"

"기야 그릏디요!"

안창호는 어느날 농민들을 살리자는 동지들의 제안에 따라 의논 상대가 될 만한 사람들을 몇 사람 모아 놓았다. 그 중 허물없이 의논이 될 만한 손정도에게 우선 의견을 물었더니 두말없이 찬동하자 도산은 용기를 얻었다.

섬나라의 간교한 살쾡이 쪽바리들은 하늘 높은 줄 모르고 조선의 기름진 땅만 뺐으면 된다고 동양척식주식회사라는 <대한제국>의 땅을 개척해 준다는 구실로 문전옥답까지 빼앗아서 입에 풀칠하려고 북풍 한설 살을 여이고 눈꺼풀이 얼어 붙는 만주의 거친 벌판으로 남부 여대 젖먹이를 들쳐 업고 흘러흘러 유랑의 길을 정처 없이 떠돈 불쌍한 동족들에게 그나마 굶지 않고 먹고 등 차갑지 않도록 해 주려는 안창호의 절실한 애오라지의 바램을 이루려는 것이다.

"여러분들 어떻습네까?"

손정도가 좋다고 동의하자 도산은 모두에게 물었다.

"좋습니다! 대찬성입니다!"

"그럼 이름은 뭐라구 할까요?"

"글세……."

사실 어떤 단체를 만들 때 첫 번째로 항상 문제가 되는 것은 조직의 이름이다. 그것은 그 모임의 뜻과 성격을 나타내기 때문이다. 모두 머리를 굴린다. 나가서 싸우려면 서슴치 않는 용사들이지만 머리 돌리는 데는 좀 모자라는 축들이다. 좀체로 좋은 이름이 생각나지 않는 모양이다. 그러자 역시 그 중 농민들을 걱정하는 이탁李沰이라는 중요 간부가,

"아예 농민호상협조사 이름이 좀 길지만 그런 이름이 어떻소?"

"농민호상협조사?"

"어떻소?"

이번에는 발의자인 안창호가 모두의 의견을 묻는다.

"역시 좀 긴데!"

손정도의 의견이다. 다들 손정도의 말에 동의한다. 그러자 안창호가,

"그럼 농민호조사 곧 농민들이 서로 돕자구 그건 어떻소? 사

는 회사라는 사짜."

"……."

"농민호조사?"

"그 이름이 좋군!"

"좋시다!"

결국 실질적인 협동조합으로서 <농민호조사>가 태어난다. 발기인은 안창호를 비롯해서 김동삼, 오동진, 현정경, 김일병, 이유필, 최만영 등이고 연락처는 <대동공사>였다. 그리고 준비위원으로는 이탁, 최명식, 김이대, 손정도, 표학화 등이었다.

"도산! 이왕 농민들을 위해 <호조사>를 만들었는데 무어 서루 지켜야 할 규틱이 있어야 하디 않갔소?"

"그 규칙 말인데 난 늘 디키기 쉬운 더욱이 우리 <호조사>는 밭갈이 하는 농민 덜을 위한 것이니까니 더더욱 알기 쉽구 디키기두 쉽게 만듭시다. 내가 평양에서 대성학교를 세웠을 때두 디키기 어려운 규틱보단 누구나 다 디킬 수 있는 쉽구 간단한 규틱을 만들었디요! 그러니까니 우리 <농민호조사>의 규틱두 그룹게 만듭시다!"

"돟소! 여러분덜 생각은 어떻소?"

"좋습니다. 대 찬성이오."

"그름 그 이름은 뭐라구 하디요?"

"글세…… 덩관이라구 할까 아니 회칙이라구 할까?"

그러자 현정경이 손을 번쩍 들면서,

"그런 건 너무 흔한데 우리 좀 색달리 약법이라는 게 어때요?"

"약법이라!"

도산이 잠깐 생각하더니 고개를 끄떡 하고서,

"돟쉬다. 약법이라! 그것이 돟갔소……. 여러분덜 어떻소?"

"좋습니다!"

"돟수다!"

별로 반대가 없고 해서 그대로 정해졌다.

그래서 약법 정리위원들이 선정한 약법은 이러했다.

1. 본사 사원은 서로 돕고 협동하여 신 농촌을 건설하기 위하여 해마다 금 150원 이상을 내어 상당한 땅을 사기 위해 출자한 액수에 따라 땅을 나눈다.
2. 본사 사원은 서로 사이에 신용과 사랑을 존중하고 근면하고 청결 정의에 힘쓴다.
3. 입회금 1원-연회비 1원.
4. 토지를 사서 신 농촌을 건설하기 위하여 연 금 150원 이상을 출자하면 그에 상당한 토지를 사서 출자한 액수에 따라 땅을 나눠준다.
5. 150원 이상 출자가 어려운 사원은 땅을 살 수 있는 저축금으로 5년 동안 해마다 30원씩 출자한다. 저축금을 합해서 땅을 살 수 있을 때는 우선 땅을 사고 뒤에 입금하는 대로 계속 매수해서 결국 모든 사원에게 나눈다.
6. 토지 매수를 위하여 30원 이상 저축하기 불가능한 사원은

본사가 상당한 지대에 토지를 빌릴 것을 주선해 준 뒤 각기 소요된 금액을 계산하여 나눠준다.

7. 현금으로 토지를 매입하여 집단 농촌으로 사원이 농사를 짓지 않고 나머지 땅을 사원에게 빌려 주고 그것을 팔 때에는 30원씩 먼저 저축한 사원에게 선취권을 준다.

그 밖에 몇 개 조항을 약법으로 정하였다.

이것으로 보아 도산 안창호가 얼마나 우리 농민들을 위하고 그들의 살림을 걱정하고 있었던가를 짐작할 수 있다. 농민들은 곧 농자천하지대본이라는 낡은 글귀를 인용하지 않아도 알 수 있듯 우리 겨레의 어버이가 되는 농민에 대한 사랑 그것은 바로 민족을 사랑하는 도산 안창호의 거룩한 나라 사랑의 마음씨였던 것이다. 그 농사꾼의 모습은 곧 도산 자신의 모습인 자화상이기도 했다. 그러니까 자신에 대한 사랑이기도 했던 것이다. 마침내는 <남을 사랑 나를 사랑 나라 사랑>이 이 <농민호조사>에서 구체적으로 드러났다고 할 것이다. <농민호조사>를 만들기 바로 전 날 저녁에 어떤 허름한 옷차림의 농사꾼이 안창호가 묶고 있는 대동여사의 방문을 두드렸다.

"누구신지 모르디만 들어오시디요."

문을 열고 들어 오는 쉰살이 넘을 듯한 중 늙은이가 얼굴이 거무튀튀한 손이 두툼하고 주름이 깊게 패여진 손마디가 굵은 어느 두메 산골에서 막노동으로 잔뼈가 자란 농사꾼인 듯했다.

"실례합네다."

"어서 오시구려!"

도산은 그 늙은 농사꾼이 마치 자기가 태어나기 전부터 친형제처럼 지내온 사람인 듯 느껴졌다. 분명 그 음흉한 왜의 악랄한 토지 탈취 정책의 희생으로 기름진 텃밭을 빼앗기고 거칠은 이역의 미개지로 쫓겨온 화전 농사꾼임에 틀림없다고 보여졌다.

전에 도산 안창호의 강연회가 마침 나석주 의사가 일본 제국주의의 경제적 착취 기관인 동척東拓에 원한의 피로 빚은 폭탄을 던져 폭발시키려고 한 것을 기념하기 위한 행사로 실시하기도 했던 것이었다.

도산은 터지는 울음을 가까스로 참으며 그 노인을 와락 껴안았다. 터지는 울음을 노인의 가슴에 묻었다. 노인은 영문도 모르고 도산의 울음을 가슴에 잔뜩 안은 채 멍하니 서 있었다. 울음은 설움으로 줄줄이 흘러 내렸다. 눈물의 강이 때아닌 길림의 밤거리를 홍수로 채웠다. 한참 있다가 그 늙은 농사꾼은 슬그머니 도산의 팔에서 몸을 빼며 한걸음 물러난다.

"그럼 실례하는 구먼요!"

도산은 그제서야 그 농사꾼이 무슨 말을 하려고 찾아온 것이 틀림없다고 생각해서,

"앉으시구려. 말씀을 하시디요!"

"긴데 안 선상님! 분명히 도산 안창호 선생님이시지요?"

"예에 내가 안창혼데요! 왜요?"

"지가 알기루는 도산 선생님은 편안 안 짜 안창호루 아는데요?"

사실 지난 번에 잡혀 들어 갔을 때 일본 헌병들에게 탄로날까 봐 妟彰昊로 우리나라 소리로는 같으나 한자는 전혀 다른 글자로 바꾸었던 것이다. 그래서 그 노인이 착각을 했던 것이다.

"예에! 그건……. 전번에 잡혀 들어 갔을 때 일본 헌병대에서 탄로날까 봐 한자를 잠깐 바꿔 썼디요! 우리말루 소리는 같으니까요!"

"예에! 그런줄두 모르구……."

"헌데 그런 일루 오시디는 않았을 터인데……."

"실은 이번에 <호조사>인가 뭔가에 들구 싶은데 돈이 좀 모자라서……."

"얼마나 부족한데요?"

"실은 전액이 없는데요."

"으응……. 그건……."

"물론 27원은 있지만요!"

"기럼 둏습네다! 우선 그 돈 만 내시구 나머지 3원은 차차 내시기루 하시디요!"

"그래두 되갔습니까?"

"<농민호조사>는 전적으루 고향에서 기름진 농토를 뺏기구 이 만주까지 쫓겨온 불쌍한 우리 대한 농민들을 살리기 위해 만들려는 일종의 협동조합인데 설혹 돈이 좀 모자란다구 해서 박대할 수가 있갔시요? 그런 건 너무 걱정 마십시오."

"고맙습니다. 정말 고맙습니다!"

그 3원이 없어서 걱정하던 농민은 두 번 세 번 절을 하고 기쁨이 가득한 얼굴로 뒷걸음으로 방을 나간다. 희망에 넘쳐서! 도산은 큰 일을 한가지 처리한 듯한 기분으로 콧노래라도 부르고 싶은 즐거운 마음이었다. 푸른 하늘을 두둥실 떠가는 하얀 구름을 타고 저 멀리 꿈나라로 달려가는 느낌이었다. 이상촌은 이제 틀어져도 괜지 않을 것만 같았다. 그런 기분이다. 물론 이상촌을 만드는 것은 나라와 겨레를 위한 필생의 사명이지만!

(지은이: 여기서 사람 이름과 약법에서의 어려운 한자를 원문대로 적는 것은 고증이 필요한 분을 위한 배려에서 임을 밝혀둔다.)

뜻 밖에 협박을 받다

뜬금없이 암살 지령이라니?

이 무렵부터 도산 안창호는 빼앗긴 나라를 되찾고 흩어진 겨레를 새로 다듬어서 일으켜 세우기 위한 밑그림을 그리기 시작했다. 본디는 도산 안창호와 그의 둘도 없는 지기요 동지인 추정 이갑秋汀 李甲이 만주로 들어가서 농지 개척에 힘을 기울여 우리 동포 농민들의 생활 안정에 도움이 되고 독립 투사를 키우려고 굳게 맹세하고 용감하게 길을 나섰던 것이다. 물론 이상촌의 후보지를 찾으려는 것도 최종적인 목적이기도 했지만! 유동열, 김희선 그리고 자금줄인 이종호 등도 함께였다.

"유 동디! 데무사니 우리들의 이번 길은 만주에 독립의 터전을 닦아서 나라 찾는 보다 튼튼한 터 닦기에 알맞은 고장을 찾기 위함이오!"

"아니 그럼! 무관학괄 세우자는 게 아니었소?"

"글쎄 지금 당장 왜적과 싸우기는 힘이 좀 벅차지 않소?"

"……."

"우선 힘을 기릅세다. 이갑 동디두 같은 생각인 줄 아는데! 어드릏게 생각하디?"

"그릏습네다! 나는 안 동디와 꼭 같은 생각이디요!"

그러나 유동열은 고개를 한두 번 흔든다. 김희선을 돌아다보며,

"김 동지는 어찌 생각하지?"

"나는 유 동지와 같이 지금 당장 일본군과 싸와서 결판을 내자는 편이오!"

그러자 도산 안창호는 도무지 이해가 안 간다는 듯 고개를 들고 멍하니 하늘만 쳐다본다.

"그러문 승산이 있소? 일본군은 막강한 무기를 가지구 있는데! 지금 그나마의 독립군들두 서루 저 잘났다구만 하구 서루 통합두 안되구 있는데 말이요! 우선 통합군을 만드는 것두 급선무가 아니갔소? 아무래두 성급하게 나설게 아닌 듯 싶소만!"

"김좌진 장군의 선례가 있지 않소? 또 부지하세월루 준비만 하구 있갔소? 우선 그른 만만디-중국 말루 '천천히'라는 뜻-루 언제 나라를 찾겠소? 그건 내 성미에두 안맞구!"

"그릏디만……."

"어쩌는 수 없지요! 우리는 다시 돌아가겠소!"

"그게 참이요?"

"도산이야 말루 거짓말을 하지 말라구 하지 않았소?"

새삼스럽게 정색을 하면서,

"진정이요. 우린 곧 떠나겠소."

함께 왔던 이종호는 엉거주춤 한다. 그는 이용익의 손자로 그런대로 자금을 어느 정도 가지고 있었다. 도산은 이종호가 유동열 등을 따라가지 않은 것이 다행으로 생각했다. 유동열과 김희선은 만주를 떠나 중국으로 가다가 연태煙台에서 재수없게 일본 헌병에게 불심검문에 걸려 그만 체포되었던 것이다.

한편 추정 이갑은 해삼위海蔘衛-우라지보스토크-에 그냥 머물고 도산은 정영도鄭永道와 함께 모스크바, 런던, 뉴욕을 거쳐 로스앤젤레스로 가려고 했다. 그런데 도산 안창호와 추정 이갑은 자기 본인의 이름으로 된 여권이 없어서 러시아령에 들어가는 것이 어려웠고 신변이 위험했으므로 다시 북경으로 가서 여권을 주선해 받기로 했다.

러시아 대사관에 아는 사람이 없기 때문에 오산 이강과 추정 이갑이 전부터 좀 알고 있는 외교관인 현상건玄相健-한국체육계의 명사 현정주玄正柱의 아버지-를 찾아갔다. 그는 전에 러시아 공관에 주재한 적이 있었고 프랑스말과 러시아어에 능통했다. 그러나 주소도 몰라서 무턱대고 헤매다가 우연이지만 다행히 길에서 만나서 같이 아화도승은행俄華道勝銀行 총관이며 동양정보국장東洋情報局長인 러시아인을 만나 북경 러시아 공사관으로 보내는 소개장을 얻었다. 그리고 그 도승은행에 이종호의 아버지 이용익이 거액을 예금했다는 소문이 있었으므로 만일 그것이 사실이라면 독립운동의 자금으로 쓰려고도 했다. 헌데 한국인의 예금이 얼마나 있는지를 알아 보았더니 두 사람의 예금이 있었는데 2년 전에 모두 찾아갔다는 것이었다. 결국 닭 쫓던 개 꼴이 됐다.

어쨌든 그 소개장을 가지고 북경으로 돌아와서 무난히 천행으로 러시아의 정식 여행권을 구할 수가 있었다. 긴 안도의 숨을 내 쉴 수 있었다. 하나의 난관을 뚫었던 것이다. 그런데 기막히게 슬픈 소식이 전해졌다. 오래 전부터 예측은 했지만 마침내 섬나라의 살쾡이한테 고요한 은자의 나라인 한반도가 통째로 삼키웠다는 것이었다. 도산은 엉엉 울었다. 하도 슬퍼서 흐느끼다 못해 누가 있는지도 가리지 않고 목 놓아 통곡했다. 도산이 그렇게 슬피운 것은 아마 그 평생에 다시는 없었을 것이다. 옆에서 지켜보던 이강이 하도 민망스러워서,

"도산 형, 와 그릏게 우시오?"

"흑흑흑 엉엉엉……."

참아 입을 떼지 못하며,

"오산 형! 울음이 저절루 터져…… 터져…… 나오는…… 군요!"

그런데다가 그렇게 굳게 약속했던 이종호 마저 자금을 대지

못하겠다고 통고 해오자 슬픔은 한층 더 했다. 도산 안창호는 아무리 실망스런 일이 있어도 결코 낙담하는 빛을 보이지 않았으며 몰래 은근히 걱정할 뿐이었다. 그런데 그렇게 흐느껴 우는 걸 오산 이강은 처음 보았다. 그래서 옆에서 심히 놀랐던 것이다. 게다가 국내에서는 평안도는 관서학파 함경도는 관북학파 경기지방은 기로학파 전라도는 호남학파 영남에서는 교남학파 등등 마치 군웅할거로 갈갈히 찢어지고 갈라져서 국내에서도 해외에서와 마찬가지로 통일이나 단합은 거의 가망이 없게 되었던 것이다. 따라서 도산 안창호는 깊은 근심의 수렁 속으로 빠져 들어갔다.

게다가 죽음의 어두운 그림자가 바싹 옆구리에 비수를 들이대고 있었다. 안창호가 지나 가거든 죽여 버려라! 하얼빈에 사는 어떤 교포가 어떤 사람에게 그런 사실을 알려 왔다고 어떤 동지가 몰래 알려왔다. 도산과 가까운 동지인 추정 이갑과 오산 이강이 그런 사실을 쓴 편지를 보고 기절초풍 설혹 장난이라고 해도 도저히 있을 수 없는 악독한 짓이므로 부들부들 떨었다.

"아니 어떤 쓸개 없는 작자가 그런 장난을 하디? 도산 선생님이 나라를 위해 목숨두 아끼디 않는데 내 참 어떤 놈이 그른 못된 생각을 하디? 에잇! 나쁜 놈덜!"

도산이 옆에서 눈을 지긋이 감고 무언가 자못 심각한 생각에 잠긴 모습으로 입만 쩝쩝 다시는 것이었다. 그러나 그런 협박에는 전혀 두려움을 느끼지 않는 듯 오히려 입가에 가느다란 미소

가 흐르고 있었다. 이때 어떤 동지가 숨이 차 급히 들어와서,
"안 선생님! 큰일났습니다. 이갑 동지가 쓰러졌습니다."
"……?"
"빨리 가 보시지오!"
"뭐? 와?"
도산은 물론이고 옆에 있던 이강 등 모두 놀랬다. 도산은 큰 충격을 받은 듯 좀체로 일어서질 못했다. 사람이란 갑자기 충동을 받으면 발이 떨어지지 않는 법이다. 가까스로 정신을 되찾고서,
"도대체 어드릏게 됐어?"
"놀래지 마십시오. 중풍을 맞았습니다!"
"뭣이?"
도산은 한 동안 입을 꼭 다물고 있다가 곧 이성을 되찾은 듯 다시 침착성을 갖고 옆에 있는 정영도에게,
"덩 동지! 미안하디만 여기 남아서 이갑 동디를 좀 보살펴 주소. 그리구 이강 동디는 여기 남아서 이 시베리아에 남아 일본군대와 싸우구 있는 동포 애국자덜을 돌봐 주소."
"알갔습네다!"
두 사람 모두 도산의 재빠른 결정에 따르기로 했다. 도산의 동지에 대한 극진한 사랑에 두 사람은 눈시울이 뜨거워졌다. 그 창황스런 가운데서도 추정 이갑을 아끼는 마음이 살을 여이는 이국의 싸늘한 하늘을 포근히 녹여준다. 이강은 그 어려운 가운

데서도 도산의 동지 사랑의 극진함이 다시 한 번 가슴속으로 스며 드는 것을 느낄 수 있었다. 가슴이 뭉클해진다.

"도산 아무래두 독립운동의 새로운 방략을 세워야 갔는데……."

"그렇잖아두 우리 민족성을 고쳐야 할 방도를 연구해야 갔네! 그래서 단테를 하나 만들어야 갔는데……. 이름을 뭐라구 하는 것이 돟을까?"

"글쎄요?"

"<흥사단>이 어떨까?"

"기건 유길준 선생이 꼬방 옛날 써먹은 것인데!"

"그것이 무슨 상관이 있어? 이름만 돟으문 되디."

"그래두……. 이왕이문 새루 딧는 것이 돟디 않아요?"

"글쎄 그룧긴 하디만! 갑자기 신통한 생각이 떠 오르딜 않아서……."

그리고 그 길로 이갑이 누워 있는 방으로 찾아가서 이갑의 손을 붙잡고,

"추정 내가 지금 바루 미국 가서 무슨 수를 써서래두 돈을 벌어 보낼테니 그 즉시루 미국 와서 티료 하라우! 알가서? 틀림없이 미국 와야 돼!"

이갑은 눈만 멀뚱 멀뚱 도산의 손을 꽉 붙들고 눈물이 글썽해서 고개만 끄덕거린다. 도산의 목을 껴안고 한바탕 울고 싶었을 게다. 그렇게 도산의 우정어린 사랑이 뼛속으로 파고 든다.

"그럼 난 이 길로 시베리아를 거쳐 하루래두 빨리 미주루 가겠소!"

정도영을 돌아보며,

"그 동안 추정을 잘 돌봐 주오!"

그러면서 도산은 또 울었다. 마음 저 밑바닥에서 우러나오는 추정 이갑에의 뜨거운 사랑인 것을!

그 뒤 이강은 연해주에 남아 치타로 옮겨서 대한 동포들을 조직하고서 <정교보正教報>라는 종교신문을 발행했다. 이강이 본디 열렬한 감리교 신자로 그 신문이 얼핏보아 종교지 같지만 실제로는 민족사상을 드높이는 애국사상을 불러 일으키는 독립 선동지였다. 광복운동에 크게 이바지했던 것이다

밀선 타고 망명한 학생-이용설李容卨

3·1독립만세 운동 때 세브란스 의학전문학교에 다니면서 보성普成전문의 강기덕康基德, 연희延禧전문의 김원벽金元壁, 경성의전京城醫專의 한위건韓偉健들과 더불어 학생대표로 시위에 참가했다가 밀선을 타고 중국으로 망명해서 지금은 협화대학協和大學 부속병원에 취직하고 있는 이용설이라는 학생이 잃어버린 나라를 되찾기 위해 독립운동을 한답시고 하는 지도자들에게 독립운동의 방략을 물어 봤지만 신통한 대답을 듣지 못하자 도산 안창호가 미국 의원단을 맞으려고 북경에 와 있다는 소식

을 듣고 마지막으로 도산을 찾아가서 의견을 듣기로 했다.

"이왕 협화대학의 부속병원 의사로 취직이 된 이상 이번 기회에 자연과학을 더욱 깊이 공부해서 사람의 몸과 우주의 신비에 대해 좀 더 알고 돌아 가야지! 북경에는 우리나라 독립 지사들두 많은데 그 사람들이 모두 나라를 되찾는 데 대한 뚜렷한 계획이 없으니 정말 실망스럽군! 끝으루 안창호 그 분을 만나서 자세히 들어 봐야지! 헌데 정부의 내무총장도 지내신 분이 나같은 백면서생을 만나 주실까! 하여튼 미쩌야 본전이니 미친척하구 찾아 가야지!"

알아 보니 '미국의원단 영접위원장'이니까 머무는 곳이 굉장한 호텔이겠거니 했더니 겨우 체면이나 지킬 정도의 고급 여관이었다. 배짱을 부려 용기를 내어 방문을 두들겼더니 방안에서,

"누구시오? 문은 열려 있으니 들어오시오!"

안으로 들어가 보니 딱딱한 나무 의자에 단정하게 앉은 잘생긴 중년 신사가 마중한다. 얼핏 보아 그 사람이 안창호임에 틀림없는 것 같았다.

"이용설 군이군!"

"예에! 안 선생님이신가요?"

"내가 안창홉니다만……."

"실례합니다. 제가 저번에 만나자구 면회를 요청한 이용설이라는 젊은인데요!"

"잘 오셨소! 그러지 않아두 기대리구 있었소이다."

"<동아일보>의 장덕진 기자에게 이 군의 활약상을 대강 들었소"

이용설은 우선 안창호라는 사람이 마음에 들었다. 인상이 아주 좋았다. 안창호는 꿇어 앉아서 방석을 권했다. 이용설은 자기 같은 애송이에게 깍듯이 꿇어 앉아 대하는 어른이 여간 송구스럽지가 않았다. 그동안 만났던 이른바 독립지사들과는 판이하게 달랐다. 좀 겸손한 듯 해 그건 일부러 꾸민 위선적 태가 엿보이지 않고, 안창호라는 사람은 천성의 겸허가 온 몸에서 풍겨 나온다. 아예 근본적으로 다르다. 순수한 젊은이의 직관으로서 느껴졌다.

"군은 최남선 군을 아는가?"

"재사라구 들었습니다만!"

"응 머리가 아주 뛰어났지! 그리구 이광수 군은?"

"역시 소문을 들어서 압니다. 역시 뛰어난 수재라구요!"

"두 사람 다 나와는 가까운 사이지!"

"네에! 어떻게 두 분 다……."

"최군은 내가 만든 <청년학우회> 일을 열심히 돕구 있지요."

"선생님! 말씀 낮추십시오! 거북합니다!"

"그럴 수야 있나! 초면에……."

"그래두 나이루 봐서두 아들뻘인데요."

"아니요. 우리 대한은 군같은 젊은 일꾼이 짊어지구 가야 할텐데 그런 동량을 소홀히 대하문 안되디요!"

이제는 본론으로 들어가서 본디 안창호를 찾아온 목적을 이루어야겠다고 다시 다짐했다.

"선생님은 일본놈에게 뺏긴 우리나라를 찾으려면 어떻게 해야 한다구 생각하십니까?"

"예 잘 물었소! 우선 지금처럼 국력이 약한 우리 대한으루서는 막강한 일본과 전면전은 벌릴 수 없구 유격전遊擊戰을 벌려야 할 줄 아오!"

"유격전? 그게 뭔데요?"

"몇 사람씩 소규모의 인원으로 적의 뒷통수를 치거나 하여튼 불시에 소수의 병력으루 적을 습격해서 혼란에 빠뜨리게 하는 전술이디!"

"예에! 바쁘실텐데 저에게 이롷게 시간을 내주셔서 괴롭지 않가시오?"

"이 안창호는 군 같은 젊은 동디와 말을 나눌 때가 가장 즐거운 시간이라구 생각하오. 밤을 새워 가문서 토론해두 돟소!"

다시 생각난 듯 말을 잇는다.

"그리구 그 유격전 말인데 그런 싸움엔 대포 같은 둥무기는 필요 없구 소규모의 폭탄이나 수류탄 같은 걸 써야 하는데 우선 그 제조법과 사용법을 배와야 하구 적의 한가운데 들어가야 하니까니 그를래문 변장을 해야 하디! 그 변장술두 익혜야 하오. 그리구 작전이 끝나문 재빨리 도망테 나와야 하오. 또 국내에 침투할래문 많은 인원은 안되구 두 사람 또는 세 사람이 한 팀이 돼서 싸와야 하오!"

"그럴래문 어떤 일을 해야죠?"

"그거 참 잘 물었소. 우선은 일본의 행정기관을 교란시키자는 거요. 다음은 대한 동포들에게 나라를 되찾아야 한다는 나라 없인 편히 살 수 없기 때문에 꼭 나라를 되찾아야 한다는 신념을 심어 주어야 할거요! 그리구 당신네들에게 협조하두룩 애국심을 불어 넣어 줘야 하오!"

"그러문 되나요?"

"또 있소! 우리나라가 꼭 독립을 해야만 한다는 생각을 세계만방에 널리 알려야 하오. 다시 말해 그 선전 효과를 절대 무시해선 안되오. 내가 이번에 이 북경에 온 것은 실은 우리가 3·1독립만세 운동을 일으킨 그 실상을 조사하기 위해 오는 미국의원단을 환영하구 우리가 어째 독립을 해야 되는지를 하나 하나 설득하기 위하려는 거요! 헌데 그 독립선언 뒤 시위운동에 직접 가담해서 싸우다가 이 듕국까디 망명해 온 학생이 지금 여기 있으니까니 그들 미국의원들에게 낱낱이 설명해 줄 수 있으니까니 얼마나 둏소! 직덥 설명해 주게나!"

"제가요? 감히 저 같은 학생이?"

"아니요! 참 마침 잘 됐오. 현장감을 전해 주는 것이 그들에겐 더 생생할 거요! 꼭 그래 주구려!"

"선생님이 하라시문 한번 해 보디요!"

도산은 그 뒤 이용설을 미국의원단에게 소개하고 3·1독립만세 운동 때 시위운동을 주도한 학생 중의 한 사람이라고 하면서 그 당시의 실상을 설명케 했다. 이용설은 더듬더듬이지만 그러기 때문에 오히려 실감이 더 났다. 객관적인 설명을 보충하는데 충분했다. 미국의원단도 대만족이었다. 그들이 돌아갔다. 배웅을 끝내고 방으로 돌아온 도산 안창호는 잠시 무언가 생각하는 척하다가 새삼스럽게,

"그리구 참 더 둥요한 건 언제든지 무엇에든지 첫째 절대루 거짓이 없어야 해요. 둘째루는 다른 사람에게 믿음을 주어야 해요. 그 사람이문 믿어두 된다는 신용을 얻어야 한다는 것이오. 그리구 이 모든 것은 기독교정신 곧 원수를 사랑하라는 물론 신앙의 적 곧 부처를 믿구 우리나라를 통째루 삼킨 왜를 사랑하라는 건 아니구요. 그 무한한 사랑의 정신으루부터 나와야 한다는 것을 닞어서는 안되오. 기독교의 의의 사상이야말로 십자가에 못박혀 돌아가신 예수 그리스도의 그 거룩한 은혜야말로 의를 실천한 본보기요!"

"예에 저두 예수를 믿기는 합니다만……."

"그래요! 다행이요! 사실 우리나라가 제대루 사는 민족이 되려문 우선 우리의 민족성을 고쳐야 한다구 생각하오! 그래서 나는 <흥사단>이라는 것을 조직하였소. 아까 말한 이광수 군 그 사람이 우리 <흥사단> 단우요! 원동위원회에 들었소."

"<흥사단>이요? 건 뭘하는 덴데요?"

"다음에 상해에 오거들랑 자세히 설명해 드리디!"

"지금 당장 선생님을 따라 가구픈데요?"

"그건 안되우! 군은 학업에 더 전념해야 하오! 또 협화대학의 부속병원 의사이니 열심히 공부하는 것두 역시 독립운동이니까요!"

"알겠습네다. 선생님이 하라시는 대루 따르갔습네다. 기럼 여기 북경에 남갔습네다!"

이용설이 안창호가 묶고 있는 여관에서 나와서 돌아갈 때에도 도산은 여느 점잖은 손님을 배웅하듯 깍듯이 하였다. 그전에 백영엽白永燁 학생에 대했을 때와 하나도 틀림이 없었다. 그건 도산이 동지나 젊은 학생들이나에 대해 하나도 차별 없이 대하는 겸손하고 정다운 사랑의 마음씨였다. 전혀 가식이 없는 마음속 밑바닥에서 우러 나오는 진심이었다. 그 뒤 이용설은 상해에 와서 <흥사단>의 단우가 되었고 북경에서 도산과 장덕진을 도와 3·1독립운동의 현장성을 증언하기도 했었다.

도산일기島山日記

[이제 여기 전재하는 일기는 1920년 1월부터 다음 해의 3월까지의 친필로 쓴 것으로 너무 길어서 중요한 대목만 뽑아서 옮긴다. 그러나 일요일이면 틀림없이 교회에 나가서 예배를 드리는 착실한 기독교의 믿음을 가지고 있었다. 이때부터 <흥사단> 원동위원회의 창설에 힘을 기울이고 있었으며 <대한민국임시정부>를 정상궤도에 올리려고 무척 애쓴 흔적도 엿볼 수 있다. 일

기는 1920년 1월부터 1921년 3월까지 도산 안창호는 중국 상해의 서강리瑞康里에 있던 프랑스 조계Frange 租界 근처의 중국집 셋방에서 친필로 썼다. 건강도 좋지 않아서 자주 홍십자紅十子-적십자-병원에 가서 치료도 받았다. 원문은 순 한문으로 쓰여졌는데 여기선 알기 쉽게 현대적인 우리말로 고치기로 했다. 너무 길기 때문에 매달 2편을 원칙으로 하되 첫 달의 것은 아무래도 여러 편이 들어갈 수밖에 없다. 독자의 이해를 바란다.]

民國 二年一月四日 水 北風强烈 〈一九二十年一月〉

(원문은 순 한문으로 아래와 같으나 보기로 한 대목만 싣고, 다음은 독자가 알기 쉽도록 우리글로 고쳐 쓴다.)

{原文}

豫定事項

一 孫貞道病慰問

二 玉觀彬慈喪弔問

三 大陸報記者招待

四 國務會議出席

五 宣傳隊 組織事로 軍內 兩部와 協議

六 內務總長을 訪問하야 內務 次長案을 協議

午前 十時項에 李 錫씨 來訪하다. 十一時에 孫貞道氏의 病을 慰問하고 또 玉觀彬氏의 慈喪을 弔慰하다.

그냥 서기로 하여 [1920년 1월]로 표기한다.

1월 14일 수요일 북풍이 매우 심하게 분다.

-예정한 일-

ㄱ. 손정도孫貞道 문병

ㄴ. 옥관빈 자당 문상

ㄷ. 대륙보 기자 초대

ㄹ. 국무회의 참석

* 선전대 조직으로 군부 내부와 협의
* 상오 10시에 이석 씨 찾아왔다.
* 12시에 손정도가 문병하다. 옥관빈 자당 문상했다.
* 하오 1시에 대륙보 기자와 미국인 에벤쯔 씨를 만나 점심을 먹으며 우리나라의 3·1독립만세 사건에 관해 잘 써준데 대해 감사하였다.
* 하오 3시반 경에 이광수 군이 찾아와서 <독립신문>사의 재정난을 말하여서 정부의 임시 보조금을 요청키로 했다.
* 이봉숙李鳳淑 여사가 와서 적십자사의 간호과에 빨리 입학할 수 있도록 조치해 줄 것을 요구했다.
* 4시에 김규식金奎植 대사의 보고를 듣다.
* 5시 30분에 국미총리의 초대로 영안공사永安公司에 참석하여 각 단체 및 연장자의 의견을 듣다.
* 8시 경에 안경근 씨와 러시아령에 파견할 사람에 관해 의논

했다.

* 김홍서 군과 김현무金鉉武 집을 방문하고 밤 12시가 되어서 돌아왔다.

1월 16일 조금 따뜻함

-예정한 일-

ㄱ. 정무회의에 출석

ㄴ. 최근우와 청년수양에 관해 상의할 것.

ㄷ. <독립신문>사에 정부 보조금 지원 촉구

ㄹ. 서간도 동포회에 통신할 것.

* 상오 10시에 이동휘 총리가 와서 포타프 러시아 대장과 교섭할 것과 이승만 대통령 문제에 대해 의논했다.
* 하오 2시에 정무회의에 출석하여 이승만 대통령에게 답할 전문을 결의하다. 또한 비서 김립에게 <독립신문>사에게 보조할 지원금을 받아 유상규 군으로 하여금 이영렬 군에게 보내도록 했다.
* 하오 6시에 이동휘 국무총리가 천진 익세보天津 益世報 주필 서겸徐謙 씨와 그 백씨를 초대하는 만찬회 석상에서 한중합작으로 항일투쟁을 하기로 합의하였다.
* 하오 9시 경에 여운형 군이 와서 러시아의 과격파와 연락하는 문제는 자기에게 맡겨 달라고 했다. 또한 체육학교 설립에 대해 프랑스 영사도 대찬성이라고 했다. 기쁜 일이다.

* 오남희 여사가 와서 자기도 정치계에 투신하는 것이 어떻겠느냐고 하기에 차라리 교육계로 나가는 것이 좋겠다고 하였다.
* 윤현진 군이 와서 <임시정부>의 재청책을 논의하면서 미주나 호주로 나가서 모금운동을 벌리는 것이 어떻겠느냐고 하고 또 위험하더라도 국내에 들어가서 대담하게 모험을 함이 어떨까도 하였다. 새벽 1시 경에 잘 수 있었다.

1월 17일 토 맑음

-예정한 일-

ㄱ. 이제부터 밤 9시 반 뒤에는 면회사절 할 것.

ㄴ. 부인회에 권고할 조건들을 기초할 것.

ㄷ. 고 김경희金敬喜 여사 추도식에 참석할 것.

ㄹ. 애국부인회에서 연설할 것.

ㅁ. 황진남 군으로 하여금 런던 타임스 기자를 방문케 할 것.

ㅂ. <흥사단> 사무실 찾아갈 것.

ㅅ. 최근우가 면회

ㅇ. 노동회에 통신할 것.

* 상오 10시 경에 이종욱李鍾郁 군이 와서 당국에서 본국으로부터 오는 사람에게 여러 가지 불만스런 일이 있다고 하며 선처 바란다고 해서 그렇게 하겠다고 약속했다.
* 부인회에서 연설할 요지를 이와 같이 작성하였다.

[순결하고 열렬한 대한 애국부인 여러분! 당신네들이 다음부터의 조국 광복사업에 있어서 지위나 명예나 또 무엇 다른 것을 바라지 않고 일의 적고 큰 것과 낮고 높은 것도 가리지 않고 다만 진정한 애국의 성충으로 노력하여 온 것을 밝히 압니다. 여러분은 더욱 하느님의 능력만을 믿고 어떠한 어려움 어떠한 괴로움 어떠한 실패를 당하든지 간에 조금도 낙심하지 말고 오래 참고 견디고 견디어 목적을 달성할 때까지 싸워 나가서 대한 애국 여자의 진정한 순결과 열렬함을 실행하여 대한의 독립이 완성하기를 바라는 바이오!

아울러 이에 여러분이 참고가 될 바를 몇 가지 밝혀 두고자 하오.

첫째, 국내외에 있는 여러 여성 단체와 연결을 가질 것.

둘째, 따라서 한국 여자는 무엇보다 통일적으로 행동할 것.

셋째, <대한민국임시정부>의 명령에 절대 복종할 것.

넷째, 우방인 중국과 같이 국가에 널리 선전할 것.

다섯째, 선전 자료를 공급할 것.

여섯째, 공훈이 있는 사람을 포상할 것.

일곱째, 광복사업을 하다가 희생당한 분의 유족을 위로할 것.

여덟째, 공역자를 초대하여 대접할 것.

아홉째, 적십자사를 도울 것.

등 열 두어 가지에 걸쳐 자상하게 알려 주었다.

* 김원경金元慶 여사가 와서 부인회의 진행 방침을 묻기에 연

설에서 지적한 사항을 되풀이 설명했다.

* 최병선崔炳善 군이 와서 정부 직원 중 한 사람이 일제의 밀정임을 알려 주었다.
* 조상섭趙尚燮 군이 와서 시위운동 거행의 예정을 묻기에 아직 계획 중이지만 올 봄 예수교 사경회-부흥회-를 이용하기로 하여 33인의 한 분인 김병조金秉祚 목사가 국내에 잠입했다가 체포되어서 일단은 지장이 생겼다고 했다.
* 매제 김 의사에게 물리치료를 받았다.

1월 19일 월 맑음

-예정한 일-

ㄱ. 내부와 외부에 가서 선전대 조직을 전문적으로 연구토록 주선했다.

ㄴ. 윤현진 군과 시정 방침 실시 안을 협의할 것.

ㄷ. 이광수가 문병

ㄹ. 최근우 군과 선전대 문제 협의할 것.

* 서필순徐弼淳 군이 와서 본국으로부터 온 박형모가 밀정인지 모르겠다고 귀띔해 주어 몸을 조심하라고 일러 주다.
* 정인과 군이 와서 내일 예배에서 강도-설교를 예전에는 강도라고 했다-해 줄 것을 당부했다. 또 정부의 선전부를 독립부처로 승격시키도록 추진하라고 진언했다.
* 김구 군이 와서 자기가 경무국장직을 사임하고 자유로운

입장으로 돌아가 신대한의 음험한 모함을 쳐부수겠다고 격분하여 내무총장에게 물었더니 아직 그대로 내버려 두라고 말렸다.

* 상오 11시에 윤현진 군이 와서 신대한 문제를 국무회의에 제출하겠다고 하자 좋지 않다고 하였다.
* 하오 2시 반에 나 안창호를 선전위원장으로 선임하다.
* 하오 7시 경에 이영렬 군이 와서 오익은吳翼殷 군이 <독립신문>에 전념하겠다고 하는데 어쩌면 좋겠느냐고 하기에 나도 권해 보겠다고 하였다.
* 김연실 여사가 육군사관학교에 들어가고 싶어하므로 여자로서 아직 이르다고 말했다.
* 김성겸金聖謙 군이 와서 적십자대를 군부에 예속시키는 것이 어떠냐고 하기에 좋다고 하였다.
* 서필순徐弼淳 군이 와서 박형모朴亨模를 만나 다시 물었는데 장두철張斗澈의 행적이 아무래두 수상하니 조심하라고 주의시켜 주었다.
* 하오 9시 경에 대동여사로 이광수를 문병했다.

1월 20일 화 맑음

-예정한 일-

ㄱ. 최근우, 김태연金泰淵을 만나서 선전대 조직에 관해서 의논할 것.

ㄴ. 김성근金聲根을 불러서 러시아에서의 활동 상황을 물어볼 것.

ㄷ. 부인회장을 오라고 해서 부인회의 활동지침을 전달할 것.

ㄹ. 고일청을 문병할 것.

* 손영필孫永弼 군이 와서 앞서 꾸어간 100원-중국 돈-갚는 것을 1주일만 연기해 달라고 하기에 좋다고 하였다.

* 어떤 한국인이 포타프 러시아 장군에게 <대한민국임시정부>는 국민에게 신임을 얻지 못하고 있고 더욱이 국무총리 이동휘는 능력이 없고 존경도 받지 못하고 있다고 여운형에게 말하더라는 것이었다.

* 김성근이 와서 그동안의 상황을 설명하는 가운데 하얼삔에 있는 유동열이 중국 홍의적과 연락하여 재정을 마련해서 <임시정부>를 공격하려고 하였으나 많은 동지들이 반대하였고, 특히 단군교 일파가 <임시정부>를 옹호할 뜻이 있고 김규면金圭冕이라는 야소교 목사와 정재관鄭在寬 등 여러 인사가 <임시정부> 응원회를 조직하기로 운동 중인데 반면에 러시아의 일부 불평분자들이 안창호를 심지어 지방색까지도 내세운다고 헐뜯고 있으니 기가 막히는 노릇이라고 전하는 것이었다.

* 12시 경에 김구, 한송계韓松溪, 양제시楊濟時 등이 왔다. 왕덕삼王德三 등이 와서 서간도 사정을 말하고 그곳 각 단체들이 서로 의논해서 <임시정부> 명령하에 행동하기로 하겠다고 결의했으며 다만 <신흥군관학교> 졸업생 4백명은 생

활 방도가 어려워서 당장 매달 5천원 가량이 없으면 굶을 판이니 <임시정부>가 대책을 세워야 하겠으며 <서간도 노동회>도 5, 6백명은 독자적인 행동으로 활로를 뚫고자 하나 <임시정부> 노동국에서 긴급히 조치를 취해야겠다는 것이었다. 노동국은 간도 한족회의 김동삼 간사에게 곧 대책을 세우고 실행하겠다고 통지하였다.

* 밤 9시 경에 서세충徐世忠-<경성 공민회> 한국 안의 비밀 정치 단체로 유일한 공식 기관이다-대표가 찾아와서 본국의 실정을 말하고 행정 총관부를 두고 총재로는 월남 이상재 부총재는 양기탁과 박중화朴重華를 추대하고 각 도 총감으로 유력한 인사를 망라했다는 것은 물론 본국 내에서는 공개적으로 반일투쟁을 전개할 수 없으니 <대한민국임시정부>가 그 속에 들어갈 수도 없어 큰 문제라고 하였다.

1월 21일 수 맑음

-예정한 일-

ㄱ. 이광수 문병

ㄴ. 고일청 문병

* 상오 8시 경에 대동여사로 이광수를 문병했다.
* 상오 10시 경에 왕덕삼 군이 찾아왔다. 김성근 군이 러시아에서 온 이용李鎔 군을 소개했다. 러시아의 정세를 이야기하고 나에게 주의와 방침을 묻기에 러시아에서 군사훈련

을 조속히 실시하고 군인을 모집해서 우리 독립운동에 합류하고 대통일만이 유일한 길이라고 강조했다.

* 박세영朴世榮-치과 의사인듯-군이 와서 이빨을 치료했다.
* 신상완申相完 군이 와서 본국에 있는 승려-지난날 국난이 있을 때마다 전국의 절에 명하여 승병으로 하여금 나라를 지키게 한 선례가 있었다-를 동원하여 독립투쟁에 앞장 서게 하고 또 백성기白性基를 <임시정부> 직원으로 임명하여 그들을 지휘케함이 좋을 듯 하다는 의견에 동의했다.
* 하오 1시 경에 이동휘 총리가 와서 러시아 레닌 정부에 사신을 파견할 것을 속히 결정하자고 요청하여 동의하자 어떤 자가 안창호는 미국에서 이승만과 정한경鄭翰景 등이 한국을 미국의 보호 아래 두 자는 친미파로 한국의 독립에는 그리 관심이 없는 자라고 러시아의 포타프 장군을 무시하는 자라고 헐뜯고 있다고 했다. 이 말을 포타프 장군이 한형권韓亨權 군에게 하더라고 안창호는 김립 비서장에게 들었던 것이다. 참으로 어이없는 모함이었다. 결국 공산주의자들인 이동휘 총리와 김립 비서장, 한형권 등 세 사람에 얽힌 이 사건은 우리 독립운동사에 있어서 공금-독립운동을 위해 러시아 정부가 <대한민국임시정부>에 보내는 공식적인 원조금-을 횡령하는 파렴치한 범죄행위로 오점을 남겼다.
* 장건상, 김여제, 황진남 군이 국무원에 제출한 선전부를 특

설하자는 건의서에 김립 비서장은 자기를 무시한 글귀가 있다고 하여 사표를 냈다.

* 윤현진 군이 미주의 <홍사단> 주동자 송종익宋鍾翊 군에게 보낼 1,500원을 가져왔다.
* 손두환, 김보연 군이 찾아와서 군사권고응모서와 군인가명부를 <애국부인회>에 부탁해서 명사들을 찾아가 권고하도록 하라고 하기에 좋다고 승낙했다.
* 여운형 군이 왔기에 내일 육징상陸徵祥 중국 대사가 온다고 하니 만날 기회를 만들라고 부탁했다.
* 하오 7시 경에 홍십자 병원으로 고일청 군을 문병했다.
* 박현환 군이 본국으로부터 온 김용직金容稙 군을 소개해서 만났다.
* 하오 7시 경에 국무원에 출석해서 본국으로부터 새로온 대표의 보고를 받았다.
* 하오 9시 경에 김 의사에게 물리치료를 받았다.

1월 22일 수 맑음

-예정한 일-

* 하오 2시에 국무회의에 출석하여 외무차장 장건상의 사직을 의원면직케 하고 새로 정인과 군을 임명했다.
* 하오 8시 경에 정제형鄭濟亨 군이 찾아와서 자기가 내부의 사명을 띄고 평안남 · 북도를 오가면서 주의할 바를 알려

달라고 하고 만주 안동현에 가서 안병찬安秉瓚, 김승만金承萬 등에게 여러 가지 어려움이 있겠지만 참고 빨리 상해의 <임시정부>에 와서 이후의 진행 방침을 의논하라고 말했다고 보고했다.

* 이종욱이 안정근을 초청하여 러시아에 관한 일을 의논할 것.

ㄴ. 선전 기관 조직을 예비할 것.

ㄷ. 이광수 문병

ㄹ. 국무원 출석

* 상오 9시 경에 안정근 군이 찾아왔다. 나는 '안정근을 빨리 오라구 해서 러시아로 보내두룩 합시다.'라고 하니까 그는 '그렇게 서두를 필요가 없습니다.'는 것이었다. '실은 포타프 장군이 곧 떠날 모양이므루 그 전에 소개를 받아야 하니 때를 놓치면 안되니까 그리구 러시아에서 부분적으로 교섭을 해야겠고 또 우리가 선수를 써야 할 게 아니오?' 그러자 안정근은 '자기가 전에 러시아에 포로로 잡혀 있던 독일 어떤 장성을 잘 돌봐주었소. 그 사람과 깊이 사귀었고 또 천주교 홍신부가 본시 독일인으루 내가 독일에 가문 자기네 독일의 유력한 인사들과 많은 접촉이 있으므루 홍신부가 좋은 분들을 소개해 줄 것입니다. 교섭에 큰 도움이 될 거요! 더욱이 내 사촌동생 봉근鳳根이가 독일어에 능숙하므루 같이 가문 크게 도움이 될 겁니다.' '그럼 그룹게 하구려!' 했다.

* 김구 군이 왔고 박성기朴聖基 군도 와서 안정근과 말한 내용의 자초지종을 보고했다.
* 이봉순 여사가 와서 홍십자병원에 들어가지 못한 사정을 이야기하고 적십자대에 입학하는 것이 어떻겠느냐고 하기에 마음대루 하라고 했다.
* 상오 10시 경에 대동여사로 이광수 군을 찾아가서 그 동안의 소요경비를 청산하고 함께 돌아왔다.
* 이화숙 여사가 찾아왔으므로 부인회로 워싱톤과 샌프란시스코에 통신하여 미국과 유럽에서 우리 일을 도우려는 외국인을 조사해서 오게 하고 또 그들 외국인에게 보낼 서신용 종이를 극상품으로 인쇄하고 병사 모집 권고서를 부인회에서 다루도록 요구하라고 권유하자 나 도산 더러 직접 여자들에게 부탁하는 것이 더욱 효과적이라고 했다.
* 김석황金錫璜, 윤현진 군이 청년단 취지서와 그 장정의 교정을 요청하기에 오는 토요일 11시에 다시와서 의논키로 했다.
* 손두환 군이 찾아왔기 때문에 군인 모집하는 포고서와 군인 가명부의 주의 조건에 고칠 점들을 지적했다.
* 서세충 군의 건의 사항을 어떻게 조치키로 했느냐고 묻기에 여러 사람을 본국에 보내서 다시 타협하기로 했다고 알려 주었다.
* 김홍서 군이 왔으므로 <흥사단> 약법을 다시 한 번 교정하

라고 했다.

* 김석황 군이 왔으므로 선전대에 들어가서 본국에 숨어 들어가라고 하자 군말 없이 승낙했다.
* 약 1시간 동안 물리치료를 받았다.

1월 30일 금 구름

-예정한 일-

ㄱ. 국무원 협의회 출석

ㄴ. 부인회 수공소 방문

ㄷ. 오덕영이 면회

ㄹ. 김희선이 면회

* 상오 8시 경에 양헌 군이 찾아와서 안동에 가겠다고 말하면서 특히 주의할 바를 지시해 달라고 했고 서로 통신할 것을 의논했다.
* 이영렬 군이 와서 <독립신문>사의 유지 방도가 없다고 해서 나 도산이 도와 주겠다고 하였다.
* 김구 군이 와서 장두철을 취조한 바 묻는 말에는 대답치 않고 이승만 대통령의 정보원으로 있었다는 것이었다.
* 이유필 군이 찾아와서 선전기관에 관해 상의하였는 바, 그를 내무차장에 천거했다가 이루어지지 않아 그는 아주 섭섭해서 신통하게 나오지 않았다가 내가 오래오래 설득을 하자 마침내는 <선전위원회>에 참가할 것을 승낙했다.

* 김석황 군이 와서 의용단 장정 초본을 다시 보이고 자기는 속히 본국-조선-에 들어가겠다고 말했다.
* 옥관빈 군이 와서 미국에서 아편을 몰래 팔 것을 허락해 달라고 하길래 절대로 안된다고 잘라 말했다. 그러면서 그거 주색잡기보다도 더 도덕적으로 큰 죄악이며 일대 사기 행위라고 지탄했고 다시는 그런 말을 꺼내지도 말라고 못을 박았다.
* 정애경, 오남희 두 여사가 찾아와서 부인회에서 만드는 태극기를 보다 곱게 만들려고 그 본이 될 태극기를 한 벌 달라고 해서 내 주었다.
* 노태연盧泰淵 군이 와서 다른 곳으로 이사를 가야겠는데 집세를 못내서 걱정하므로 20원을 내주었다.
* 하오 2시 경에 국무회의에 나갔으나 성원이 못되 비공식적으로 한 사람이 오해-동지들까지도 도산이 자기 패당을 만든다고 비난하였다-를 받지 않기 위해 표면상으로는 가담치 않겠지만 내막적으로는 적극 돕겠다고 약속하였다.
* 오희원, 오치은 및 오필은 군으로부터 서신을 받았다.
* 김희선 군을 방문했다.
* 윤현진 군이 와서 밤이 새도록 시국에 관해 이야기하다가 새벽 4시 반에서야 갔다.

1월 31일 토 구름 뒤에 북풍 강함. 저녁에 비

-예정한 일-

ㄱ. 김석황, 임득산 군을 만나서 선전사항을 의논할 것.

ㄴ. 오덕영 등을 만나 전에 설명하던 것을 계속할 것.

ㄷ. 적십자 간호대 개교식에서 연설할 것.

ㄹ. 손영도 군이 북경 동양선교사 총회에서 연설할 초안을 작성할 것.

ㅁ. 손두환 군을 만나서 <홍사단>과 선전에 관한 것을 의논할 것.

ㅂ. 이유필을 만나 선전에 관해 의논할 것.

* 김석황, 임득산 군이 와서 선전기관에 관해 의논하고 참가해 줄 것을 종용하자 모두 쾌히 승낙했다.

* 이동휘 총리가 찾아와서 러시아에 한형권을 파견하려고 하고 여운형 군은 절대로 보내지 않겠다고 하여서 나는 국무원에서 결정한 사항을 아무리 총리가 하여도 독단적으로 변경함은 안되니 국무회의에 상정해야 한다고 반대했다.

* 옥관빈 군이 와서 미군조정사가 기술적으로 우수할 뿐 아니라 배일사상도 철저하지만 다만 고용하려면 매달 5백 50원을 주어야 한다고 했다. 그래서 뒷날 시간을 정해서 한 번 만나기로 했다.

* 손두환 군이 오자 <홍사단> 내용을 자세하게 설명했다.

* 내일 러시아 포타프 장군을 초대코자 하니 그분에게 시간이 되겠는지 물어 보라고 했다.

* 하오 2시 경에 적십자 간호대 개교식에서 다음과 같이 연설

했다.

[우리 동지 사이에 당하는 참상과 우리 사업 진행에 어려운 여러 가지 관계로 인하여 때로는 불유쾌한 감정을 금하기 어려우나 우리 앞날에 성공할 것을 희망하면 심히 위로가 될지라. 우리가 성공할 희망이 확연한 것은 앞으로 나아갈 뿐 뒤로 물러서면 이기지 못함은 고금의 진리라 고금 바뀌지 않는 이치라 그런데 우리 민족의 과거와 현재같이 유진무퇴 하였은즉 미래에도 과거와 현재 같이 나아가기만 하면 승리를 얻을 수 있을 터이니 공연히 불유쾌한 감정으로 흥분을 하여 비판하지 말고 유쾌하고 용감한 기상으로 어떤 어려움이 닥쳐 오더라도 굳세게 밀고 나가야 한다.]

* 하오 4시 경에 손정도가 집에서 손 군과 윤현진 군들이 의용단 발기회에 참석하여 의용단 시설에 관한 일을 의논하였다. 한성-경성에 총판부를 설치하기로 제의하고 왕정정王正廷을 초대하기로 하여 북경에서 열리는 동양선교 총회에 대표를 보낼 것을 의논했다.
* 손두환 군이 왔기 때문에 <흥사단>에 관한 일을 설명했다.
* 완삼덕 군이 서간도의 우리 독립당원이 일본인 두 명을 쏘아 죽인 일로 중국 경찰과 일본 헌병대가 서간도의 우리 동포들을 괴롭히고 있다고 보고했다.
* 신상완 군이 오자 선전기관에 관해 설명하고 참가하라고 하자 좋다고 선뜻 응했다.

* 유기준 군이 와서 결혼 청첩장을 보낼 명단을 보여 주었다.
* 김희선 군이 와서 독립운동의 과거와 장래에 대해 말하고 차후의 방침을 말하자 좋다고 했다.

3월 1일 월 구름 뒤 비

-예정한 일-

ㄱ. 정부의 독립기념식에 참석할 것.

ㄴ. 올림픽회원에서 있을 축하연에 참석할 것.

* 상오 10시에 정부 직원과의 일동이 모여 명덕리明德里 8호에서 올리는 기념식에서 엄숙히 지냈다.
* 나창헌羅昌憲 군이 와서 모두 통일을 원치 않는데 대해 불평을 말했다.
* 하오 2시반 경에 올림픽회원에서 열린 민단 주최의 축하연에 참석해서 간단한 답사를 했다. 요지는 아래와 같다. "…(전략)… 오늘은 3월 1일로 지난날 온 겨레가 마음을 오로지 하여 왜적과 싸운 바를 본받아 위로 이승만 대통령과 이동휘 총리를 받들고 합심하여 독립쟁취에 매진합시다."

4월 21일 수 맑음

-예정한 일-

ㄱ. 시국이 상당히 어려운 처지에 이르렀으므로 수습하기 위해 각 총장들이 힘을 다해 내부를 단속하고 대동단결하

도록 애쓸 것.

ㄴ. 재무 내무 두 총장을 초대할 것.

* 이시영 군을 찾아가서 어려운 시국을 갈무리 할 방도를 물으니 그도 뾰족한 수가 없다고 하여 도리어 나 도산더러 외무총장직을 사양치 말라고 권유하면서 정인과 군을 다른 부서로 옮기게 하고 신익희 군을 외무차장으로 임명함이 어떠냐고 하기에 나와 신익희 군은 몸이 시언치 않으므로 어려우니 정인과 군더러 계속 외무차장 일을 하도록 하는 것이 좋겠다고 하였다. 또 이승만 대통령과 김규식 군이 나에게 대한 감정이 좋지 않으니 지금 내가 외교문제에 관여하면 일이 복잡해지니 오늘 저녁 내무총장과 합석하여 시국 전체에 대해 다시 의논하는 것이 어떻겠느냐고 하자 이시영 군도 그게 좋겠다고 하였다.

* 선우훈 군이 찾아오자 <흥사단>의 취지를 자세히 설명하려고 하였으나 시간이 없어서 다음 기회로 연기했다.

4월 22일 목 맑음 24일 토 비

-예정한 일-

<22일>

ㄱ. 동오 안태국 선생 추도식 참석할 것.

* 김구 군이 동오 선생의 약력을 소개하고 이광수 군의 추도사에 이어 내가 간단한 애사를 했다.

<24일>

ㄱ. 육사학생 회견

ㄴ. 김철이 면회

ㄷ. 이총리 초대석에 참석할 것.

* 20시에 이동휘 총리의 초대로 동아여사 이총리 이동영 이시영 신규식 나 안창호가 모여서 시국수습책을 논의하다.

4월 29일 목 구름

-예정한 일-

ㄱ. 독립 전선의 대동 단결 틀을 위하여 홍진, 최창식, 윤현진, 윤기섭 등을 만나기로 함.

ㄴ. <흥사단> 소에 가서 입단 서약식을 가질 것.

4월 30일 금 맑음

-예정한 일-

ㄱ. 애인리愛人里에 갈 것.

ㄴ. 프랑스 영사를 찾아갈 것.

ㄷ. 선우혁, 주현치, 최동오 등을 면회할 것.

* 도인권都寅權 군이 와서 애인리-<흥사단> 원동위원회가 있던 곳-의 상황을 물으면서 자기는 지금까지 별로 한 일이 없다면서 자책하므로 이제부터라도 인화에 힘쓰라고 격려하였다.

* 상오 10시 경에 정인과, 황진남 등을 데리고 프랑스 영사를 찾아가서 어제 일어난 사건-한인 독립운동자들을 일본 관헌들이 체포하려고 한 것을 프랑스 경찰들이 막으려고 하다가 발포사건이 일어나면서 프랑스 경찰부장이 부상을 당한 것을 사과하자 프랑스 영사관측에서는 자기네가 적당히 무마하겠다고 하면서 오히려 우리 쪽을 안심시켰던 것이다.
* 이동휘 총리가 찾아와서 프랑스 영사와의 교섭 결과를 묻기에 대강을 알리자 절대 비밀을 지키자고 당부했다.
* 오남희 여사와 그 밖의 세 사람을 작별하기 위해 손정도가 집을 찾아갔다.
* 안동으로 가는 이유필 군을 전송했다.

5월 1일 토 맑음

-예정한 일-

ㄱ. 김립 문병할 것.

ㄴ. 정인과 군에게 부상당한 프랑스 경찰부장을 문병케 할 것.

ㄷ. 주요한이 서약 문답

* 길선주 아들 길인형吉仁炯 군이 와서 미국으로 유학할 뜻이 있다고 하길래 먼저 영어를 할 줄 알아야 하니 남경 등지에 가서 어학을 준비해야 한다고 일러 주었다.
* 나창헌 군을 오라고 해서 먼저 애인리에 가서 혁명당-민족주의 정당인 조선혁명당인 듯-의 간부를 조직하는 요령을

오랜 시간에 걸쳐 설명해 주었다.

6월 1일 화 맑음

-예정한 일-

ㄱ. 정인과, 황진남 등과 이번에 동방으로 오는 미국 국회의원들을 접대하는 데 대해 의논할 것.

ㄴ. 군사야학에 출석할 것.

* 이동백李東伯 군이 왔길래 장백현長白縣의 사정을 물으니 장백현은 봉천성에 있으며 조선 본국의 혜산진과 마주 대하고 있는 유하현-이시영 일가가 독립운동의 간성들을 기르기 위해 신흥무관학교를 세운 곳-으로부터는 8백리 국자가局子街로부터는 6백여리 안동현으로부터는 1천3백여리 길림성으로부터는 8백리 본국의 함흥으로부터는 5백리인데 본국 동포가 약 8천명이 살고 있다.

농산물은 조, 밀, 감자, 보리, 콩류, 강냉이, 쌀, 인삼, 대마, 꿀 그리고 소, 말, 돼지와 삼나무 등이 나고 상업은 잡화 물고기와 소금이 거래되고 공업은 질그릇, 목기 등이 만들어지는데 단체로는 이익동李翼東, 이동범李東範, 유일우劉一憂 등이 주동하는 진동실업회進東實業會가 있는 데 서기 1912년에 발족했으며 실업의 진흥과 자치를 목적해서 만들어졌지만 회원수는 불과 70인에 지나지 않았으며, 회비는 매달 50전으로 일본 돈이었으나 그것도 탄압이 심해 다음

해에 해산 당했다.

한편 관화연구회官話硏究會라는 외국인과의 교섭과 학교 설립을 목적으로 하는 단체가 조직됐으며 회원이 70가구 120명으로 회비는 매해 4백원으로 가르치는 선생이 셋인데 졸업생이 15인이고 재학생이 40명이었다. 그러다가 1919년에는 학교 이름을 제일정몽학교第一正蒙學校로 바꾸었다가 다시 기독교 구락부학교로 기독교 소속이 되었다. …(중략)…

헌데 장백현-백두산-을 중국에서는 장백산이라고도 하니까 장백현은 곧 백두산이 소재한 현이다-조선 거류민의 지도자는 나이가 54세인 이은경李殷卿이라는 기독교 장로로 함경도 단천端川 사람인데 군비단이라는 항일 독립운동 조직을 만들어,

1. 작탄-수류탄인 듯-50개를 준비했으며
2. 본국 잠입 선동
3. 미래 전투 준비

등 군사항일투쟁을 추진하고 있으며 구성은 아래와 같다.

단　장 …… 이은경 장로

서기장 …… 이동백

재무장 …… 김종기

참의장 …… 이　헌

주찰부장-감찰부장인 듯- …… 박동규

로 대원이 무려 150여 명으로 모두 열렬한 애국 청년들이다.

재정은 물론 동포들의 의연금으로 충당하고 있었다. 수입 금두 총 2천5백원으로 <장백 총지단>의 후신이라구 한다.

* 정인과, 황진남, 주요한 등이 와서 동방 시찰차 오는 미국 의원단 접대 준비 절차를 의논했다.

6월 18일 금 비

-예정한 일-

ㄱ. 미국의원단 영접준비위원회에 참석할 것.

미국의원단 영접준비위원회를 국무원에서 소집하고 아래와 같이 의결하다.

1. 애국부인회 명의로 태극기와 서신을 보낼 것. 예물은 상해 도착 후에 드리기로 했다.
2. 본국에서 시위운동을 벌려 환영의 뜻을 나타낼 것.
3. 상해에 있는 거류민단에서 환영할 것.
4. 비율빈Philippines에 세사람의 특파원을 보낼 것.
5. 미국의 동포 중에 수행원 한 사람을 따라 보내라고 전보칠 것.
6. 내외 각지에서 연명으로 진정서를 제출할 것.

(지은이: 그리고 1920년치는 8월로 그치고 1921년 2월로 넘어 갔다.)

[1921년분]

2월 3일 목 눈 아주 추음

-예정한 일-

ㄱ. 이유필 면접

ㄴ. 국무회 출석

ㄷ. 노총리 방문

* 강영한 군과 김선량, 김병옥 세 사람에게 <흥사단>의 주의와 사상을 설명하고 하오 2시에 <흥사단>에 가서 춘원 이광수와 만나라고 하였다.

* 노백린 총리를 찾아갔는데 마침 김희선, 이탁, 나 등이 자리에 있다가 이탁과 나 둘이 먼저 가고 김희선이 자기가 지내온 이야기를 늘어 놓은 뒤에 거실로 가서 차를 마신 뒤 노군의 숙사로 가서 내가 다음과 같이 진행 순서를 제시했다.

1. 정부 유지책으로 경제력을 조사하여 본국의 재산가들에게 금전상의 도움을 받을 것.
2. 아라사-러시아와 미국의 자본가에게 도움을 받고 중국에 살고 있는 동포들에게 도움을 받으려구 해두 어려우니 미국에 거주하는 동포들의 노동 임금에 의거했던 바 1년에 3만 5천달러 정도였다.
3. 독립이 내년이나 내후년이면 몰라도 20년을 유지하려면 어떻게 해야 할지 난망하니 별도로 대책을 강구해야 할 것으로 안다.
4. 국민들로 하여금 <임시정부>에 등록시켜 납세 징병 법률에 복종하는 국민이 날로 증가하는 추세이니 국민의

조직단체를 늘릴 것.

5. 지원병을 모집하여 산업을 장려하고 둔전제屯田制와 비슷하게 군사기관을 편성하여 우리 독립운동 전사가 되게 할 것.
6. 한·중·아-러시아-세 나라가 힘을 합쳐 통합사령부를 조직할 것.

2월 3일 금 맑음

-예정한 일-

ㄱ. 중국인 전보균錢寶鈞을 만날 것.

* 상오 10시 경에 조중구, 선우혁들이 면회키로 한 중국인 전보균을 소개하다. 그는 청나라 때의 관리로 지금은 군인기독교 청년회를 주관하는 바 중국 군부의 유력자라 한국독립당을 후원하여 일본군과의 항쟁을 준비하자는 것이었다.

세 여단우 등과 일지

도산이 가장 먼저 눈독을 들인 사람은 춘원 이광수였다. 그가 입단할 의향도 있어서 입단 문답도 가졌다. 다음에는 날짜를 따라 진행 과정을 적기로 한다. 1920년의 일이다.

1월 17일: 박선과 함께 <흥사단> 약법約法-회칙 또는 정관-

인쇄를 결정하다. 이화숙李華淑 여사에게 <홍사단> 주의 방침을 말하다.

1월 18일: 정애경鄭愛卿, 김연실金蓮實 여사 등에게 여자 수양에 관한 것을 말하다.

1월 19일, 21일, 22일: 이광수를 대동여사로 문병하고 유숙 비용을 청산하다.

1월 22일: 김홍서에게 <홍사단> 약법 인쇄 교정을 부탁하다.

1월 23일: <홍사단> 소에서 단우들에게 선전대에 입대할 것을 권하고 주요한에게 약법 인쇄교정을 부탁하다. 23일은 금요일이니 <홍사단> 창립하던 날이 금요일이었으므로 매주 금요일 저녁에 단우일로 모이기로 하였던 것이다.

1월 26일: 손정도, 정애경, 김연실 등과 함께 <홍사단> 소를 심방하고 화분 네 개를 사다 놓다.

1월 27일: <독립신문>사에 가서 주요한이 병으로 누웠으므로 5원을 보냈다.

1월 29일: 손정도에게 속히 <홍사단>에 입단할 것을 권하다. 손두환孫斗煥에게 수양동맹에 관한 일을 상의하다. 손두환은 황해도 청년으로 도산이 착목하여 단우로 만들려 하였으나 그는 공산주의로 기울어져 뜻대로 되지 아니하였다. 같은 날 저녁 이광수의 입단 문답을 하였는데 극히 만족한 문답이 되었다고 도산의 일지에 기록되었다.

1월 30일, 31일: 연속 손두환에게 <흥사단> 주의를 설명하다.

2월 3일: 오덕연吳德衍에게 입단을 권고함에 승낙하였다.

2월 4일: 안국형安國衡 입단 문답.

2월 5일: 오남희吳南喜, 오덕연吳德衍에게 <흥사단> 주의를 설명.

2월 6일: 오덕연 입단 문답.

2월 9일: 유일劉日 입단 문답. 김하원金河源에게 <흥사단> 취지 설명.

2월 10일: 김하원, 안정근에게 흥사단 설명. 김여제金與濟 입단 문답.

2월 11일: 정애경, 오남희, 김연실에게 입단을 권고하면서 "세 여자는 단우로 초청하는 몸이니 마음에 깊이 준비하여 여성계에 큰 모범이 되게 하라"라고 특히 당부하였다. 밤에 박현환 입단 문답.

2월 12일: 이석李錫에게 <흥사단> 취지 설명. 밤에 주요한, 김홍서 입단 문답.

2월 14일: 유일, 주요한, 박현환, 김홍서, 김여제 등의 입단식 거행.

2월 15일: 고진호高辰昊에게 <흥사단> 설명.

2월 16일: 최승봉崔承鳳에게 <흥사단> 취지 설명. 손두환이 공산주의에 찬동함을 선언. 오후에 이광수와 더불어 <흥사단> 우 모집에 관하여 토의. 밤에 이규서李奎瑞 입단 문답.

2월 18일: 김공집金公緝에게 <흥사단> 주의 설명.

2월 18일: 김연실을 병원에 입원시키고 정애경에게 입단 준비를 토의. 도산의 피로로 유상규劉相奎의 입단 문답을 연기.

2월 20일: 김건형金建亨, 정상빈鄭相彬, 이석 등에게 <흥사단> 설명.

2월 22일: 최승봉의 입단 준비. 유상규 입단 문답.

2월 23일: 박지붕朴址朋에게 <흥사단> 설명.

2월 24일: 최승봉, 임득산林得山, 유병렬劉炳烈과 <흥사단> 주의를 토론. 밤에 정상빈 입단 문답. 한편 <대한민국임시정부> 안에 분규가 일어나 각부 차장-이때는 아직 차장들만이 <임시정부>를 이끌고 있었다-또 미주에서 박선, 정인과, 김병연金秉堧 등 통상단우들이 와서 경리 문제 등 사무적인 사안을 논의하고 24일 박선으로 하여금 상해의 임시 반장으로 임명하였다.

2월 25일: 이석과 입단에 관한 문제 토의. 김용정金用楨에게 <흥사단> 입단 권고. 윤림尹林에게 수양에 관한 권고. 이광수 소개로 유병기柳炳基에게 입단 권유. 정상빈 입단 문답 완료.

2월 26일: 김공집, 김복형의 입단 문답을 김형주에게 위임.

2월 27일: 정애경, 김연실, 오남희 세 여자에게 "그대들이 이 일을 행하는 것은 그대들의 일생에 큰 관계를 가지는 것으로 대한 여자들에게 대해 무거운 책임을 가지는 것이니 깊이 생각하여 먼저 뜻을 확정할 것이요 무엇이든지 이에 대해 구애되는 이유가 있거든 나를 조용히 와서 고하시오." 하면서 입단 문답을 서두를 것을 권고하였다. 이석이 입단 결심을 밝힘. 김형균金亨均도 입단에 관하여 토의하다. 김성기金聖基 여사에게 <홍사단> 취지를 설명. 임득산과 <홍사단>에 관하여 토론.

2월 28일: 한응화韓膺化에게 <홍사단> 취지 설명. 최승봉, 이석, 김건형 등과 입단에 관한 토론. 한편 김항주가 일본에 가서 김도연, 김준연, 유억겸, 백관수 등을 <홍사단>에 입단시켜 국내에 돌아가서 활동을 시키면 <홍사단>이 크게 홍할 것이라고 장담했으나 불발에 그쳤던 것이다.

3월 3일: 백영엽白永燁-기독교 목사로 열렬한 민족주의 애국자-입단 문답.

3월 4일: 손정도, 柳榮 입단 문답.

3월 5일: 전기 두 사람과 백영엽 등 세 사람 입단식. 계속하여 지방 단우회로 모이어 이광수 강연.

3월 6일: 김철金澈-아마 <신한청년당>의 발기인인 듯-에게 <홍사단> 취지 설명. 김철은 전라도 출신인데 입단까지는 이르지 못했다.

3월 8일: 김응정金應正, 김창세金昌世 입단 문답.

3월 9일: 전재순田在淳 입단 문답.

3월 10일: 이석 입단 문답.

3월 11일: 김구, 최일崔日에게 입단 권유. 김용경, 김창세, 전재순, 이석 입단식 거행.

3월 13일: 정애경 입단 문답.

3월 15일: 김연실 입단 문답.

3월 16일: 오남희 입단 문답.

3월 18일: 세 여사의 입단식 거행. 이로써 여성 단원이 <원동위원부>에 입단되었으며 여성들의 힘이 <흥사단>에 새로운 분야를 열게 되었다.

3월 20일: 강영한姜永漢에게 수양에 관한 권면.

3월 31일: 지방 단우에게 강연. '거짓말 말라 꾸미지 말자'가 주제였음.

4월 7일: 박석홍朴錫洪에게 입단 권고.

4월 8일: 안정근 입단 문답. 그러는 가운데 <대한민국임시정부> 안에 다툼이 번져 수습해야 할 일이 많이 생겨 도산 안창호는 눈코 뜰 새 없이 바빠졌다.

4월 26일: 이광수의 <통상 단우> 문답. 27일에 <서약례>가 있었다.

5월 3, 5일: 박현환, 주요한이 <통상 단우> 문답 6일 <서약례>가 있었다. 5월 중에는 임득산, 오익은吳翊殷, 차균상車均相, 이경하李景夏 형제, 선우훈鮮于壎, 정제형鄭堤亨 등이 입단하고 김여제, 김공집 등이 <통상 단우> 서약이 있었다. 이광수가 반장으로 임명되었다.

6월 3일: <제3회 지방 단우회>가 열렸다.

1920년 9월: <흥사단> 원동위원부가 설치되고 위원으로는 안창호, 이광수, 손정도, 차리석, 주요한, 이규서가 뽑혔다. 도산 안창호가 <흥사단>을 통해 이룩하려는 깊은 뜻은 <흥사단>의 입단 문답에 모두 나타난다.

<흥사단> 입단 문답

무실역행務實力行

"갑자기 증거를 들라면 어렵습니다만……. 우리 민족은 사랑이 막약하다구 여겨집니다."

"사랑의 반 이제 우리는 우리나라를 구하기 위하여 그 이론과 방법을 토론하게 되었으니 묻는 자나 대답하는 자나 둘 다 티끌 만한 거짓두 없는 참으로 할 것이요 우선 이제 저마다 자기가 가진 신앙에 따라 기도하시오!"

도산 안창호는 무릎을 꿇고 경건히 하느님께 기도를 드리기 시작했다.

"전지전능하신 하느님 아버지 간구합기는 이 새루 우리 <흥사단>에 들어오려는 동지에게 마음을 비우고 어머님 태에서 나올 때의 그 티 없고 깨끗한 모습으로 솔직히 대답할 수 있도록 성신으로 하여금 역사케 해 주시옵기 바랍나이다. 오늘의 우리 <홍사단>의 입단은 오로지 주님께서 주관해 주시옵소서. 주 예수 그리스도의 이름으로 기도 드립니다. 아멘!"

도산은 새로이 <홍사단>에 들려고 그의 앞에 조아리고 앉은 젊은 청년이 자기가 믿는 신에게-물론 예수교 신자인 듯 하지만-기도를 다 드리기를 기다렸다가 몸을 바로 잡고 묻기 시작한다.

"그대는 우리 <홍사단>에 들기를 원하시오?"

"우리의 독립을 회복하고 민족이 영원히 창성을 얻으려문 <홍사단> 주의루 갈 수밖에 없다구 생각합니다."

"왜?"

"우리는 힘이 약해서 나라가 망했으니 나라를 흥하게 하려문 힘을 길러야갔습니다."

"힘이란 무엇인데……."

"한 사람 한 사람이 건전한 인격과 그 건전한 인격들로 된 신성한 단결입니다. 그것이 마침내는 민족의 힘이 되는 것이죠!"

"나라의 힘이라문 부력과 병력일텐데 어찌하여 그대는 부력과 병력은 말하지 않구 건전한 인격과 신성한 단결이 국력이라 하죠?"

"건전한 인격과 신성한 단결 없이는 부력도 병력도 생길 수가 없습니다."

"그건 그렇고 인격의 3요소는 무엇이라구 생각합니까?"

"덕과 체와 지입니다."

"덕이란 무엇이오?"

"도덕입니다!"

"도덕이란 무엇이오?"

"도란 사람이 마땅히 걸어 가야 할 길이요 덕이란 그 길을 걸어감으로 곧 실천함으로 생기는 정의情誼와 경향 다시 말하면 옳은 길을 즐겨하는 버릇과 힘인 것입니다."

"그러면 그 덕의 중심이 되는 것 근본이 되고 기초가 되는 것이 무엇이라고 생각하시오?"

"참이라구 나는 믿습니다."

"그리구 거짓이 옳지 않다는 줄을 알지요! 그렇지만 거짓이 있어서는 안 될 이유는 무엇인지요?"

"거짓말을 하거나 남을 속이문 나를 믿어 주지 않지요!"

"나를 믿어 주지 않으면 어찌 되나요?"

"아무 것도 할 수 없습니다!"

"신용이 없으문 할 수 없는 것이 무엇 무엇입니까?"

"우선 장사두 할 수 없구요!"

"어째서요?"

"신용없는 장사꾼에게 누가 자본을 대며 물건을 주겠습니까?"

"그러면 경영자와 기술자가 다 참 되어야 공장이 되겠군요!"

"그렇습니다. 그 중에 하나만 거짓 되어두 그 공장의 제품은 믿을 수가 없습니다!"

도산은 그 입단 문답을 하는 새로운 젊은이를 정다운 눈으로 한참 동안 지켜보다가 이번에는 우리 한국의 앞날을 위한 물음을 하기로 했다.

"군은 어느 나라 제품을 안심하구 사시오?"

"독일 것과 미국 것을 주루 삽니다."

"우리나라 제품은 신용 못하시오?"

"-그냥 웃다가 멋쩍은 듯-그건 저어……."

도산은 그저 고개를 끄덕끄덕 하다가,

"알겠소! 어떤 나라든 상공업이 신용을 못 받고서는 그 나라가 가멸어질 수가 없지요! 결코 부해질 수가 없습니다. 아시겠습니까 그 이유를요!"

도산은 입단 문답을 하는 젊은이가 무척 사랑스러운 듯 말을 재촉했다. 청년도 도산의 뜻을 알아차린 듯 열을 올린다.

"상공업에 능력이 없으면 언제까지나 남의 나라의 시장 밖에 안되구 경제적으루 종사리가 되는 것이니 결국은 식민지가 되고 맙니다. 그러면 참된 독립이라구 할 수 없지요!"

"옳게 보셨습니다. 우리나라에서 상공업을 발전시키려면 어떻게 하면 될까요?"

"무실역행뿐입니다. 2천만 온 민족이 참된 사람이 되는 것 뿐입니다!"

"옳게 보셨소."

도산은 잠시 휴식을 선언했다.

정의돈수情誼敦修

"군은 사랑을 공부한 적 있소?"

"……."

"그럼 성경에 사랑의 장이 어느 서에 있는지 아시오?"

"고린도전서 13장에 있지 않습니까?"

"외어 보십시오!"

"(낭독조로) 사랑은 오래 참고 사랑은 온유하며 투기하는 자가 되지 아니하며 사랑은 자랑하지 아니하며 교만하지 아니하며 성내지 아니하며 무례히 행치 아니하며 자기의 유익을 구치 아니하며 악한 것을 생각지 아니하며 불의를 기뻐하지 아니하며 진리와 함께 기뻐하고 모든 것을 참으며 모든 것을 믿으며 모든 것을 바라며 모든 것을 견디느니라……. 그런즉 믿음, 소망, 사랑 이 세가지는 항상 있을 것인데 그 중에 제일은 사랑이라."

"그러면 정의돈수는 무슨 뜻이오?"

"서루 사랑한다는 뜻입니다."

"그건 성경의 사랑의 장과 어떤 관련이 있지요?"

"바루 서루 같은 정신입니다."

"돈수란 무슨 뜻이오?"

"두텁게 닦는다는 뜻입니다. 곧 서루 사랑하는 정신을 더욱 기른다는 뜻입니다."

"그렇습니다. 우리 <흥사단>의 해석으루는 정의돈수란 사랑하기 공부란 뜻이오! 사랑을 날마다 힘쓰문 그것이 버릇이 되어 마침내 덕이 될 것입니다. 바야흐루 <홍사단> 우가 되는 거지요! 군은 우리 대한인이 사랑이 두터운 민족이라구 봅니까?"

"그렇지 않다구 생각합니다."

"어째서요?"

뻔한 것을 묻는다구 오히려 의아스럽게 여겨 도산의 얼굴을 물끄러미 쳐다본다. 그렇다고 도산이 그 시선을 뻔히 알면서도 모르는 척 질문을 한다.

"우리 민족은 서루 미워하는 편이 많은가요?"

"……."

"한 가족이 서루 미워한다문 어떨까요?"

"퍽 불행할 겁니다!"

"서루 미워하면서 일이 잘 될까요?"

"아무 일두 안될 겁니다."

"한 가족이 서루 사랑하문 어떨까요?"

"가화만사성이라구 가정이 행복하구서야 모든 일이 잘 풀릴 겁니다. 마땅히 우리가 이룩해야 할 아름다운 사회지요!"

"사랑 공부는 어떻게 하문 좋겠소?"

"예수께서 내 이웃을 내 몸같이 사랑하고 네 원수를 위해 기도하라고 하셨으니 누구나 모두 사랑하기를 힘쓰는 것이 사랑 공부인 것 같습니다."

"천한 사람도 사랑하란 말인가요?"

"그렇습니다!"

"그렇다면 내 민족은?"

"사랑해야 합니다."

"군은 옆 사람을 미워한 적이 없었나요?"

"비위에 맞지 않아 미워한 적이 있었습니다."

"그때 기분이 어땠나요?"

"속이 꺼림칙 했습니다."

"그렇다문 어찌하문 좋을까요?"

"먼저 그 사람에게 미안했다구 용서를 빌구 그 사람의 입장을 우선 헤아려야 할 줄 압니다."

"그렇소! 항상 상대편의 입장을 먼저 살펴서 말을 하거나 행동을 할 줄 알아야 합니다."

"다시 말해서 나의 자유를 존중 받으려면 남의 자유두 존중할 줄 알아야 한단 말이죠?"

"그렇습니다! 그러면 대강의 싸움은 없어질 것이고 내게 한 옳음이 있음은 남에게도 옳음이 있다는 것을 인정해서 그 사람의 의견이 나와 틀린다구 해서 미워하거나 편협된 생각을 가지는 일이 없다면 세상은 화평이 있을 것이고, 그런데 우리나라에서는 예로부터 나와 다른 의견을 받아들이지 않구 오직 자기만 옳다구 고집해서 혹심한 당쟁으로 반대당에 속한 정치인들을 무자비하게 숙청해 버리곤 했지요!"

"말씀 도중에 황송하지만 연산조燕山朝 때처럼 이른바 사화가 일어났죠!"

"허허 우리나라 역사를 잘 아시는 군요!"

"신식 교육 기관에서 우리나라 역사를 좀 배왔거든요!"

"그럼 사색당쟁두 잘 알겠군요!"

"그럼요 허지만 숙종조의 장희빈은 반대당 남인파에 대한 미움도 있었지만 자기 비극은 차라리 무한한 영화를 누리려는 분에 넘치는 자기 욕심 때문이 아니었겠는지요?"

"옳게 보았소! 미움이란 그런 사사로운 욕심이 밑받침이 되어 미움으루 나타나기도 하디요! 결국 그 욕심이 채워지디 않았을 때 남을 미워하게 되기두 하니까요. 실은 나두 잘못 할 수 있는 동시에 남두 옳을 수 있기 때문에 내 뜻과 같지 않다구 해서 일을 사문난적斯文亂賊하여 사둔에 팔춘까지 구족을 멸하는 끔찍한 정치 보복을 자행하였던 것이 아니겠소!"

"몸서리 치는 일이었죠!"

"그런 악습이 아직두 그 찌꺼기가 사회 각 분야에 썩은 냄새를 풍기구 있소. 그런데 언론의 자유와 출판 집회의 자유 등 자유가 보장되어 있는 현금의 자유민주주의 사회에 있어서는 설혹 의견의 대립이 있더라도 우정과 민족적 애정만은 하나일 수 있으니 그러면 사상의 대립은 오히려 정책을 풍부하게 만드는 밑거름이 된다고 생각되오. 그러므로 민족을 배반하면서까지 자기 의견을 고집하는 경우도 가끔 있는건 자기 눈이 어둡거나 욕심을 과하게 부리기 때문일거요. 그래서 민족을 배반하면서까지 자기 의견을 고집하니 그런 민족 반역 행위는 극히 드물테지만 마음놓고 우리는 정의돈수를 공부하자는 거죠!"

"동감입니다!"

도산은,

"너도 사랑을 공부하고 나도 사랑을 공부하자! 남자도 여자도 우리 2천만 온 겨레가 모두 사랑하기를 공부하자. 그래서 2천만 민족은 서루 사랑하는 민족이 되자!"

이런 신념으로 한평생을 살려고 애썼던 것이다.

거짓은 안된다

입단을 위한 문답은 이어진다.

"그러면 우리나라를 참 나라로 만드는 길은 무엇이지요?"

"거짓을 버리는 것입니다."

"거짓을 버린다면 실제루는 어떻게 한단 말입니까?"

"거짓말을 뚝 끊고 모든 거짓된 것을 일체 버리는 것입니다."

"누가?"

"우리 민족이 모두!"

"우리 민족은 2천만이나 넘는데 어떻게 그들이 거짓을 버릴 수가 있소? 또 누가 그들더러 거짓을 버리라고 명령을 하며 그 명령을 듣기는 누가 듣겠소?"

"모든 별들이 제 궤도를 갑네하고 딴 길을 가고 가령 철을 따져 볼 때 봄이 되는 척하고 겨울이 된다고 하면 천지는 파괴되고 혼란이 되리라고 생각합니다. 나라도 그와 같아서 모든 벼슬아치와 모든 백성이 다 참을 지키는 동안 결코 망하지 않을 것이요. 그와 반대로 그 중에 어느 하나가 참을 버리고 거짓의 길로 가면 벌써 그 나라는 어지러워진다고 생각합니다. 제 말이 틀립니까?"

"옳소. 옳소! 그럼 우리나라를 그 참 나라로 만드는 길은 무엇이요?"

"거짓을 버리는 것입니다!"

"거짓을 버린다면 실제로는 어떻게 한단 말입니까?"

"거짓말을 뚝 끊고 모든 거짓된 것을 일체 버리는 것입니다."

"누가?"

"우리 민족이 모두! 어려운 일이지요. 그러나 해야지요."

"어떻게? 무슨 방법으로? 누가?"

오랜 시간 말이 막힌다. 말없이 물끄러미 도산을 쳐다 본다.

"인제 깨달았소."

"말씀해 보시소."

"내가 해야겠소! 내가 거짓을 버리고 참된 사람이 되어야겠소!"

"군이?"

"예."

"군이 혼자서 오늘부터 거짓을 버리고 참 사람이 된단 말이오?"

"예. 그밖에 길이 없다고 생각합니다."

"그것은 확실합니까? 조금도 의심이 없습니까?"

"나 하나가 거짓을 버리고 참 사람이 되기는 극히 어려운 일이지만 내 말을 가장 잘 들을 사람은 나 밖에 없다고 생각합니다."

"응. 그러면 군은 이제부터 거짓을 버리고……. 모든 거짓을 버리고 참으로 오직 참으로 나갈 것을 결심하시오?"

"예. 결심합니다."

"얼마 동안이나 힘을 쓰면 군이 완전한 참 사람이 되어 티끌만한 거짓도 없어지리라고 생각하시오?"

"완전히 거짓이 없고 참되게 되면 그것은 성인聖人의 자리니 평생을 힘써도 어렵겠으나 불가능은 아니라고 믿습니다."

"군은 우리 민족 2천만이 모두 성인의 자리에 이르기를 바라나요?"

"그렇습니다!"

"그러나 그것은 백년하청百年河淸을 기다리는 것이 아니겠소?"

"최후 최고의 목표가 성인의 자리지 거기에 이르는 도중에는 몇 단계가 있을 것이요 마는 목표에 가까워 가면 갈수록 우리 민족의 힘은 커질 것입니다."

"그러면 우리가 완전한 독립 국가를 지니고 남만 못하지 아니하게 살아가려면 최소 얼마마한 단계까지 우리가 참되게 되어야 하겠소? 너무 고원高遠한 이상은 일반 백성에게는 망양望洋의 느낌을 줍니다."

"쉽게 말하면 영국사람만큼 참되게 되면 영국만큼 우리나라를 만들 수 있다구 봅니다."

"꼭 그렇게 믿으시오?"

"그렇게 믿어집니다."

"의심 없소?"

"추호도 의심 없습니다."

도산은 흐뭇한 기분 속에 금세라도 빼앗긴 우리 한민족의 자유가 손에 잡힌 듯한 착각에 사로 잡혔다. 무한한 평화가 자기를 감싸는 포근함이 마냥 반가왔다. 이제야 말로 <흥사단>을 창립한 보람이 가슴에 한아름 안겨왔다.

건전인격으로의 신성단결

[도산은 1921년 7월 1일 상해의 <흥사단원동위원회>를 발족시킴에 즈음해서 그 단소에서 연설했다.]

"일을 함에는 먼저 주의를 정함이 필요하나니 무실역행의 정신으로 발전을 계획하되 적은데서부터 큰데 이름이 좋으니 머리만 크고 꼬리가 작아짐은 내가 바라지 않는 바이오! 발전이란 무엇을 뜻함이냐? 단우를 증가시키는 것에 지나지 않소! 우리 단의 발전은 곧 우리 민족의 발전이요! …(중략)… 우리가 <흥사단>을 발전시키자 함은 <흥사단> 그것을 발전하자 함이 아니오 우리 민족을 위하여 <흥사단>을 발전하자 함이오! …(중략)… 우리 <흥사단>은 수양기관이다. 훈련기관이다. 나도 하고 남도 하게 하고 적극적으로 하자! 소극적 수양을 취하지 말고 방담적放膽的-큰 마음 먹고 대담하게-수양을 하자! 그동안 동양의 수양 방법은 수천년간 전전긍긍연여임심여이박빙戰戰兢兢然如臨深如履薄氷이거나 또 위방불입난방불거危方不入亂邦不居라 했소. 이것이 다 소극적 주의요! …(중략)… 우리 <흥사단>은 적극적 수양을 하자는 거요! 설혹 한두 번 실수가 있더라도 재접재려再接再勵하여 진진불기進進不已하오. 다시 말해서 오뚝이처럼 쓰러지지 않고 벌떡 일어나는 그런 칠전팔기 일어나는 힘 말이오. 공자는 사십이불혹이라 하였소. 허나 허물 없는 사람이 어디 있소! …(중략)… 한마디 덧붙이노니 그렇다구 너무 실없은 힘의 방담이 아니오. 오직 의리를 지키며 하는 일에 충성을 다하여야 하오."

그리고 새로이 입단하려는 젊은이들에게 입단 문답은 계속하였다.

"군은 <흥사단>에 입단 하기를 원하는데 <흥사단>의 주인은 누구요?"

"나요!"

"분명히 그렇소?"

"그렇다구 생각합니다!"

"만일 <흥사단>이 잘못된다면!"

"그럴 리가 없습니다!"

"확신하시오? 어째 그렇소?"

"<흥사단>은 진리에 터해 있으니까요!"

"진리는 반다시 따를 자가 있을까요?"

"반다시 따를 자가 있다구 믿습니다. 진리는 영원한 거니까요!"

"군은 건전인격이 뭐라구 생각하오?"

"거짓이 없구 참되구 나라를 사랑하는 그것이라구 생각합니다. 건전한 인격체들이 신성하게 단결함으로써 그만큼 큰 힘이 되고, 둘째로 그러한 인격자는 여러 사람의 숭배를 받아 큰 지도자가 되면 그만큼 민족의 힘이 늘겠고, 셋째로 그 건전한 인격이 본이 되어 여러 사람이 감화를 받겠으니 민족의 힘이 더욱 커질 것이라구 생각합니다."

"옳은 말이요. 사실 그런 건전한 인격의 바탕은 원수를 내 몸같이 사랑하라는 기독교의 박애정신의 믿음을 터전으로 비롯됨을 아시오?"

"그리구 저는 성경은 잘 모르지만 소돔과 고모라의 의인 열 명만 아니 다섯 명만 있어도 불로 심판하지 않겠다구 하셨다면서요?"

"잘 아시는군! 군 같은 기독교 정신을 간직한 단우가 물론 입단 뒤의 일이지만 신성단결로 힘을 길러 잃어버린 우리 국권을 다시 찾고 영원한 복지국가를 건설하려는 것이 우리 <흥사단>이 이룩하려는 것이 마침내 목적이 아니겠소!"

도산 안창호는 타고난 사람됨이 거짓말을 못하지만 소년 시절에 청운의 꿈을 안고 한성에 올라가서 구세학당을 다니고 기독교인으로 세례를 받은 뒤부터는 더욱이 자기는 물론이고 만나는 사람마다 농담이라도 꿈에서라도 거짓말은 해서는 안 된다고 거듭 거듭 되풀이 했다. 따라서 건전인격이란 절대로 거짓이 없는 어머니 뱃속에서 갓 태어난 발가숭이 그대로의 상태로서 사람을 대하는 바로 그때와 같이 모든 행동을 해야 한다고 했다. 그건 성경말씀에 예수께서 어느 날 제자들 앞에서 어린애를 세워 놓고 "사람이란 이 어린 아이와 같이 착한 마음이 아니면 천국에 들어 갈 수 없다"라고 하신 것을 도산은 늘 가까운 사람들에게 거듭 일러 주었다.

고무 풍선이 부풀대로 부풀면 더 이상 부풀 수가 없으며 마침내는 터지고 마는데 그때 뿜어 나오는 공기처럼 건전인격끼리 맺어져 그야말로 거룩한 단결인 신성단결이 아주 익으면 그런 부푼 풍선처럼 밖으로 터져 나와 폭발적인 힘이 된다. 그것이 곧 민족의 힘인 것이다. 그 힘으로 잃어버린 나라를 되찾고 새나라를 건설해 나가야 한다는 것. 그래야만 영원히 나라를 지켜 나갈 수 있으며 비로소 그 속에서 대한 백성들은 화평과 자유를 누리며 즐겁게 살 수 있다는 것이다. 도산 안창호의 <나라사랑>의 참 뜻이 바로 여기에 있었다. 그런 사랑이 넘치면 남을 헐뜯을 수 없는 성품인데 둘레의 친지들은 물론이고 심지어 믿을 수 있던 동지들까지도 그를 야심가, 독선주의자, 지방색을 주장하는 파당주의자로 헐뜯었다. 도산의 진심을 전혀 오해하거나 고의로 곡해하는 사람들의 그릇된 착각이었다. 억울한 결과지만 어찌하랴! 다만 말없이 아무런 불평 없이 꾸준히 <홍사

단> 운동으로 <남을 사랑 나를 사랑 나라 사랑>의 푸른 뜻을 펼치려고 하늘 높은 데로 솟아 올라 갈 수밖에! 그건 도산의 뜻이고 굽힐 수 없는 믿음이었다.

사랑

"정의돈수란 무슨 뜻이오?"

"서루 사랑한다는 뜻입니다."

"돈수란 무슨 뜻이오?"

"두텁게 닦는다는 뜻입니다."

"두텁게 닦는다는 것은 무슨 뜻이오?"

"서루 사랑하는 정신을 더욱 기른다는 뜻일까요?"

"그렇소! 우리 <흥사단>의 해석으로서는 정의돈수란 사랑하기 공부란 뜻이오. 사랑하기를 공부함으로 우리의 사랑이 더욱 도타와 질 수가 있을까요?"

"사랑하기를 날마다 힘을 쓰면 그것이 습관이 되리라고 생각합니다. 습관이 되면 그것이 마침내 덕이 될 것으로 생각합니다."

"우리 민족은 서로 사랑함이 두터운가요?"

"우리 민족은 서루 사랑함이 부족하다구 생각합니다."

"무엇을 보구 그렇게 생각하시오? 무슨 증거로 우리 민족은 사랑이 박약하다구 말씀하시오?"

"갑자기 그 증거를 들라시면 어렵습니다만 우리 민족은 서루 사랑함이 박약하다구 생각합니다."

"사랑의 반대가 무엇이오?"

"미움이오!"

"그러면 우리 민족은 서루 미워하는 편이 많은가요?"

"그런 것 같습니다."

"한가족이 서루 미워하면 어떨까요?"

"아무 일두 안 될 것 같습니다."

"그렇소! 가화만사성이라구 한가족이 서루 사랑하여야 밖에 나가서두 모든 일이 잘 풀릴겝니다. 가족이 서루 사랑하면 어떨까요?"

"퍽 행복할 것입니다! 그리구 다른 것이 다 있더라두 사랑이 없으문 불행한 가정이 될 겁니다."

"군은 사랑하는 공부를 하여 보신 적이 있나요?"

"사랑은 저절로 솟아나는 것이라구 생각하였어요! 그렇기 때문에 사랑하기를 공부한 적은 없습니다."

"샘이 저절로 솟는데 샘을 왜 파나요?"

"더 많이 솟으라고요! 더 많이 고이라고요!"

"아니 솟던 샘도 파면 솟는 일이 있지 않나요?"

"아니 솟던 샘도 파면 솟는 일이 많습니다. 조금 파면 아니 솟던 것이 깊이 파면 솟는 일도 있습니다."

"그것이 사랑 공부요!"

"인제 알았습니다. 사랑을 공부함으로 사랑하는 마음을 기를 수가 있겠습니다."

"사랑공부는 어떻게 하면 좋겠소? 어떻게 하는 것이 사랑 공부가 되겠소?"

"예수님께서 내 이웃을 사랑하고 네 원수를 위하여 기도하라 하셨으니 누구나 다 사랑하기를 힘쓰는 것이 사랑하는 공부인 것 같습니다!"

"천하 사람을 다 사랑하란 말이오?"

"그렇습니다."

"군 한 몸이 이 자리에 있으면서 어떻게 먼 곳에 있어서 보이지 않고 만져 보지도 못할 사람을 다 사랑할 수가 있겠소?"

"그건……."

잠깐 동안 생각하더니,

"내 민족부터 사랑하란 말씀입니다!"

"내 민족 2천만을 사랑하는 법은 무엇이오?"

"예! 깨달았습니다. 내가 만나는 사람을 사랑하라는 뜻이오."

"그러면 너무나 편협하지 않소?"

"결국 내 손이 닿는 사람 내 목소리가 들리는 사람 밖에는 사랑할 수가 없겠습니다. 날마다 나를 찾아오는 사람 내가 찾아가는 사람 나와 만나게 되는 사람을 다 사랑하는 것이 이웃을 사랑하는 것이오. 민족을 사랑하는 것이오. 또 전 인류를 다 사랑하는 일이 되겠습니다!"

"좋습니다."

종합

"군은 흥사단에 입단하기를 원하는데 흥사단의 주인은 누구요?"

"나요!"

"분명히 그렇소?"

"분명히 그렇다구 생각합니다. 내가 나 할 일 내가 할 수 있는 모든 일을 다 하고도 <흥사단>이 잘 안된다면 몰라도……."

"그때에는 다른 사람이 잘못이라고 책임을 돌리겠소?"

…(중략)…

"<흥사단>은 주의가 진리니까 또 내가 표본이 되니!"

"그리하면 반다시 따를 자가 있을까?"

"진리를 찾는 자는 언제나 반다시 있다고 믿습니다.."

"동감이요. 진리는 반다시 따르는 자가 있고 정의는 꼭 이루어질 것이요! 나는 믿소. 헌데 군은 수양의 목표를 어디다 두시오?"

"티끌 만한 거짓도 없는 인격자가 되는데 목표를 둡니다."

"군은 무실역행이 우리 <흥사단>의 약법의 정신이라는 것을 알고 있으시겠지?"

"충의용감과 정의돈수의 정신이 단우들의 정진해야 할 덕목이라는 것도 잘 알고 있습니다."

"물론 모든 단우들은 하나같이 건전인격을 지녀야 한다는 것도 잘 아시겠지요?"

"그 건전인격체들이 신성하게 단결함으로써 그만큼 큰 힘이 되고, 둘째로 그러한 건전한 인격자는 여러 사람의 숭배를 받아 큰 지도자가 되겠으니 민족의 힘이 늘겠고, 셋째는 한 건전한 인격이 본이 되어 여러 사람이 그 감화로 본을 받겠으니 민족의 힘이 커질 거라고 생각합니다."

"헌데 그 건전인격은 어떤 사상으로부터 비롯되지요?"

"심오한 철학으로부터 나온다구 생각합니다. 가령 말하자면 불교같은……"

"그런 종교적 믿음으로부터 우러 나오는 바도 있지만 전적으로 원수를 자기 몸같이 사랑하라는 박애정신의 기독교 믿음으로부터 나오오."

"제가 알기로는 기독교는 의의 종교 옳은 일을 하라고 성경 말씀에 그 나라와 의를 구하라고 했다는데요?"

"그렇소! 내가 처음에 미국에 갔을 때에두 신학공부를 했었는데 신약을 가르치면서 역시 기독교는 부활의 종교이면서 의를 강조합디다. 그렇게 보면 의란 확실히 기독교의 근본은 의의 정신을 바탕으로 한다고 할 수 있겠죠."

"그리구 저는 성경은 잘 모르지만 소돔과 고모라에 의인이 열 명만 아니 다섯 명만 있어두 불루 심판을 하지 않겠다구 하지 않았습니까?"

"고린도전서 13장의 사랑의 장에서 '그런즉 믿음, 소망, 사랑 이 세 가지는 항상 있을 것인데'이라 적혀 있소. 그 사랑이란 결국 의의 정신을 바탕으로 빚어지는 사상이 아니겠소?"

"저두 그렇게 생각하구 있습니다!"

"그 사랑은 남을 사랑 나를 사랑 나라 사랑으로 나가게 되는 것이오! 군은 이 세가지 사랑을 실천하는 무실역행의 진정한 <홍사단> 우가 될 자신이 있소?"

"자신합네다!"

"군과 같은 단우들이 단결로 곧 신성단결로 힘을 길러 잃어버린 나라를 다시 찾고 국권을 회복해서 영원한 복지국가를 건설하는 것이 우리 <홍사단>이 이룩하려는 마침내의 목적이오!"

"가슴에 아로 새기겠습니다."

더욱이 어린이와의 약속은 지켜야지

도산 안창호는 <홍사단>의 단우모집과 일기를 쓰고난 다음 다시 <대한민국임시정부>의 일을 돕기 위해 김구 주석을 만나 항일전선의 통합을 위한 구체적인 방략을 의논하려고 <임시정부> 청사를 찾았다. 그런데 일은 묘하게 돌아가고 있었다. 일본이 상해사변에서 이기자 그것을 대대적으로 중국 사람들에게 보여줌으로써 일본이 얼마나 무력적으로도 센 나라이며 다시는 중국이 일본에게 덤빌 수 없다는 경고도 할 겸 상해의 큰 놀이터인 홍구공원虹口公園에서 대대적인 축하행사를 하려고 했다. 마침 자기네가 살아있는 신 곧 현인신現人神으로 숭앙하는 소화천황 유인昭和天皇 裕仁의 생일인 이른바 천장절天長節을 번지르르하게 열려는 것이었다.

열릴 시간이 다가오자 드나들이문은 한층 붐볐다. 군중에 끼어서 윤봉길은 쉽게 들어가서 운좋게 훌륭한 일본고관들의 바로 뒷자리 가까이에 설 수 있었다. 하지만 가슴이 두근두근했다. 김구 주석은 목숨의 끈질긴 집착에 흐트러지기 쉬운 용기를 깨우치려는 격려에 자신의 나라에 대한 순국의 굳은 뜻을 다지며 결행의 길로 세차게 나아갔다. 장엄하게 차려 놓은 천장절의 연단 위에 기라성(?) 같은 왜의 고관들은 건방지게 앉기 시작한다. 곧 축하식이 거행될 참이다. 군악대의 팡파르가 끝나자 사회를 보는 고급장교가 영웅 시라까와白川 대장 등의 전공을 소개한다. 그리고 일본군의 기습작전을 자찬한다.

바로 그때였다. 윤봉길이 도시락을 단상 한복판에 던졌다. 쾅 소리와 함께 폭탄이 터진다. 살점이 날으고 피가 튕겼다. 축하식장은 순간 아수라장으로 변한다. 상해사변의 영웅 시라까와白川 대장과 민단장 가와바다川端는 그 자리에서 즉사하고 으스대던 시게미쯔重光 공사와 노무라野村 중장 등 수많은 장성이 중상을 입었다. 축하식장은 피투성이의 난장판으로 변했다. 중국의 신문은 물론이고 일본의 신문에서도 대문짝만하게 보도되었고 일본신문에는 처음에는 범인이 중국인이라고 지목했다가 곧 조선인 윤봉길로 고쳐 밝혔다.

그러자 <대한민국임시정부> 청사가 일본 헌병들의 구둣발로 발칵 뒤집혔다. 많은 요인들이 붙들려 갈 판이었다. 그러나 희생을 줄이기 위해 주석 장로는 그 일은 자기가 시킨 일이라고 밝혔다. 그리고 김구 주석은 엄항섭을 몰래 미국인 피치에게로 보내 감추어 주기를 요청하자 두말 없이 승낙하여 그 즉시 그 집으로 숨었다. 그때의 김구의 현상금은 일본돈 20만원으로 쌀 30만석에 해당한다.

이날 도산 안창호는 <임시정부> 청사 안에서 오랫동안 함께 있었던 이강과 함께 있다가 오래 전부터 이유필의 아들 이만영 군에게 약속을 지키기로 하였으므로 떠나려 하자 이강이,

"안 동디! 제가 듣기루는 오늘 무슨 일이 일어날지 모르니 임정요인들은 <임시정부>의 청사를 떠나 어디든지 피해 있으라구들 하던데요! 그래두 가시려구요?"

"이강 동지! 내가 약속을 꼭 지키는 사람인줄 잘 알지 않나! 이만영 군과 벌써 전부터 돈을 구해다 준다구 약속 했는데 오늘이야 마련됐으니까니 가지구 갈라네!"

"그래두 오늘만은……"

"동디는 눈두 작은데 겁쟁이로구만……. 허허허……."

"긴급사태라는 것두 있디 않아요! 나중에 잘 설명하문 양해해 줄거야요! 내가 설명하디요!"

"넘네 말라우!"

부득 부득 길을 나섰다. 사실 믿는 데가 없던 것은 아니었다. 자기는 미국시민권자로 미국의 시민권증을 가지고 있었다. 그러니까 일본 헌병도 자길 어쩌지는 못할 거라고 굳게 믿고 있었던 것이다. 그런데 그건 큰 착각이었다. 도산 안창호는 반일 불령선인으로 일본정부가 미국 정부의 양해 하에 체포 구금할 수 있도록 되어 있었다. 하여튼 일본 헌병들이 권총을 빼어 들고 서 있는 등 거리의 경계가 심상치 않아 골목길로 간신히 하비로 보강리霞飛路 寶康里 20호의 이유필 댁으로 어슬렁어슬렁 찾아들었다.

이때 상해 홍구공원에서,

"자아 그런 악질 조선인이 그런 엄청난 사건을 저질렀으니 불령선인들의 소굴인 가정부의 본거지를 뒤져야겠소. 프랑스 영사관도 양해해 주시오!"

일본 헌병들의 강경한 억지에 프랑스 영사도 더 말할 처지가 못되어,

"별 수 없지요. 그렇게 하시구려!"

그런 불상사(?)-실은 쾌거지만-가 있은 뒤라 일본에 항상 강경하던 프랑스 영사도 일본 헌병대에 협조하지 않을 수 없었던 것이다. <대한민국임시정부> 청사는 일본 헌병들과 중국 경찰들로 겹겹이 둘러 싸여 있었고 이유필 집도 도산이 안에 들어가자마자 일본 헌병들에 의해 에워싸였다. 도산은 이제 독안에 든 쥐였다. 빠져 나갈 길은 바이 없었다.

"손들었!"

일본헌병이 금세 쏠 듯 도산의 옆구리에 권총을 들이댔다. 도산은 꼼짝없이 붙들렸다. 그러나 도산은 태연했다. 믿는 데가 있었기 때문이다. 작시는 미국시민권자니까 일본헌병이 어쩔 수 없으리라고 그때까지도 생각하고 있었던 것이다. 그런데 그것이 아니었던 것이다. 앞서도 말했듯이 도산은 그런 특권은 이미 없었던 것이다. 그러니까 그것이 도산의 상해에서의 마지막 그림자였다.

초라한 귀국

주요한 국장의 서러운 마중

"주 국장! 그렇겐 안되오 배에서 내리시오."

"미와 경부. 도산 선생은 아무리 용두를 썼어도 수십년만의 조국으루 돌아오시는 길이오. 적어두 직접 정기항로까지는 마중해야 되지 않겠소? 이번 만은 눈을 좀 감아 주십시오!"

"허허. 안된다문 안된다니까. 아무리 대동아의 편집국당이래도 그런 떼는 쓸 수 없지 않소!"

결국 <동아일보>의 편집국장인 주요한-그는 <흥사단>의 통상단우이면서 도산이 아끼는 제자였다-이 제4의 권부라고 아무리 식민지의 언론사라고 해도 웬만한 제약은 받지않는 처지인데도 더욱이 대 신문사인 <동아일보>의 편집국장인 송아 주요한으로서는 해도 너무한다고 서글펐다. 결국 대대적으로 맞이하려고 했던 마중이 쓸쓸한 길로 끝나게 되었던 것이다.

도산이 일본헌병대에 붙잡혀서 본국으로 압송되어가는 정기항로에 태워 상해를 떠난지 벌써 한 시간이 넘었다. 배가 심히 흔들리고 날이 굳히는 것 같았다. 찌뿌드득했다. 도산은 이제 용수를 좀 벗어도 될성싶었다.

"여보시오 헌병나리 이제 이 용술 좀 벗습시다. 이 바다 한가운데서 도망칠 수두 없구하니."

감시하는 일본헌병도 사실 그럴 것 같아서,

"좋다. 벳겨주마."

배는 하늘로 솟아 오르는 듯 하다가 땅으로 꺼지는 듯 요동이 심했다. 아니 도산의 마음이 그렇게 갈필 잡지 못하고 있었다. 그러나 곧 마음을 가라앉혔다 이제 어지간히 냉정을 되찾았다. 하늘을 올려다보니 새까만 구름이 금세 덮칠 듯 다가왔다. 그건 조선겨레의 앞날을 암시하는 듯한 불길한 조짐 같았다. 한끗 시베리아에서 중풍으로 쓰러진 추정 이갑의 병세가 걱정이었다. 꼭 회복이 되어서 다시 나라와 민족을 위해 싸워 주어야 할 터인데 걱정이 태산 같았다.

상해 임시정부의 김구 주석과 다른 동지들은 어떻게 되었는지 걱정이 되었다. 그리고 이광수와 주요한이 <동아일보>에서 잘들 일을 하고 있는지도 걱정이 되었다. 이런저런 동지들의 일을 걱정하는 동안에 도산 안창호를 태운 배는 그렇게도 그리웠던 고국의 땅을 밟게 되었던 것이다 도산 안창호는 인천부두에 내리자마자 종로경찰서의 미와三輪 경부의 털털이 차에 실려 서대문형무소로 끌려갔다. 그러니까 마중나갔던 <흥사단> 우들과 그 밖의 환영객들은 닭쫓던 개 마냥 허탕을 칠 수밖에. 태극깃발을 휘날리며 당당히 개선가를 부르며 돌아오겠다던 거국가는 마침내는 헛소리가 되고 말았던 것이다. 도산이 조국에 끌려와서의 시간 시간은 그야말로 살갗이 벗겨지고 뼈가 깎이는 아픔의 가시밭길이었다.

동우회사건同友會事件

창살 없는 감옥 송태산장松苔山莊

"도산! 이제 우리들은 아쉬운대루 그만 피양으루 돌아가디 않을 수 없을 것 같소! 시간두 다 됐으니까니. 기회있는 대루 봐서 또 오디요!"

"허허허 내 집인데도 내 집이 아니니 원……."

"……."

조금 있다가 장리욱 교장도,

"도산 선생님! 저두 이만 고당 선생님 따라 하산 하갔습네다."

"그러시구려! 당 교당!"

도산은 새삼 생각난 듯,

"아 참! 고당! 그 <물산장려회>는 잘 되가구 있갔디요?"

"예에 덕택으루……. 허디만 기것두 언제까딜디 모르디요."

"고당은 그자덜이 누구보담두 눈독을 드리구 있는 디사니까니! 허허허……."

"……."

도산은 입이 써서 말을 잃은 듯 어둑어둑해서 희미하게 저물어가는 어스름이 검어드는 먼 산만 멍하니 바라다 본다. 군입만 쩝쩝 다실 뿐이다. 코 앞에 고당과 장 교장이 그대로 서 있는 것을 보고 당황해 하며,

"고롬 내려들 가 보시구려! 곧 어두어 딜테니 어서들 내려가 보시라요."

그 동안 평양의 동지들은 고당 조만식을 비롯해서 오윤선 장로, 김동원 장로, 김성업 등 여럿이 다녀갔지만 번번히 산어귀에서 일일이 불심검문을 하는 일본 헌병들의 그 까다로운 심문, 여느 물음이 아니라 날카로운 질문에 웬만한 마음 약한 방문객은 지쳐서 그냥 돌아가고 싶어져 기진맥진 산장까지 올라와서도 변변히 제대로 말도 못하고 돌아가야 하는 수도 많았다. 평양의 동지들은 하도 번번히 그 꼴을 당했기 때문에 심상해서 일체 개의치 않았으므로 또 그러려니 하고 눈치껏 몰래 찾아와서 꼭 해야할 비밀스런 이야기를 전하고 가곤 했다.

도산은 고당 등이 산장을 떠나가자 문득 산장 둘레에 전에 찾아와서 기념으로 심어 주고 간 나무들을 둘러 보고 싶어졌다. 그 중에는 300원-당시의 돈으로 집 한 채 값 정도-이나 되는

비싼 것도 있었다. 허나 도산은 값의 많고 작기 보다도 산장 둘레에 심어준 그 동지들의 마음씨 그 정성이 고마워서 하나 하나 매만지며 동지들의 입김을 맡으려는 듯 나무만이라도 어루만지고 싶었다.

한그루 한그루 어루만지며 이슬에 뱃잠방이가 젓는 줄도 모르고 더듬어 갔다. 그러노라니 갑자기 생명이 그리워진다. 어디서인지 모르지만 갑자기 노랑나비 한 마리가 소리없이 훨훨 날아왔다. 눈길을 주었다. 나비는 분명 살아있는 생명이지! 반가왔다. 도산은 껑충 뛰어서 나비의 날개 위에 올라탔다. 하늘 저 멀리로 날아간다. 캄캄한 궁창 저 깊숙한 데 우주의 저 뒤쪽으로 내동댕이 쳐 졌다. 갑자기 몸이 가벼워진다. 거기는 세상 밖이었다. 천군 천사들이 앞다투어 맞이한다.

"오실 때가 아닌데……. 하긴 곧 모셔 올라구 말씀을 기대리구 있었습니다만……. 자아 저 높은 보좌에 오르시지요! 지상에서는 너무 고생이 많으셨습니다."

"여기는 하늘 나라인가 보죠! 나는 원수를 사랑한 일이 별루 없는데……."

갑자기 낯이 익은 남강 이승훈이 다가온다.

"아니 남강 선생 아니시오?"

"누가 아니라오! 도산 그 동안 수구가 많았쉐다! 도산 이제부터는 우리 아무 걱덩 없는 이 텬국에서 그 간교한 왜놈덜을 골레주디! 아 참, 여기 텬국에서는 원수두 미워해서는 안되디! 우리 예수쟁이덜은 우리 조선을 악랄하게 짓밟은 그 일본인들두 다 용서해야디! 울문서 계자먹기군!"

"남강 선생! 그릏디 않으문 우리 십자가를 데야할 까닭이 없디 않아요? 고롬!"

이때 저 멀리 주기철이 천천히 걸어온다.

"그릏디 더기 소양蘇羊이 오니끼니 소양 주기털에게 물어 봅세다!"

"소양?"

"주목사야 끝까디 신사참배를 반대하구 설라무니 순교殉教를 했으니끼니 이 텬국에서두 특등석 그릏디 여긴 그른게 없디 참!"

"주기철 목사님이야 틀림없이 하늘나라에선 특등석에 앉으실만 하디요. 그것이 우상임이 뻔한데 자기네 귀신 딱지인 신사당神祠堂에 절을 하라구 글쎄. 그르문서 그건 자기네 나라의 국민의식이니 그른 줄 알라구 하문서 거기 절을 하라구 다구 쳤는데두 끝끝내 신사참배를 거부하다가 감옥에서 목숨을 빼앗긴 숭고한 영혼이 더기 그리스도의 사랑으로 부활해서 이 텬국의 주민이 된거디요."

"아아 그랬었군요! 마침 소양이 저기 오셨으니 남강이 좀 소개를 해주시구려!"

"그럽세다. 그것이 뭐 어렵갔소!"

주기철이 두 사람의 말을 주고 받는데로 걸어온다.

"뭐 재밋는 말씀들이슈?"

"소양! 내 소개하디. 이 분은 그 유명한 도산 안창호시구 인사나 하시구려!"

"그렇소이까? 함자는 진즉 듣구 있습니다. 알아 모시갔습네다. 저는 주기철올시다."

"아아 네에? 고당이 늘 말씀하던 수학의 천재이신 소양 형이시군!"

"기건 <오산학교>에 다닐 때 얘기구. 뒤에는 돌파리 예수쟁입네다!"

수 인사가 끝나자 셋은 오랜 친구처럼 다정스럽게 화원을 거닐었다. 마냥 즐거웠다. 문득 도산이 생각난 듯,

"아 참! 남강 그 저 마산도자기회사 경영에서 재미를 톡톡히 봤디요?"

"기것두 도산이 딕덥 맡아서 했으야 됬을 터인데 내래 당사에 재주가 좀 있다구 맡으라고 해서 맡아 했디만……. 그래 참 태극서관은 어드룷게 됐디?"

그동안 주기철이 환하게 핀 꽃잎을 한 잎 두 잎 딴다. 도산이 화제가 자기네 <신민회> 때 얘기였으므로 소양이 심심해서 그런줄 눈치채고 화제를 셋의 공동인 것으로 돌린다. 눈치가 빠른 주기철이,

"두 분의 얘기가 아마 <신민회> 때 내기인 것 같은데 그 105인 사건은 일본인덜이 완전히 조작한 음모극이라문서요?"

"그건 좌옹 윤치호를 떼레 잡을라구 꾸민 연극이었디!"

"그런데두 남강두 좌옹과 같이 10년인가 먹었디? 아마!"

"실은 도자기회사니 태극서관이니 정식으로 허가를 내구 한 사업들인데두 그자덜……."

"그야 뻔하디 않아요! 표면상으루는 허갈 내주구 뒷구멍으루 조살하갔다는 속셈이디요!"

"주 목사두 곧잘 피안두 사투릴 쓸 줄 아는데……. 허허허……."

"평안북도 덩주에서 4년씩이나 공부를 하구 또 고당선생 따라 평양서 교회를 맡아서 목회두 했는데요!"

"아니 주목사 성경만 귀신인 줄 알았는데 세상일두 자세히 아는군요!"

저 멀리서 월남 이상재가 슬슬 가까이로 온다.

"월남! 어서 오시구려!"

"도산두 계셨군! 주 목사두."

"월남 선생께서 오셨군요!"

월남 이상재는 한 구석에 쭈구리고 앉으려고 하지만 어른으로 모셔서 한 가운데에 자리를 만든다. 남강이 말문을 연다.

"월남! 여긴 막걸리가 없어서 안됐구려!"

"허어 허어 세상에 있을 때 막걸리지 하늘에 와서야 더 좋은 게 많이 있는데 그런거 필요없지!"

도산을 지켜보며 손을 덥썩 잡는다.

"도산! 참 그땐 홍안의 미소년이었지. <독립협회> 관서지부를 조직한다구 그 뭐라드라 유명한 정자밑에서."

"쾌재정이었죠!"

"그래 거기서 명 연설을 했다면서?"

"웅변이야 월남선생이 더 유명하시잖어요!"

남강이 끼어든다. 모두 모인 감격을 어쩌지 못하는 듯,

"도산이 그 유명한 웅변을 나두 둗구팠는데 그때 난 무역을 하누라구 돈에 눈이 뒤집혀서 허허허허어……."

"무역왕 이인환 시절이디!"

도산이 안절부절 못한다. 남강이 눈치챈다.

"도산 가 봐야 하갔디?"

"너무 오래 있은 것 같아 송태산장에 가봐야 갔는데……."

"그러구려! 다음에 아주 와서 하느님께 감사 말씀 드리구 오래오래 같이 지납세다."

도산이 갑자기 정색하며,

"여러분! 아쉽디만 나는 또 세상으루 내레가 봐야갔소!"

"기렁군. 가보시우!"

아쉬운 천상의 모임은 끝난다. 산장에 돌아와 보니 뜻하지 않게 춘원 이광수가 기다리고 있었다

회오리 속의 산장

"무슨 일이요? 춘원! 서울은 잘되가고 있소?"

"선우훈 군두 오셨군요! 장 교장, 김동원, 김병연, 김성업 동지, 홍어길 동지 모두들 무사하시군요!"

이광수는 오윤선 장로가 사랑방에 모인 <동우회>의 동지들 곧 <흥사단>의 옛 단우들을 만나니 우선 자기가 평양까지 내려온 사연은 고사하고 반가움에 눈물이 날 지경이었다. 춘원이 갑자기 내려와서 평안북도 정주에 있는 선우훈도 오라고 한 까닭이 여간 궁금하지가 않았지만 또 새삼스럽게 안부를 묻는 것도 수상했지만 우선 대보산 송태산장에 가서 그들의 어른인 도산 안창호 선생을 만나고 온 모양이니 무슨 말씀을 듣고 왔는지 기다려 보는 수밖에 없었다.

물론 서울에 있어야 할 춘원이 갑자기 평양에 와서 도산을 비밀히 만난 것 자체가 궁금했다. 확실히 서울 <동우회> 본부에 무슨 중대한 일이 생긴 모양이라고 제각기 멋대로 추측한다. 모두 춘원의 입만 지켜본다. 이 불세출의 천재의 입에서 어떤 수수께끼가 새어 나올 것인가! 거기 모인 평안남북도의 알짜 민족주의 지도자들은 가슴을 조인다. 드디어 실상이 터져 나온다.

경성의 심장부인 그리고 모든 사상범-반일 독립지사들-의 동태를 샅샅히 감찰하고 있는 그 악명 높은 미와 경부가 독사의 눈초리로 혀를 날름거리면서,

"차후로는 소집 통지도 국어-그때에는 일본어를 국어라고 하면서 자기네의 말만 쓰라고 강요하였던 것이다-로 하고 심지어 회의진행도 일본어로 해야 한다고 통고해 와서 도산 선생에

게 하회를 묻자 곧 선생께서 경성에 올라갈 터이니 그때까지만이라도 기다리라는 말씀이었소!"

"그래 박현환 동지는 뭐라구 합딧까?"

김성업이 묻는다. 모두 같은 마음인 듯 춘원의 입을 쏘아 본다.

"물론 결사 반대였소!"

"그러문 그렇디! 그리구 요한은?"

"그 양반 책임자니끼니 이처럼 날 특사루 도산 선생에게 보낸 거요!"

오윤선 장로가 묻는다. 어떻게 하면 좋겠느냐는 것이다.

"그걸 말이라구 묻소? 절대 반대요 어드룽게 일어루 회의를 딘행하갔소? 절대루 안되디!"

선우훈이 잘라 말한다. 춘원은 그러리라 대강 짐작은 했었던 것이다. 그러나 평안도 동지들의 의견을 모을 필요도 있었다.

"평안도 동지덜의 뜻두 모아야 할 터이니 일단 의견덜을 솔직하게 밝혀 주시오!"

"그걸 말이라구 하시오, 춘원! 이 평안도 회원들은 분명히 말해 두갔는데 일본말을 쓰는 걸 만장일치로 반대하오!"

"그러나 그렇게 감정적으루 대처할 문제는 아닙니다. 보다 더 냉정하게 사태를 따져 볼 필요가 있소. 물룬 모든 결정은 도산 선생께서 하시갔지만 우리덜의 의견을 종합해 둘 필요두 있지요!"

김동원도 춘원의 말을 거들었다.

"그렇소 일방적으로 거부만 할 것이 아니라 좀 더 신중하게 다룰 필요가 있는 줄 아오. 요컨대 그건 우리 <동우회>의 장래에 큰 영향을 끼칠 문제니까요!"

춘원과 김동원의 뜻은 퍽 유화적인 어떻게 보면 타협적 회색적인 성격의 맛을 풍기고 있다고도 볼 수 있었다. 그것이 맹호출림의 평안도 기질에는 그리 맞지 않았다. 물론 경성에서 <동우회>를 움직이고 있는 중심인물들인 주요한과 박현환, 이광수도 따지고 보면 모두 평안도 출신이다. 여기 평양에 모인 <동우회>의 중요 인사들은 물론 평안남북도의 철저한 민족주의자들의 알맹이들인 것이다. 그렇게 따지고 보면 도산이 평안도파의 괴수라고 비방받을 만도 하다. 사실 <흥사단>의 중요 단우들도 평안도 출신이 대다수인 것이다.

김동원은 인품이 중후하고 평양에서는 그래도 존경 받는 명문가의 맏자제로-고당 조만식과 더불어 주기철 목사가 시무하던 산정현교회의 다섯 장로 중의 한 분으로 남한에 와서 대한민국 국회의 부의장도 지낸 바 있다-발언권이 강했다. 하여튼 이날 모인 회원들은 모두 <조선총독부>의 지시를 부당하다고 생각은 하고 있었지만 그들과 정면으로 싸운다는 것은 계란으로 바위를 치는 격이니 그야말로 진퇴양난이었다. 결국 총수인 도산 안창호의 결정에 따르는 수밖에 없다고 결정했다.

이때 <조선총독부> 안에서는 <동우회>의 운명을 결정짓는 중대한 회의(?)가 있었다.

"경무국장! 뭐 좋은 결론이 났소?"

"총독각하! 아무래두 이사장 주요한이 아직 아무런 확답이 없으니 우리의 지시를 그대로 따를 뜻이 없는 것 같습니다. 이 참에 아예 모두 홀치죠! 우리도 바쁜데……."

"아뇨! 춘원이 평양 대보산 송태산장에 도산의 지시를 받으려구 내려 갔다니까 이광수가 올라올때까지만 기다리죠!"

총독이 끼어 들었다. <동우회>의 해산문제는 조선 민족에 달려서는 마지막 기회도 되니까 조선을 다스리는 총책임자인 총독두 약간 신중했다.

"그렇긴 하지! 경성에서두 의견이 두 갈래루 갈라졌다구 하는데 될 수 있는 대루 강제루 해체시켰다는 말을 듣지 않는게 좋긴 하지!"

"허지만 종로서에서 지시를 하달한 지 벌써 일주일이나 됐어요! 이광수가 평양에 내려 간지두 닷새나 됐구!"

사실 그러했다. 종로경찰서의 조선인 경부 한 사람이 그래도 민족적인 양심은 있었던지 상부에서 <동우회>의 문서상의 제반 문건 곧 통지서나 회의진행을 일본어로 해야 한다고 결정이 되자 은밀히 그런 암시를 해 주었었다. 헌데 이사장인 주요한은 그런 암시를 문제 삼지 않았다. 그것도 그럴 것이 <동우회>는 엄연한 순수 수양단체이며 또 총독부에서 정식으로 허가해 준 공인단체이기 때문이다. 그런데 <동우회>의 최고 결정권자인 도산 안창호는 그만 위장병이 도져 트림을 5분마다 한 번씩 해서 상경을 약속하고도 그만 들어 누웠던 것이다.

한편 경성에서는 평양에 특사로 내려간 춘원 이광수가 상경하는 것을 학수고대하고 있었다. 시간은 자꾸 흐르고 있었고 경찰 당국에선 독촉이 심했다. 이사장 주요한은 화신상회 전무실 소파에 앉아 있으면서도 안절부절 앉지도 섰지도 못하고 자꾸만 문쪽만 쳐다본다. 행여 누가 소식을 가지고 금세 나타날 것 같아서다. 바람 소리만 문을 건드려도 신경이 쓰여질 정도로 신경이 날카로와졌다. 그토록 평양으로부터의 소식을 애타게 기다렸던 것이다. 헌데 아무도 나타나지 않았다. 절망적이었다.

<동우회> 사무실과 평양의 비밀스런 민족주의 지도자들의 화합장소인 오윤선 장로의 사랑방 그리고 조선총독의 집무실 세 곳에서는 <동우회>의 운명 곧 조선의 장래를 좌우할 운명의 순간이 톱질에 마지막 밑둥의 한가닥 이음줄이 간신히 붙어 있었는데 달랑 달랑 마지막 찰나를 슬퍼하고 있는 듯 하였다.

여기는 조선총독이 집무하는 으리으리하고 납덩어리 같은 공기가 숨을 가쁘게 막는 콘크리트 벽으로 에워싸인 엄격한 사각의 공간 그곳은 사형집행관의 차디찬 얼음판이다.

"경무국장! 그만 명령을 내리지!"

"하잇!"

경시 이하 칼을 덜컥거리며 재빨리들 모여든 <조선총독부> 산하의 경찰들이 죄다 모이자 경찰국장은,

"제군! 귀관들은 천황폐하의 충성스런 부하로서 조선의 불령

선인들을 체포하는 데 온갖 힘을 다 써야 할 것이다. 한놈두 놓쳐서는 안된다. 알겠나!"

"하잇!"

"우선 구와다桑田 경시는 부하 5명을 인솔하고 평양 대보산으로 직행해서 괴수 안창호를 붙잡아 오고 경기도 경찰부의 경부들은 이사장 주요한을 올가매 와라!"

"하잇!"

옆에 칼을 차고 검정 제복을 입은 수십 명의 죽음의 사자들은 먹이의 냄새를 맡으려고 사냥꾼들인양 쫓아나갔다. 날벼락이 떨어졌다. 경기도 경찰국과 종로경찰서 고등계 형사대가 대거 들이 닥쳤던 것이다. 주요한을 비롯해서 마침 상경한 이광수와 김윤경, 신윤국申允國 등의 집은 가택 수색 당하고 간부들은 전원 연행됐다. 그러나 이사장 주요한은 직책상,

"아니 무슨 일이요?"

강력하게 항의하지 않을 수 없었다.

"본서에 가서 어째 붙잡혀 왔는지 물어봐도 늦지 않소!"

형사들의 서슬이 너무 퍼래서 도무지 말을 붙일 수가 없었다. 대보산의 송태산장 호각소리도 요란하게 전 산을 울리자 가까스로 잠을 청해 눈을 붙이려던 도산 안창호는 구둣발로 뛰어든 저승사자 같은 그 지긋지긋한 왜의 순사복을 보자,

'아아! 이제 끝이로구나!'

도산은 마음 속으로 중얼거리고 순순히 왜의 경찰관 가운데

서 우두머린 듯한 자에게 마지막 부탁을 하였다.

"여봐요 내 이제 이 산장을 떠나문 다시는 오지 못할 것 같으니 나를 위해 이 외로운 산속까지 찾아와서 나무를 심어준 동지덜의 숨결에 작별이나 하구 가두룩 해주시구려!"

"그러시오! 나무들두 섭섭할 거요! 흐흐흐……."

이때 경기도 경찰부 종로서에 붙들려간 <동우회> 회원들은 도산 안창호를 비롯해서 전국에서 150명 가량이었고, 아마 일본 군국주의가 조선인에 가한 고문으로서는 최후로 잔학했을 것이다. 105인 사건을 조작하려고 했을 때와 비슷했을 것인데 그 두 사건이 모두 도산과 깊은 관련이 있었으니 그것만 보아도 도산이 일본 관헌에게 어느 정도 아낌-반일 중범자-과 미움을 받고 있었는가를 짐작할 수 있다. 일본 정부 당국으로서는 도산 안창호를 무슨 수를 써서라도 일본의 동양 침략과 세계지배 야욕에 협력시키려고 갖은 수단을 썼다. 한번은 총독부의 어느 고관이 도산에게 은근히,

"도산 선생! 조선의 독립이 가능하다고 생각하는가?"

"대한은 틀림없이 독립한다!"

"무엇으루 그걸 믿는가!"

"대한 민족 전체가 대한의 독립을 믿으니 대한이 독립할 것이오. 세계의 공의가 대한의 독립을 원하니 독립할 것이오. 무엇보다두 하느님이 대한의 독립을 명하니 대한은 반다시 독립할 것이다."

"그대는 일본의 실력을 모르는가!"

도산은 지체 없이 대답한다.

"나는 일본의 실력을 너무 잘 안다. 지금 아시아에서 가장 강력한 무력을 가진 나라다! 그래서 힘이 약한 우리 대한이나 대만이나 중국의 동삼성인 만주를 집어 삼켰디."

"그건……."

"와 변명 좀 해 보시디!"

"……."

한참 동안 도산은 그 일본 고관을 노려 보다가,

"만일 일본이 그 무력 만큼이나 도덕력을 가지구 있었다문 동양의 맹주루 추앙을 받았을 것이다. 유감스럽게두 그렇딜 못했디만! 정말 유감스럽다. 나는 진정으루 일본이 망하는 것을 원치 않는다. 오히려 일본의 지도자들이 하느님의 사랑을 깨닫고 좋은 나라가 되기를 바랄 뿐이다."

"그 좋은 나라란 어떡허면 되나?"

"하느님을 믿으문 된다. 하느님의 사랑 속에 성경에 용서의 덕이 자세하게 적혀 있다. 너희들의 귀신 딱지 그 신사당을 때려 부수고 그리스도의 교회당을 많이 짓두룩!"

"칙쇼-짐승같은 소리 말라-"

도산은 숨이 가쁜 듯 잠깐 숨을 돌리고,

"이웃인 우리 대한을 짓밟지 말고 오히려 돕고 지도하는 것이 일본의 국익에도 도움이 됐을 것이다. 그래두 그렇게 생각하지 않는가! 한 품은 이 민족을 강제루 일본인으로 만들려구 하는 것보다 이웃 국민으루 놓아 두어서 도움을 받는 것이 일본의 득이 되지 않았겠나? 대한의 독립을 주장하는 것은 동양의 평화와 일본의 복리까지두 위하는 거다. 알겠나?"

그리고서는 입을 다물고 일체 말을 하려고 들지 않았다. 마치 벙어리가 된 것처럼!

하여튼 <동우회> 사건으로 1937년 6월 6일 새벽 4시 최후로 민족주의 지사들인 주요한, 이광수, 이윤재, 김윤경, 박현환, 신윤국 등 10여 명을 비롯해서 전국에서 150여 명이란 쫄쫄한 지사들이 검거 당했던 것이다. 갖은 고문을 다 했어도 도시 없는 사실을 억지로 만들어 실토할 수는 없고 그래서 인원이 많은데다 형편 없는 고문을 해도 애당초 민족주의자들을 혼내 주려고 꾸민 연극이었으니까 죄는 없었다. 그리하여 2년여 뒤인 1939년 12월 6일에 경성지방법원 가메야釜屋一 판사는 전원 무죄를 선고했던 것이다.

"피고 이광수, 주요한, 김윤경, 박현환, 김동원, 김성업, 김병연, 조병옥, 이용설, 송창근, 최능진, 정인과, 장리욱, 유기준, 신윤국, 이윤재, 김항복, 오정수 등을 무죄로 처한다."

피의자의 친척들로 채워졌던 방청석은 환희의 물결로 휩싸였다. 법정 안이라 박수는 칠 수 없었지만 그 이상의 기쁨과 안도의 홍수에 넘쳤다. 모르는 사람이라도 좋았다. 서로 얼싸안고 엉엉 울었다. 그동안 피의자들의 가족은 어두운 그림자에 가려 기쁜 일이 있어도 크게 소리내어 웃질 못했다. 누가 잡혀 들어가 있는데 뭐가 좋아서 저렇게 웃고 까불지! 그런 손가락질을 당할 것 같아서 말이다. 이제는 활짝 웃을 수 있다. 해방된 것이다. 그러나 어둠은 또 머리를 굴린다.

"흥! 엿장수 마음대루!"

어둠은 이번에는 검사의 귀에 들어간다.

"아니 그냥 보구만 있을 작정이요? 이왕 떼려 잡을라구 했음은 끝까지 해 봐야지! 즉각 상골 하시오!"

검사는 정신이 번쩍 든다. 천천히 법정 한가운데로 걸어 나오며,

"재판장! 나 이 사건을 담당한 후지무라藤村 검사는 불복 상고요!"

<수양동우회>와 <흥사단>

방청석은 또 술렁거린다. 일본 관변측에서 사건을 조작한 이상 무죄 판결로는 나라의 체면이 서지 않는다. 그야말로 전혀 없는 사실을 억지로 꾸민 것으로 밝혀질 것이기 때문이다. 체면이 아니다. 동양은 명분의 사회니까! 어떤 구실이라도 만들어야지!

"그렇지 귀에 걸면 귀거리 코에 걸면 코거리가 아닌가! <동우회>에 모인 사람들이 모두 철저한 민족주의자들이니까. <동우회>를 독립운동 조직으로 몰아야지! 나 자신 생각으루두 기막히는 착상인데! 흐흐흐……."

우선 <흥사단> 약법을 준비시켰다. 면밀히 읽어 보았다. 한참 읽어 내려가다가 무릎을 탁쳤다.

"그러문 그렇지 이 대목 우리 민족 전도대업의 기초를 준비함. 으응! 바로 이거야. 이젠 <동우회>가 <흥사단>의 후신이라는 걸 밝히문 되는 거야! 그건 아주 쉽지."

이때 주요한은 여러 날 전에 조선인으루 목구멍이 포도청이라 할 수 없이 일본놈 밑에서 형사질을 해먹는 그래도 민족적 양심은 있어서 은근히 귀띔해 주던 일 곧 <동우회>는 일찌감치 해산하는 것이 좋겠다는 충고가 생각났던 것이다. 때는 이미 늦었다. 종로경찰서 고등계 주임 미와 경부의 날카로운 추궁은 예리한 칼날 같았다. 주요한 이사장의 가슴속 깊은 은밀한 곳에 숨겨 놓은 보석도 들춰 내고야 말려는 눈초리였다.

"주 이사장! 일쯔기 그대들의 수령인 도산 안창호는 꿈에서라두 거짓말을 해선 안된다구 한 줄 아는데 그 수제자의 한 사람인 주요한 이사장이 거짓말은 안 하겠지!"

이제 빼도 박도 못하게 되었다. 사실 왜적과 싸우는 마당에 있어서 일시방편으로 거짓을 진술한다고 해서 크게 잘못된다고는 여기지 않는다. 항일의 방법이니까!

"어때 주 이사장! <동우회>의 모든 회원이 <흥사단> 원동위원회의 단우들 아냐? 그래두 <동우회>가 <흥사단>과 아무 연관성이 없다구 고집부릴 수 있어?"

주요한은 난처했다. 대답을 하자니 도산의 철학을 전면적으로 배반하게 되고 시인하자니 수많은 동지를 파는 격이 되고 그야말로 진퇴양난의 막다른 골목에서 이러지도 저러지도 못하는 속된 말로 스승을 따르자니 사랑이 울고 사랑을 따르자니 스승이 운다는 격이다.

'에잇! 차라리 죽어 버릴까?'

독사와 견주어도 조금도 나무랄 데가 없는 그 옛날 월남 이상재도 괴롭혔던 종로경찰서 고등계 주임으로 국내외의 애국적인 항일 지사들은 이름만 들어도 벌벌 떨게 했던 그 악명 높은 미와 경부가 비수를 옆구리에 들이댄다. 본디 문화인들은 권력에 약한 창녀와 같다고도 했다. 더욱이 심약한 시인이기도 한 주요한은 얼마나 버틸 것인가!

"주요한 씨 당신은 대학까지 나온 지성인으로서 게다가 문학을 연구한 문화인으로서 또 도산이 평소에 거짓말을 가장 싫어한다고 듣고 있는데 그 수제자로 사실을 진술하리라 믿고 있소! 아니 그러하오? 우선 <동우회>가 <흥사단>을 교묘하게 빛깔을 바꾼 동전의 앞뒤임이 틀림없지? 중국 상해에서 <흥사단>을 함께 조직했으니 알 수 있을 게 아냐? 사실대루 실토 하시지! 그러면 당신만은 특별히 봐 줄 수두 있어!"

"……."

주요한은 그 고등계 주임의 꿰뚫는 추궁을 속일 수 없다고 판단하여 대답을 하지 않기로 아예 입을 다물었다. 요새로 말하면 묵비권이다. 그러자 미와는 혼자 퍼부어댔다.

"<흥사단>의 약법에 [우리 민족 전도대업의 기초를 준비함]이라구 했는데두 그래 아직두 <동우회>가 독립운동의 조직이 아니라구 우길텐가?"

주요한은 말꼬리를 잡고 늘어졌다.

"<흥사단>과 <동우회>는 전혀 다른 단체니까 당신두 알다시피 우리 <동우회>는 <조선총독부>에서 정식 허가한 순수 인격 수양단체요. 알지 않소!"

"그러면 <흥사단> 입단가에 [조상나라 빛내려고] 운운하고 [모국아 걱정마라] 하는 대목이 있는데 그래두 조선독립을 말하는 것이 아니란 말인가!"

미와는 <동우회>가 <흥사단>과 일신동체의 동전의 앞면과 뒷면이라고 아주 단정한 태도였다. 결국 모두가 <동우회>가 <흥사단>의 연장선상에 있는 모임이 아니라고 우겨대는 바람에 종로경찰서와 경기도 경찰부는 수사의 벽에 부딪쳐 경찰부장과 미와 경부가 머리를 맞대고 혹심한 고문을 가하기로 결정했다. 그 전에 마지막으로 스스로 자백할 기회를 주었다. 미와 경부는 <동우회> 회원들을 모아 놓고,

"<동우회>가 <흥사단>과 동일 조직이라는 걸 잘 알고 있지만 우리 일본 경찰은 강요에 의해 조작했다는 오해를 사지 않기 위해 여러분의 자발적인 자백을 듣고자 하오. 이제 뒤에 방이 하나 마련돼 있으니 여러분들 끼리만 모여서 의논들을 하시오!"

<동우회> 회원들은 최종적인 결정권을 가진 도산이 오는 것을 기다려 우선 경찰들이 도청이나 하지 않는가 하고 방안 구석구석을 샅샅히 살펴 보았다. 별로 수상한 데는 없는 것 같았다. 이사장 주요한의 사회로 회의가 진행되었다. 아무도 <동우회>

가 <흥사단>의 후신이라는 걸 실토하지 말자고 만장일치로 합의하였다. 마침내 주요한이 회를 대표해서 토의한 결과를 알렸다. 종로경찰서의 어떤 간부가 도산에게 전에 없이 다정스럽게 다가와서,

"안창호 씨! 이건 그냥 참고루 물어 보는 건데 그때 송태산장에 찾아와서 기념으루 나무를 심구 갔다구 하는데 그 열성적인 분들이 누구누구인지 좀 알 수가 없소?"

"와?"

"아니 그저 참고루……."

"안되오!"

딱잘라 말하고서,

"그 양반덜을 괴롭힐라구!"

"아니오. 그런 일은 절대로 있을 수 없소!"

"흥 당신은 안 그럴지 모르지만 당신의 후임자가 그럴 수두 있으니까니 절대루 알으켜 줄 수가 없소!"

"그럼 별 수 없지요!"

또 한 번은 젊은 동지들을 너무 괴롭혀서,

"만일 다시 그런 짓을 하문 내 한마디두 하디 않을테니 그렇게들 아슈!"

그리고 책임자인 주요한이 <동우회>가 <흥사단>과 절대루 연관이 없다고 회원일동의 뜻이라구 알리자 경기도 경찰부장과 미와 경부는 더 이상 기다릴 수 없다고 생각했는지 그 다음

에 가장 추운 날 아침에 전원을 실오라기 한올도 걸치지 못하게 하고 찬물을 끼얹었다. 가뜩이나 살이 여이는 듯한 황소 바람이 흐느끼는 유치장 마루바닥에서 떨면서 밤을 지새던 죄 없는 죄인들인 피의자들은 발을 동동 굴리며 아우성이었다. 더욱이 위장이 나빠 병약해서 뼈다귀에 가죽만 씌워 놓은 것 같은 도산 안창호는 죽을 지경이었으나 지도자로서의 위엄을 지키고 있어 발가벗은 몸으로 정좌하고 일체 흔들림이 없었다. 그런가 하면 안창호에 대한 감언이설의 유혹은 끊이지 않았다. 물론 어둠이 한 몫한다. 기어코 도산을 잡아 먹고야 말겠다는 각오가 대단했다. 그때마다 도산은 유일한 후원자인 하느님께 매달렸다.

"전능하신 하느님! 불쌍한 이 종을 지켜 주시옵소서! 온갖 시험이 사방팔방으로 저를 쑤셔대고 있습니다. 주님께서는 자기를 따르려거든 자기 십자가를 지고 따르라구 하셨습니다. 이제 악독한 왜의 핍박보다 더 이상의 십자가가 또 있겠습니까! 제발 이쯤해서 우리 민족에 대한 고난을 벗겨 주옵소서. 골고다에서 못박혀 돌아가신 주 예수 그리스도의 이름으루 기도드립니다. 아멘!"

모든 무거운 짐을 진 자들은 다 내게로 오라! 겨레라는 나라라는 세상에서 가장 무거운 짐을 진 자기 도산 안창호는 이제 주님의 앞으로 천천히 걸어 나간다.

낙…심…마…오!

유언은 선우훈鮮于燻에게

“박정호朴定鎬 군, 아무래두 춘원 선생을 모셔와야 할 것 같은데…….”

“왜. 그룹게 위독해?”

“아니 그저 그나마 정신이 맑을 때 유언장이라두 남겨 놓아야지 않겠어요?”

“그릏긴 하지! 박정호가 잘 생각했소!”

“정희 여사, 비용문제는 잘 진척되고 있소?”

“미국 동지들이 보내오는 돈두 인제 더 바랄 수 없구, 그나마 경찰서의 눈을 속여서 놓구가는 돈두 한정이 있구…….”

“아 참! 인촌 선생한테 부탁한 건 어드릏게 됐지요?”

"역시 그 분은 대단한 분이셔요. 선뜻 대답하시구 그 이튿날 그 많은 돈을 보내 오셨어요!"

"박홍식 씨두 그 많은 치료비를 지겹지두 않은지 꾸준히 부담하구 계시는데요! 헌데 금강왕이라는 최모 씨는 일본 경찰의 감시가 심하다구 많은 돈을 내는 걸 꺼리구 있소! 허허허……."

"나무랄 것도 없지! 세상이 다 그런거 아뇨?"

"그렇기는 하지만 너무 해!"

도산의 병실 옆에 특별히 감시하기 위해 얻어 놓은 방에서 입원비니 문병오는 손님들을 접대하기 위해 대기하고 있던 도산의 생질로 보성전문에 다니던 김순원과 춘원 이광수에게서 문학공부를 하는 박정호 그리고 도산의 절친한 동지였던 이갑의 딸 이정희 셋이서 불안한 앞날을 걱정하고 또 지난날의 사실을 말하고 있는 가운데 반가운 손님이며 <105인 사건>-신민회-때 가장 혹심한 고문을 당했으며 상해에서 <홍사단>의 단우로 항상 도산을 측근에서 모시고 있던 평안북도 정주의 애국투사 선우훈이 걱정스러운 얼굴로 문을 열고 들어왔다. 물론 모두 반가왔지만 더욱이 이정희는 달려 나가서 손을 맞잡으며,

"어서 오시라요, 선우 장로님!"

마치 수렁속에 빠진 송아지가 구원의 밧줄이 드리워 내리는 것 같은 삶에 희망의 빛줄기 같았다.

"선생님 병세는 좀 어떠시오?"

"예, 저어……."

셋의 대답이 한결 같았다. 신통치가 않았던 것이다. 도산의 용태는 날로날로 아니 시간 시간 나빠져 갔던 것이다. 선우 장로는 속이 급해서 더 묻지도 않고 병실 문을 벌컥 열고 도산이 축 늘어져 있는 침대 옆으로 다가갔다. 선우훈은 말없이 도산의 손을 잡고 한동안 그냥 서 있었다. 도산이 기진한 가운데서도,

"선우 장로. 너무 슬퍼하지 마오……. 언제 왔소?"

도산의 연설에 감명 받고 이인환이 신식 교육기관인 <오산학교>를 세워 <시민회>의 교육 실천 기관으로 자리잡게 되었고 선우훈은 바로 그 남강 이승훈과 같은 정주군의 열렬한 투사로 오랫동안 믿어온 동지인 선우훈이 도산의 병실에 들어서자 꽃이 피어 화분이 이제 뼈를 간신히 덮을 정도로 앙상한 도산이 비웃기나 하듯 현란하게 자태를 자랑하며 테이블 위에 놓여 있고 "하우 헬드 유?(How Held You? 병환이 좀 어떠냐?)"는 아들 안필립Phillp의 문병 전보가 놓여 있을 뿐이었다. 선우훈은 속으로부터 끓어 오르는 비통함과 설움과 안타까움을 어쩌지 못했다. 저절로 그의 가슴을 뚫고 찬송가의 가락이 입밖으로 흘러나왔다.

고통의 멍에 벗으려고
예수께로 나옵니다.
자유와 기쁨 베푸시는
주께로 옵니다.

병든 내 몸이 튼튼하고
빈궁한 삶이 부해지고
죄악을 벗어 버리려고
주께로 옵니다.

낭패와 실망 당한 뒤에
예수께로 나옵니다.
십자가 은혜 받으려고
주께로 옵니다.

슬프던 마음 위로 받고
이 생이 풍파 잔잔하며
영광의 찬송 부르려고
주께로 옵니다.

그러자 어느 먼 곳에서,

"슬퍼하지 마시오……. 아 참! 언제 왔소?"

선우훈은 그것이 바로 옆에 죽음처럼 늘어져 있는 도산의 입에서 흘러 나오는 이 세상 사람의 목소리임을 깨달았다.

"부인과 아이들 모두 잘 있소?"

퍽 숨이 차는 모양이었다. 한참 숨을 고르더니,

"장인 이명룡 장로와 <오산학교>의 조형균 장로 석걸랑 평안하오?"

그러자 선우훈은 지난, 그러니까 나이가 10여 년의 차이가 있었으나 혈맹의 동지인 남강 이승훈이 기다리다 못해서 벌써 저 세상을 간지 6년이나 지난 1936년 10월에 일찍이 향리 오산에서 젊은이들을 가르치던 춘원 이광수의 안내로 경의선의 시골 정거장 고읍에 쓸쓸한 나그네의 걸음을 멈춘 적이 있는 도산을 상기했다.

이때 선우훈은 한 정거장 서쪽인 정주에서 일부러 나와서 가시밭길을 걷고 적의 옥에서 가출옥으로 풀려난 스승이며 위대한 선각자이며 캄캄한 밤 하늘에서 어두운 겨레의 앞날을 밝혀주시던 등불이신 도산 안창호 그 분이 아직 걸어 다닐 수 있는 노구를 끌고 초라한 시골 정거장에서 허전한 발을 내리 디뎠을 때 그렇게 많은 환영객이 몰려들 것을 꺼린 일본 군국주의의 간악한 관헌들은 짝 찢어진 감시의 눈초리로 남강의 사위로 교장 자리에 있던 주기용 조차 마중 나오지를 못하게 하고 간신히 20명의 출영객만 이 위대한 스승을 맞게 했던 것이다. 그래도 그때까지 아직 지금같이 처참한 몰골은 상상할 수 조차 없었다.
다시 대학병원의 병실로 돌아온다.

"나는 근래 심장병이 심한 중에 대전감옥에서 위까지 상한 몸으로 이번에 경성 종로경찰서 유치장에서 삼복염천인데다가 좁은 방에 10여 명씩 처박아 넣었으니 몸이 견딜 수가 있었겠소? 나는 지금 일곱가지 병이 생겼다는 것이오. 게다가 복막염, 피부병 등두 심하기 짝이 없소!"

선우훈은 도산 선생의 그 지친 푸념 간신히 힘을 주어 말을 뱉어 내는 애처로운 참경을 더는 볼 수가 없었다. 아무래도 좀 쉬게 하여야 할 것 같았다. 그러기 위해서는 자기가 빨리 물러가는 수밖에 없었다.

"선생님! 내일 다시 오죠!"

"뭐? 내일 또? 그룹게 쉽게 들어올 수 있겠어?"

그러자 오늘 이렇게 들어오는 데도 고하 송진우의 도움으로 간신히 들어올 수 있었다는 사실에 생각이 미치자 막연해 졌지만 또 어떻게 되겠지 하는 가느다란 희망을 가졌다. 그보다도 우선 도산 선생의 용태가 걱정스러웠던 것이다.

"선우군! 나는 지금 아무 것도 먹지 못하니 기운이 있을 수 없소. 나를 좀 일으켜 주오. 전신에 뼈만 남고 피가 말랐소."

도산의 몸무게는 솜처럼 가벼웠다. 흐느낌이 왈칵 솟구쳤다. 그토록 늠름하고 좋았던 풍채가 말이다. 미남이기도 했는데…….

"어떻소. 말이 아니지! 허지만 나는 죽음에 대한 두려움은 없소!"

선우훈은 상해에서 <흥사단> 원동위원회를 조직하려는 의욕이 철철 넘쳐 흐르던 장년기의 도산을 생각하며 깊은 설움에 빠져 들었다.

단우들의 수양처로……

"선생님! 주님께 기도를 드리지요."

선우훈 장로의 이 간절한 권함을 듣는 순간 도산이 그것이 무엇을 뜻함인 줄 눈치채지 못할 정도로 기운이 지쳐 빠졌던 것은 아니었다. 그렇다고 어른스럽지 못하게 화를 낼만큼 성미가 격해지지도 않았다. 아니 본디 느긋한 성미인 도산은 기독교적 사랑으로 뭉쳐진 그의 성품으로 보아 그만한 일에 화를 내는 인간성은 아니었다.

"그러시지 선우 장로!"

허리를 굽히기가 거북스러웠지만 병실 침대에 구부리고 손을 모았다.

"선생님! 기도를 드리기 전에 선생님이 좋아하시는 찬송가를 한 장 부르지요. 아마 주 하느님 지으신 모든 세계를 좋아하셨지요?"

"어드릏게 잘 알지."

"도산 선생님에 관해서는 귀신이 다 됐는 걸요! 그럼 제가 먼저……

주 하느님 지으신 모든 세계 내 마음 속에 그리어 볼 때
하늘의 별 울려 퍼지는 뇌성 주님의 권능 우주에 찼네
주님의 높고 위대하심은 내 영혼이 찬양하네
주님의 높고 위대하심은 내 영혼이 찬양하네"

도산의 목소리가 점점 가라앉는다. 선우훈이 재빨리 눈치를 채고,

"선생님! 이제 그만하고 기도를 드리시지요!"

"그럴까?"

"예! 다음에 뵈올 때 2절, 3절은 마자 부르지요! 기도 드리겠어요."

그는 꿇어 엎드려 기도를 드린다.

"전지 전능하신 하느님 아버지! 어쩌시렵니까? 이 위대하신 스승님을 버리시렵니까? 이 나라는 아직도 캄캄한 밤이옵니다. 밝혀 주실 유일한 등불이신 도산 선생님을 불러 가시렵니까? 아무리 하늘 나라의 일이 급하다손 치더라도 선생님은 이 땅에서 하실 일이 아직 많으십니다. 나라를 구하셔야 합니다. 주님께서는 먼저 그 의와 그 나라를 구하라고 하셨습니다. 지금 도산 선생님이 안 계시면 도저히 진흙 속에서 허덕이는 우리나라가 건져지질 못합니다. 그런데 아직 일을 끝마치기도 전에 데려가시렵니까? 굽어 살피소서!"

"선우 군! 나는 죽음에 두려움이 없소!"

도산의 말에는 태산같은 힘이 실려 있었다.

선우훈은 자기 가슴 속에 가느다랗게 싹트고 있는 하나의 의구가 들키지 않나 한 것처럼 뜨끔했다. 당황해서 부인했다.

"아닙니다. 결코 선생님이 어떻게 되신다는 것은 아니었습니다. 허허허……."

멋쩍게 웃기까지 했다.

"아니요. 군이 그렇게 생각하는 것두 당연하지. 사실 나는 지금 온갖 힘을 끌어 올려서 유언을 하는 거니까니……."

"예에? 별 말씀을 선생님은 아직 여러 날 살아 계실 수 있는데요!"

"아니오. 나는 인제 죽지만 내 사랑하는 동포들이 그렇게 많은 괴로움을 당하니 미안하구 마음이 아프오!"

자기가 지금 막 숨이 끊어지려고 하는 찰나에도 오로지 겨레 걱정을 하는 것이었다. 선우훈은 눈시울이 뜨거워 올라오는 것을 참을 수가 없었다. 이 분은 과연 자기 한 몸 보다도 더 민족을 사랑하고 있구나! 과연 겨레의 큰 스승답구나! 새삼 고개가 깊이 숙여졌다.

"우리 동지들이 지금 왜의 감옥에 묶여 있어서 정치적으로 아무 일두 못하구 있으니까니 누구누구 자본이 있는 사람들을 중심해서 경제적으루 실력 준비를 해주두룩 해야 갔는데……."

"제가 애써 보디요!"

"그래 주시갔소?"

"예!"

하지만 선우훈은 막막했다. 실업에는 과히 자신이 있었던 것은 아니었다. 다만 이인환이 조선의 무역계를 좌우할 때 거들었을 뿐으로 큰 장사의 요령은 터득하지 못했었다. 또 부호로 이름난 인촌 김성수와는 정치적인 동지로만 사귀었을 뿐 경제적으로 관계를 맺은 적은 거의 없었다. 도산의 간절한 바람을 물리칠 수 없었기 때문에 장담했을 뿐이었다. 도산은 말머리를 돌렸다. 그동안 수양하고 있던 평양 가까이에 있는 대보산이 걱정스러웠던 모양이었다.

"대보산 알디요?"

"오랫동안 요양하고 계시지 않았어요?"

"산장 건물은 그리 좋지 않지만 주위에 심은 나무들이 귀한 것이 제법 있소. 더욱이 동지들이 나를 기념하기 위해 심은 것 가운데는 한그루에 300원이나 하는 값비싼 것이 있으니 잘 보호하기를 바라오."

숨이 찬 모양이었다. 한동안 숨을 몰아 쉬다가 푸우-하고 내쉬고 다시,

"그리구 산장 앞에 만든 운동장은 과히 크지 않지만 돌을 내 손으로 직접 옮겨가며 고른 것이니 나무만 자라면 여름 한때 단우들 수양하는 처소가 될 것이오……. 허허허."

도산의 근력은 이제 한도에 다달았다.

"아 참! 내가 죽은 뒤에 나를 내가 평소에 아들같이 여기던 유상규 군 곁에 묻어 주구려!"

더는 말을 이을 기력이 없었던 것이다. 기진한 것이다. 결국 이것이 도산 안창호의 공식적인 유언이 된 것이다.

처절한 순국殉國

이정희는 헐레벌떡 경성대학 대학병원 도산 안창호의 입원실 안내문을 박차고 들어섰다.

"김 선생! 선생님은 아직……."

1938년 3월 10일 하오 7시 경이었다. 안내실에서 함께 도산의 문병객들을 맞아 안내하고 있던 도산의 절친한 친구이며 동지인 추정 이갑의 딸인 이정희는 도산이 위독하다는 도산의 생질 김수원의 전화 연락을 받고 수송동壽松洞 집을 뛰쳐나와 그 당시로서는 드물게 다니는 택시를 잡아탔다.

"아저씨! 대학병원으루 빨리 좀 가주세요!"

"예! 금방입니다."

그런데 그게 아니었다. 전쟁 중이라 등화관제가 심해서 또 경관들이 골목마다 검문이 심해서 엎드리면 코가 닿을 만한 거리인데도 근 40분이나 걸렸다. 안내실에 들어가자 김순원과 박정호는 심각한 얼굴들이었다. 허나 도산이 아직은 숨을 쉬고 있는 듯 하였다.

도산은 눈을 감고 있었다. 이정희는 옆으로 다가갔다. 아무런 반응이 없었다. 그러나 듣기는 하는 모양이었다.

"정희 왔습니다!"

도산의 눈에서 두줄기 눈물이 주루룩 흘러 내렸다. 곧 당직 의사가 오고 김순원, 박정호 등이 가까이 둘러섰다.

사랑의 깃발을 높이 쳐들고 앞장 서서 용감하게 진군하던 선봉장이 이제 깃발을 거두려 하고 있다. 너무 차겁고 무거운 기운이 내려 누루고 있다. 방안에는 납덩이가 무겁게 내려 덮고 있었다. 물론 어디에서인지 벽시계 바늘이 똑딱똑딱 가는 소리가 들려오고 소쩍새가 접동 접동 울었다. 12시가 되었다. 시계 치는 소리가 끊어지자 도산의 숨도 끊어졌다.

도산은 1878년 11월 9일 평안남도 강서구 초리면 7리 봉상도 鳳翔島-흔히 도룡섬이라고 부른 작은 섬-에서 태어나서 59년 4개월을 마감하는 찰나였다. 파란중첩한 세월을 암흑의 질곡 속에 허덕이는 인민들을 건져 내려는 극동의 은자의 나라의 큰 별. 어둠을 가르고 빛의 잔칫상을 차려 놓으려던 망망한 바다 한 가운데 솟은 섬의 뫼뿌리 도산 안창호는 마침내 본향 하늘나라로 가고야 말았다.

타고난 웅변의 천재로 은쟁반에 옥구슬을 굴리는 듯한 영롱한 목소리도 아니면서 사람의 가슴을 뚫는 비수같은 날카로움도 없으면서 그렇다고 미사여구의 진수성찬 잔칫상을 차려 놓는 것도 아닌데 청중들은 그 자리에서 감동하고 가슴으로부터 터져 나오는 홍분의 만세 소리를 외치게 하는 천성의 웅변가였던 그도 나이와 병균에는 곧 죽음의 발걸음에는 어찌할 수 없는가 보다.

나정蘿井-아마 일본인 형리인듯-이 목격한 바에 의하면 도산이 운명하기 23일 전에 측근의 한 사람이 도산이 그렇게 먹고 싶어하는 호배추 김치와 배를 가지고 병실을 찾아와서 잡수게 하려고 했다.

도산이 어찌나 고마워했는지 모른다. 도산은 허둥지둥 그 김치 그릇을 빼앗다시피 먹여 줄 것을 간절히 바랬다. 가져온 그 단우도 김치 국물을 떠서 도산의 입에 넣어 드렸으나 마시려고 무척 애를 쓰다가 삼키지 못하고 오랜 시간이 지난 뒤에야 겨우 조금 삼킬 수가 있었다. 그 투쟁은 지난날 왜적과의 싸움 곧 항일투쟁을 방불케 했다.

“기누이상 난또까 나리마생까?-어떻게 하실 수 없습니까?-”

옆에서 보던 일본인 기누이마저 안타깝게 했을 정도였다고 한다. 도산이 마침내 더 마실 것을 단념하고 고개를 흔들었다. 간신히,

“낙…심…마…오.”

물론 도산이 더는 말을 할 기운이 없었다.

이 낙. 심. 마. 오라는 유언이라 할 도산이 간신히 내뱉은 말에는 여러 가지 뜻을 함축하고 있다고 『안도산전서』의 작자 주요한은 풀이하고 있다.

우선 그 김치 국물을 더 마실 수가 없으니 일부러 구해 가지고 온 S씨에게 미안하다는 뜻으로 그랬을 것이라고 하는데 그건 좀 어울리지 않는 것 같고, 그보다도 도산 자기가 너무 일찍 떠난다고 낙심말라 곧 도산이 예언하듯 일본은 이 전쟁으로 틀림없이 망할터이니 그래서 결코 낙심말라는 뜻이고 그 혹심한 탄압도 곧 풀리고 자유를 마음껏 누릴 것이니 낙심말라는 뜻일 것이다.

그리고 선우훈은,

“장성심이 선생님 병을 잘 아시니까 그를 청해다가 병을 보

살피게 하시면 좋을 터인데요!"

김수원이 풀 죽은 듯 대답했다.

"그 분두 체포령이 내려 어디 숨어 있는지 모릅니다!"

"그렇군요! 그건 그렇구 입원비가 상당할 터인데 어떻게 감당하지요?"

"매일 80원씩이라는데 그것두 매 10일 만에 한 번씩 청산을 해야 한다는데 돈 있는 가까운 사람들은 모두 갇혔구……. 중앙호텔 김병찬 장로가 도산의 뒤를 돌보아 주고 있었다고 했습니다. 헌데 그 돈이 언제까지 이어지겠소? 곧 바닥이 날터이니 참 걱정이오!"

환자가 입원비 걱정까지 하게 됐으니 안타까운 일이었다. 그래서 아예 퇴원을 해서 어떤 사가를 빌려 요양하는 것이 어떠냐는 의견도 나왔으나 면회도 일체 허락하지 않는 판에 그건 언감생심이었다. 어느 누가 아드님으로부터 전보가 왔더라고 하니까,

"만일 그 애가 부산에 도착하는 즉시 체포될 터인데……. 그 대신 여유가 있으문 돈을 좀 보내주라고 하게!"

하면서 눈을 감더란 것이었다.

그 전에 경성 종로경찰서의 고등계 주임은 도산을 문병 온 고당 조만식더러,

"조만식 씨, 물론 그러지 않으리라 믿소만 안창호의 입원비를 조금이라두 보태주문 좋지 않다는 걸 엄숙히 경고하오!"

"예? 그건 또 무슨 소리요? 안되오! 그럼 내가 먹구 살면서

그 선생을 돌보디 않을 수 없소! 절대 그룹게는 못하겠소. 내가 만일 굶는다문 그 선생님은 나를 멕여 살릴거니까!"

조만식의 결심은 단호했다. 고당은 일본경찰의 협박 같은 것은 조금도 두려워하지 않았다. 그는 그런 무쇠 같은 의지의 인격을 가지고 있었다.

다시 도산의 병실로 돌아오자.

세기적인 사상범으로 피의자 신분으로 감옥에 갇혀 있어야 할 범법자가 다만 병약하기 때문에 병실에서 치료를 받고 있는 도산에게는 어울리지 않는 너무나 화려한 화분이 덩그렁하니 방 한구석에 놓여 자랑스럽게 뽐내고 있었다. 그때까지도 도산의 병실을 서성대던 선우훈이 그 화분에 눈길을 주고 있자 도산은 아주 미묘한 상반된 감정의 갈등을 고마워함과 미움의 솟구침을 억누름 속에서 갈팡질팡하는 눈치를 감추려는 애씀이 엿보이는 말투로,

"아 그 화분말이오? 그 악질 고등계 주임으로 수많은 우리 독립투사들을 괴롭혔던 그 악명 높은 미와 경부를 아시지! 그 자가 몇해 전에 나를 괴롭혔던 게 미안했던지 경시警視루 승격해서 함경남도 경찰국장으로 영전한 모양인데 내 병이 침중하다는 말을 전해 듣구 그 화분을 가지고 왔었소. 그리구 그 부인은 내 혈액형과 자기 혈액형이 같다면서 수혈을 해 준다고 의사까지 데리구 왔었소. 아무리 원수지만 원수를 사랑하라는 내가 믿는 예수님의 정신을 본받아 눈시울이 뜨거워졌었소!"

"그렇습니다. 미와 경시도 도산 선생님이 인간적으로 미워서 그랬을 리가 없지요. 그저 그도 자기 나라에 충성을 다 하려니까 그랬을 뿐이겠지요!"

선우훈은 한동안 머뭇거리다가,

"선생님. 그럼 전 그만 가보겠습니다. 내일 다시 또 옵지요! 뭐 드시구 싶은 게 없는지요?"

"고맙소! 나는 아무 것도 먹을 수 없소. 굳이 그러시다면……. 왜 저 순안順安 안식교가 빚는 포도즙은 진짜라는데 안국동 남계양행南界洋行에 가서 그릇 채로 사가지고 오문 한 번 먹어 보두룩 시험해 보겠소. 헌데 미안해서 어쩌나?"

"원 별 말씀을 그럼 내일 또……."

선우훈은 그 길로 포도즙을 사서 이튿날 여관을 나서다가 일본 경찰에게 체포되어 유치장으로 붙들려 갔다.

다음은 도산이 위독하다는 연락을 받은 이정희의 문제로 돌아간다. 물론 도산이 그 고통중에서도,

"목인睦仁-일본의 명치천황明治天皇의 이름-아, 목인아. 네가 큰 죄를 지었구나!"

창자를 끊는 듯한 쇠를 자르는 부르짖음이었다.

도산! 그는 갔다. 일본의 교묘한 학정이 이 위대한 선각자이며 민족의 큰 스승이며 이상주의자를 죽인 것이다. 사람은 저 세상에 가면 관용을 베푼다고 하는데 간악한 일본 군국주의자들은 죽음에 매질을 했던 것이다. 수의壽衣를 만들 천을 박홍식

이 보내서 당주동唐珠洞에 있는 동우회 간부의 집에서 지으려고 했으나 일본 경찰의 간섭과 협박으로 그럴 수가 없었고 여류지사로 이름을 떨치던 유영준劉英俊 여사가 자진하여 자기 집으로 가져다가 몇몇 부인들과 지었고 묘소는 도산의 조카 사위되는 김봉성金鳳性이 자기 아버지를 위해 잡아 두었던 망우리에 모시기로 하였다. 다행스럽게도 도산이 유언한 유상규 군의 묘소 바로 아래쪽이었다.

일본 관헌 당국은 회장자를 20명으로 제한해서 혈육으로 형인 안치호安致浩와 누이 동생 신호 그리고 조카딸 맥결과 <흥사단> 동지들은 감옥에 갇혀 있어서 오지 못하고 조만식 장로와 오윤선-유명한 영화인 오영진의 부친-장로, 김지간 등이 간신히 참례했을 뿐이었다.

한편 며칠 뒤에 평양의 오윤선 장로의 집에 고당 조만식을 비롯해서 산정현교회의 유력한 장로님들과 도산을 기리던 민족진영 지도자들이 모여 도산 이후의 민족진영의 항일투쟁에 대해 논의했다.

"이제 위대한 지도자를 또 한 분 뺏겼으니 슬프기는 하지만 정신을 바싹 차려야갔소!"

"물론이디!"

우선 집주인 오윤선 장로가 맞장구를 쳤다. 고당 조만식 장로, 유계준 장로를 비롯해서 평양의 지도급 인사들은 침울한 가운데서도 비장한 뜻들에 숨겨 놓은 칼을 다시 한 번 번쩍 들었다.

도산공원島山公園

진정한 영광은 죽은 뒤에

1972년 8월 28일에 <도산기념사업회>가 다시 발족하였다. 도산 안창호 선생의 <남을 사랑 나를 사랑 나라 사랑>의 얼을 기리기 위해 서울의 강남에 <도산공원>을 만들고 그 곳에 그 동안 망우리에 쓸쓸히 누워 계시던 도산 선생의 유해를 새로 만든 강남의 도산공원으로 천장-유해를 다른 곳으로 옮기는 작업-하기로 결정하였다.

마침 오랫동안 낯선 이국 하늘 아래서 고생 고생하며 도산 선생을 뒷바라지 하던 조강지처인 이혜련 여사의 시신도 같이 모시게 되어 다행(?)이었다.

1973년 11월 10일 상오 10시 30분 <도산 선생 이장위원회>가

주재하는 이장식은 조악에 이어

한경직韓景職 목사의 기도

정일권丁一權-국회의장-위원장의 식사

박경원朴敬遠-내무장관-집행위원장의 약력보고

김종필金鍾泌 국무총리와 백낙준白樂濬 연세대 총장의 조사

유족대표와 3부 요인 및 정당 사회단체대표 독립운동가 대표 미주대표의 헌화

경신儆新 정신貞信 두 남녀 고등학교 연합합창단의 도산 추도의 노래 합창의 추모가는 주요한 작시 김대현 작곡이다.

(지은이: 박정희 군정 하에서의 행사였기 때문에 군사정권의 관리들의 주관으로 행사가 치루어졌던 것이다.)

도산 추도의 노래

주요한 시 김대현 작곡

동해물이 푸르른 채
어이 두고 가셨나요
백두산은 솟아 있는데
어이 아니 계신가요
가을 하늘 공활한데
임의 생각 간절하고
일편단심 나라 사랑
귀에 쟁쟁하옵니다.

남산 우에 저 송백도
임을 그려 눈물지리
밝고 밝은 저 달 빛도
임 무덤에 비취오리

간다 간다 나는 간다
너를 두고 나는 간다
그 노래를 부를 제는
오실 날을 바랬더니
오랑캐는 왕성하고
나라 일은 험난한데
꼭 계셔야 하실 임이
어이 가고 없나이까
시베리아 만주 들과
태평양의 거센 물결
헤매시던 임의 모습
눈에 암암 하옵니다

임이 손수 가꾸던 꽃
다시 피다 하옵거늘
이 강산과 이 민족을
어이 두고 가셨나요

무실역행 깃발 밑에
늠름하게 모여 들라
가르치신 임의 말씀
뼈에 사겨 지키리다
맘을 매고 힘을 모아
죽더라도 변치 말라
남기신 뜻 받들기로
다시 맹세 하옵니다

[전하는 바에 의하면 이 <추도의 노래>는 1954년 2월 2일에 이미 작곡이 되어 있었지만 1968년에 가사를 붙인 것으로 알려졌다.]

추도식이 끝나자 도산의 맏아들인 필립泌立 안Philip Ahn의 인사에 이어 조악이 울려 퍼지는 가운데 운구위원들이 도산 선생과 이혜련 여사의 유해를 하관식 절차에 따라 관을 묻었고, 유족과 각계 인사들의 헌토獻土가 있은 다음 의장대의 조총소리가 강남 전역 아니 전 서울을 슬픔의 도가니로 감싸는 가운데 일동 묵념으로 이장식은 엄수됐다. 물론 대인은 하늘나라에서 항상 앙모하던 주님의 품속에서 영원한 화평을 누리고 계시겠지만! 여느 국가 원수의 국장 못지 않은, 사실 국가의 모든 어른이 슬픔의 넋을 모아 드린 거룩하기 짝이 없는 이장식이었다. 두 분의 영혼은 본향인 하늘나라에서 천군 천사의 영접을 받으면서 승리의 씩씩한 발걸음을 내디딘 것이었다.

기념비의 명문은 안병욱安秉煜 교수가 짓고 원곡은 김기승原谷 金基昇 교수가 썼다.

도산 안창호-1878～1938-는 일제의 침략에서 민족의 자주와 독립을 쟁취하기 위하여 60 평생을 구국 운동에 바친 위대한 애국자. 한국 민족을 인류의 모범이 되는 민족으로 완성하기 위하여 부단한 자아 혁신과 국민의 품격향상을 힘쓴 민중 교화의 교육자. 무실 역행과 인격 혁명과 대공주의의 사상으로 민족의 지표와 역사의 진로를 밝힌 탁월한 사상가. 이상촌 건립과 사회 개혁과 산업 건설로 백년대계의 경륜을 보여 준 훌륭한 선각자. 진실과 사랑의 실천으로 위대한 인격을 갈고 닦아 국민의 사표가 된 뛰어난 지도자. 그는 겨레의 등불이요 나라의 자랑이다.

1973년 11월 19일
도산 안창호 선생 기념사업회

박홍식 헌납朴興植 獻納
김경승 조각金景承 彫刻
안병욱 명문安秉煜 銘文
김기승 서金基昇 書

춘원이 부탁

“소전! 이건 내가 돌아가신 도산 선생을 위해 정성을 다해 지은 글이니 잘 간직했다가 비석을 세울 때 꼭 새겨 넣두록 부탁합니다.”

“걱정마소 내 무슨 일이 있어두 춘원의 도산에 대한 존경과 사랑을 잘 알고 있으니 걱정말랑께로!”

“내 『도산전기』는 증보판을 냈으니 이제 나 할 도리는 다 한 것 같소! 홀가분하게 저 세상으로 갈 수 있겠군!”

소전이 깜짝 놀래면서,

“아니! 남새스롭게 그런 말을 하시오?”

“아니 그저 마음 한구석에 늘 무거운 짐처럼 여겨졌던 게 하나 해결이 됐으니까 이제 안심이란 말이지!”

“하여튼 내 그 원고는 소중히 간직할 터이니 안심 하시구려!”

“부탁합네다.”

공교롭게도 6월 25일 새벽 북조선 인민군대가 불시에 38선을 전면 남침했고 6 · 25 때 납북되었지만 춘원 이광수가 그 전에 써 두었던 글이 소전 손재형素荃 孫在馨이 피난가면서 땅 속에 묻어 두었던 것을 서울에 돌아와서 다시 파내어 비석에 새겼다.

기념비문

앞면

배우기를 싫어하지 않아 물리를 캐고 지혜를 기름진 조국을 회복하기 위함이오-

가르침에 게을리 아니하여 덕을 세우고 말을 세움은 이 백성을 섬기기 위함이라-

곧아서 거짓이 없고 사람을 접함에 사랑으로 하니 봄 바람에 화기를 돌며-

공번되고 사사로움이 없어 일을 지음에 정성으로 하니 가을 서릿발이 위엄이라-

(지은이: 될 수 있는 대로 한글로 글쓰기를 즐겨하는 춘원이 한문으로 비문을 지었음은 이례적이다.)

뒷면

도산 안창호 선생은 단기 4211년 무인戊寅 10월 6일 대동강 하류 도룡섬에서 나시니 고휘 흥국 비황 씨의 3남이오 문성 안유선생의 예라 선세 평양부 남촌로에서 유를 업하더라.

3세에 입학하야 당년 3권서를 떼다. 가빈하나 사를 수하야 학을 폐함이 없더니 17세 갑오에 신학을 구하야 상경 미국인 원두우의 숙에 입하다.

쾌재정 연설은 그때라 구국의 도가 교육에 있음을 역설하야 고리에 점진학교를 세우니 사립학교의 효시라. 수경의 황무를 개간하야 노모 봉양의 자로 장형 치호에 헌하고 22세 기해에 부인 이씨를 반하고 도미하다.

쌍항과 나성에서 고학 중에도 동포를 심방하야 원조와 지도를 폐하지 아니 하니 다 열복하다. 당시 하와이로부터 다수 동포가 미 본토에 도래하야 일본인 노동 알선자의 착취에 신음함을 보고 이강, 정재관, 김성무 등 동지와 모하야 취직 알선을 목적으로 공립협회를 조직하고 인해 <공립신보>를 창간하니 북미 <대한인국민회>와 <신한민보>의 전신이라.

병오丙午 29세에 환국하니 보호조약 익년이라.

국권 만회의 유일로가 교육과 산업의 징흥임을 역설하야 <신민회>와 <청년학우회>를 창립하니 아국 조직적 시라. 당시 저명하던 애국자를 망라하였고 3·1운동의 지도자 이에서 출하다.

평양 대성학교를 설하고 몸소 교장-실은 교장으로 좌옹 윤치호를 모셔 왔고 도산은 대리 교장으로 실질적인 교육과 훈련을 담당하였다-이 되어 인격주의 교육에 신 기축을 개하더니 융희 3년 안중근 사건으로 일본 헌병대에 구속되었다가 익춘에 석방되었으나 일본에 협력하는 정당과 내각을 조직하라는 제2차 일본의 요청을 일축하고 망명의 길을 떠나다.

청도회의와 해삼위 회의에서 불행히 독립 운동 방략에 관하야 합의를 보지 못하고 선생은 미주로 돌아와 가주-캘리포니아-에서 수로굴착 인부로 생계를 삼으니 <흥사단>의 구상이 이때에 된다.

미국동포의 간청으로 <국민회>를 강화하야 몸소 중앙 총회장이 되니 회세 대 진작하야 하와이, 멕시코와 멀리 시베리아 북만에까지 미쳐 엄연히 태극기를 지키는 일 국가의 관이 있더라.

제1차 세계대전이 끝나매 <국민회>는 이승만 박사에게 구미외교를, 선생에게 원동동포 단결을 위하니 선생은 기미 5월 상해에 상륙하야 <대한민국임시정부> 내무총장에 취임 국무총리 이승만을 대리하야 정청을 개하고 동지를 반합하고 3개 정부-한성정부 시베리아의 대한국민회의와 상해의 대한민국임시정부-를 통합하고 독립 운동 방략을 재정한다.

45세 임술에 대한독립당을 발기하고 만주에 유세 중 일본 관헌의 간계로 길림에서 체포되더니 중국지사와 학생들의 궐기로 난을 면한다.

48세 을축에 비율빈을 방문한 뒤 북미 각지 동포를 순회 유세하고 다시 중국에 돌아와 동명학원을 설하고 대공주의정치 경제 도덕의 이상을 설하다.

55세 임신에 상해폭탄사건-윤봉길의 홍구공원에서 일본 천황의 생일인 이른바 천장절을 축하하는 자리에서 수류탄을 던져 많은 일본 고관과 장성을 살상한 사건-으로 일본 관헌에게 체포되어 본국에 압송되어 대전감옥에서 4년형을 치르고 출옥 후 평양 송태산장松苔山莊에 일려를 결하고 은거하야 자아혁신 민족혁신을 설하더니 정축에 수백 동지와 피검, 서대문 옥에서 발병하야 경성대학 병원에서 순국하시니 무인 3월 자시요 향년 61세라.

서울 동교 망우리 묘지에 권폄하다.

부인 이씨 필립 필선 필영 3자와 수산 수라 2녀 북미에 있다.

단기 四千二百八十八年-서기 1958년-을미 9월 일

도산 안창호 선생 기념사업회

춘원 이광수 찬

소전 손재형 전

원곡 김기승 서

2004년 12월호에 나온 미국 로스앤젤레스에서 발행하는 <도

산회보>에 따르면 전 미주 한인 이민 100주년 기념사업회가 발표한 바에 의하면 로스앤젤레스의 코리아 타운에 <도산 안창호 우체국>-Dosan Ahn Chang Ho U.S. Post Offce-이 미국 정부 건물 안에 정식으로 명명되어 미국내 뿐만 아니라 전세계에 이름을 떨치게 되었다. 비단 우리 한민족의 자랑일 뿐만 아니라 겨레와 나라의 영광이다. 도산은 죽은 뒤에야 그 참모습이 드러나고 있다. 우리 모두 어깨가 으쓱해짐을 느낀다.

이건 주요한이 필생의 정력을 기우려 저작한 『안도산전서』에 기록되어 있으나 8·15해방 뒤 <대한민국정부>의 문교부에서의 국어심의위원회에서 애국가의 작사자를 결정하는 자리에 심의위원이었던 그 주요한이 확언을 하지 않았다는 것이 의심스럽다. 일설에 의하면 당시의 자유당 대통령인 이승만이 <흥사단>을 심히 미워했기 때문에 심약했던 주요한이 피해를 입을까 저어하여 확언을 하지 않았을 것으로 추측된다.

도산이 지은 것이 거의 확실한 애국가의 노랫말을 소개한다.

애국가

동해물과 백두산이
마르고 닳도록
하느님이 보우하사

우리나라 만세
-후렴-
대한 사람 대한으로
길이 보전하세

남산 위에 저 소나무
철갑을 두른 듯
바람서리 불변함은
우리 기상일세

가을 하늘 광활한데
높고 구름 없이
밝은 달은 우리 가슴
일편단심일세

이 기상과 이 마음으로
충성을 다하여
괴로우나 즐거우나
나라 사랑하세
[헌데 그 전의 애국가는 아래와 같았다.]

성자 신손 오백년은

우리 황실이요
산고 수려 동반도는
우리 조국일세

다음은 도산 안창호가 지은 노랫말 속에 중요한 것들이다.

점진학교漸進學校 교가

[이 노래는 안창호가 강서군 동서면江西郡 東西面 바윗고지-岩花里-에 관서지방에 처음으로 세운 남녀 공학의 초등학교로 안창호가 그 교가도 직접 지었다.]

점진 점진 점진 기쁜 마음과
점진 점진 점진 기쁜 노래로
학과를 전문하되 낙심 말고
하겠다 하세 우리 친구들 다

〈흥사단 입단가〉

조상나라 빛내려고 충의남녀 일어나서
무실역행 깃발 밑에 늠늠하게 모여드네
맘을 매고 힘을 모아 죽더라도 죽더라도 변치않고
한 목적을 달하자고 손을 들어 맹약하네

우리인격 건전하고 우리 담체신성하여
큰능력을 발하려고 동맹수련 함이로세
부모국아 걱정마라 무실역행 정신으로
굳게 뭉친 흥사단이 네 영광을 빛내리라

〈흥사단 단기가〉

황금같이 순결하고 열혈같이 붉었도다
청천같이 푸르렀고 백일같이 뚜렷하다
두 날개를 널리 피어 향상하고 전진하네
광명하다 이 깃발이 흥사단의 대표일세
기러기야 내 단기야 너는 나의 사랑이요
너는 나의 인도로다 영원토록 같이하세

〈단심가丹心歌〉

어야 지야 어서 가자 모든 풍파 무릅 쓰고
문명계와 독립계로 어서 빨리 나아가자
멸망파에 든자들아 길이 멀다 한탄말고
희망기를 굳이 꽂고 실행돛을 높이 달아
부는 바람 자기 전에 어야 어서 가자

<남을 사랑 나를 사랑 나라 사랑>의 도산 안창호의 한 서린 한평생

1. 평안남도 江西郡 草里面 鳳翔島-흔히 도롱섬이라고 불렀다-에서 가난한 농사꾼의 셋째 아들로 태어난 미모의 섬총각은 한 때 온 나라를 휩쓴 선각의 정치지도자로 유명한 웅변가로 촉망을 받았다.

- 16세의 어린 나이로 이씨왕조의 수부인 한성漢城에서 미국 선교사가 세운 구세학당救世學堂에서 신식 학문을 배우고 예수교에 입교 세례를 받고 신실한 교인이 되었다. 사랑과 진실이 몸에 배기 시작했고 그것이 결국은 그의 근본적인 철학과 인생관이 됐다. 농담으로라도 꿈에서라도 거짓이 있어서는 절대로 안된다는 굳은 신념이 되었다.
- 어느 왜인이 평하기를 도산의 세치혀는 백만인의 군인

을 능가한다고 했듯이 그의 능변은 실로 하늘이 내린 선천의 재치였다.

2. 1897년, 그가 19세 때 평양 모란봉 밑의 쾌재정快哉亭에서의 <독립협회> 관서지부 결성을 위한 연설은 그를 평안남·북도 지방에서 일약 큰 명성을 떨치게 한 것이다.
3. 1902년, 24세가 된 안창호는 보다 큰 일을 하기 위해 미국으로 공부하려고 갓 결혼한 아내 이혜련李惠鍊을 데리고 태평양의 거센 물결을 헤친다. 아마 하와이인 듯 싶다. 섬 한가운데 산이 솟아 있다고 해서 섬 도자에 뫼 산자인 도산島山을 아호로 삼는다.
4. 1902년 10월 14일, 신천지 미대륙의 서쪽 관문인 샌프란시스코에 상륙한다. 초등학교에 들어가려고 여러 학교를 찾아 다녔으나 나이가 많다고 입학을 거절 당한다. 만 16세가 입학 적령이고 벌써 지났다는 것이다. 하숙집 주인이 동양 사람으로 키도 작고 어려 보이니 나이를 속여서 우선 학교에 들어가고 보라고 권고하자 그런 속임수로는 공부를 하고 싶지 않다고 했는데, 어떤 여자 교장이 만 16세는 미본토인에게 해당될 뿐 동양인은 그 규정에 얽매이지 않아도 좋다고 하여 특별 입학허가를 받았다. 일단 첫째 난관은 뚫은 셈이다. 안창호는 하늘을 날아갈 듯 기뻤다.
5. 하루는 거리를 지나가다가 인삼 장수들이 서로 상투를

잡고 싸우는 현장을 목격하고 공부보다는 나라의 독립을 도움받기 위해서는 동포들의 의식구조를 고치는 것이 우선임을 깨닫고 공부를 집어 치우고 동포들의 생활개선에 힘쓰기로 도미 목적을 바꾼다. 다행히 먼저 유학 온 이강李剛 등이 생활비를 도와 준다는 격려로 동포들의 살림을 돌보는데만 힘을 기울일 수 있었다.

6. 1907년, 일단 귀국하려고 왜의 서울인 도쿄에 들렀다. 그때 홍명희, 이광수와 더불어 조선인으로 동경유학생의 3대 천재의 한 사람으로 일컬어지는 최남선을 만난다. 그는 안창호의 연설에 탐복해서 그가 세운 <청년학우회靑年學友會>-그것은 결국 <흥사단>의 전신이다-의 총무로 전국을 누비며 도산 안창호의 사상과 정신을 펴는데 온갖 힘을 쏟는다. 도산은 같은 1907년 대한을 나라답고 백성들을 제대로 살게 하기 위해서는 민족성을 고쳐야겠다고 굳게 믿기 시작한다. 도산은 향리인 평양에 그 지도자를 키우는 기지로 대성학교大成學校를 세운다. 이 해 모란봉 밑의 연설회에서 우연히 듣고 깊은 감명을 받은 무역왕 이인환李寅煥이 향리인 평안북도 정주 용동에 내려가서 신식 교육기관인 <오산학교>를 창설한다. 또한 남강 이승훈으로 이름을 고쳐 도산의 평생의 동지가 되는 한편 마침내 고당 조만식古堂 曺晩植을 세 번씩이나 교장을 맞으면서 애국자 김홍일金弘壹, 순교자 주기철朱基徹, 천재 시

인 김소월金素月 등과 수많은 민족의 간성을 키운다.

7. 나라 꼴이 되어 가는 형편을 살피고 곧 다시 미국으로 돌아 가려다가 기울어지는 겨레의 앞날이 하도 한심해서 항일 비밀 정치단체 <신민회新民會>를 조직한다.

8. 1910년 8월 29일, <대한제국>은 <대일본제국>에게 완전히 늑탈 당하려고 하자, 그 전에 도산은 '간다 간다 나는 간다 너를 두고 나는 간다'라는 그 유명한 <거국가去國歌>를 남기고 다시 미국으로 망명의 길을 떠난다.

9. 1912년 11월, 그가 34세의 나이에 전 미주와 중남미 및 하와이를 망라한 대한인 동포들의 총집결체인 <대한인국민회大韓人國民會>를 발족시킨다. 미국정부로부터 망명 정부로 법적이고 공식적인 승인을 얻은 준국가로 행세하면서 그 중앙 총회장으로 선출되고 드디어 <나는 대한인이다>라고 이 지구 위에서 대한인들은 어떤 정부 못지 않게 어깨를 펴고 다닐 수 있도록 인권을 찾아준다.

10. 1919년 3월 1일, 마침내 본국에서 피의 함성이 터지고 중국 상해에 <대한민국임시정부>가 세워지자 도산은 지체없이 원동-때에 중국은 그렇게 불렀다-으로 달려가 내무총장內務總長에 취임한다. 이때 백범 김구는 경무국장警務局長으로 만족한다. 허나 본국 수도인 한성과 러시아령인 시베리아에서도 엇비슷한 <임시정부>가 세워지자 도산은 항일 역량을 통합하려고 무척 애를 쓴다.

11. 1923년, 상해에서 독립운동의 통일전선을 위한 국민대표회의의 결성에 성공하여 처음으로 뜻을 얻는다. <흥사단興士團> 원동위원회 창설. 이광수, 주요한, 김여제 등이 입단하였다.

12. 1927년에 만주로 가서 신민부新民府, 정의부正義府, 참의부參議府를 통합시킨다. 길림사건吉林事件으로 체포되나 중국의 정치 사회 학생들의 궐기로 석방된다.

14. 1932년 4월 29일, 윤봉길 의사의 홍구공원虹口公園 의거로 김구 주석의 사전연락에 따라 <대한민국임시정부>의 모든 요인이 도피하였다. 그러나 안창호도 연락을 받았지만 미국시민권자라는 자신 때문에 이유필의 어린 자식 이만영 군과의 약속을 지키려고 그 댁으로 찾아 갔다가 일본관헌에게 체포되어 본국으로 압송되었다. 실은 일본정부는 미국정부의 양해를 얻어 불령선인으로 도산을 체포하는데 양해가 성립되어 있었던 것이다. 비운이었다.

15. 1936년, 가을 남강 서거 6년 뒤에 혈맹의 동지인 이승훈이 세운 <오산학교>에 들려 고인의 유택을 참배하고 묘소에 기념식수를 하였다.

16. 1937년 6월 28일, <수양동우회> 사건으로 은거하던 평양 대보산의 송태산장松苔山莊에서 다시 구금되어 서대문형무소에서 악형 끝에 경성제국대학 부속병원에 입원 가료하였다.

17. 1938년 3월 10일, 자정에 <낙.심.마.오>라는 유언 아닌 유언을 남겨 놓고 간경화肝硬化증 등 여러 가지 합병증으로 한많은 평생을 순국으로 마감한다. 향년 60세. 큰 별이 떨어졌다.

『지조를 지킨 지도자들-남강 이승훈』에 있어서는 <학교법인 오산학원> 이영근 이사장과 <남강문화재단>의 심창룡 상임감사에게 큰 도움을 받았다.

『지조를 지킨 지도자들-백범 김구』에 관해서는 친우인 현 <백범 김구 선생 기념사업협회> 고문인 김우전 회장으로부터 여러 가지 자료제공과 많은 조언을 받았다.

『지조를 지킨 지도자들-고당 조만식』에 관해서는 <고당 조만식 선생 기념사업회>의 박재창 상임이사의 도움을 크게 받았다.

『지조를 지킨 지도자들-월남 이상재』편에 있어서는 <평생교육복지진흥회 회장 겸 월남장 증정위원회> 박규채 위원장으로부터 도움을 받았다.

『지조를 지킨 지도자들-도산 안창호』에 있어서는 홍사단 이사장이었던 주요한 씨의 『안도산전서』에 힘입은 바 컸다.

더욱이 아내 김혜경이 항상 옆에서 의견을 보태주어 말하자면 두 사람이 같이 쓴 샘이 되었고, 이번에 책이 나오게 됨은 큰아들 김진왕과 첫째 며느리 최미순, 또 둘째아들 김진준과 둘째 며느리 김성복의 도움이 없었다면 출판이 어려웠을 것이다.

한편 조카 사위인 연세대학교 문경환 교수의 추천으로 <도서출판 월인>의 박성복 사장과 연결되어 이렇듯 출판되게 된 데에 감사한다.

그리고, 이글을 쓰기 시작한 것이 내가 '미국'으로 이민 온 다음 다음 해인 1988년부터이므로, 지금까지 전작이 씌어진 것이 근 17, 8년에 이르렀다고 할 것이다. 말하자면 그만큼의 노작인 셈이다.

2010년 가을
당재 김경옥

이렇게 살아왔다

당쨰 김경옥 金京鈺 Kim, Kyung Ok

주후 1925년 2월 25일, 平安北道 定州郡 德彦面 大山洞 慕顔中里 <당쨰> 아랫 마을에서 태어났다.

1932년 五山 私立普通學校에 들어갔고, 이어 1937년 오산 사립고등보통학교에 들어가서 5년 간의 수업 끝에 졸업하고 <일본 동경>에 가서 재수하다가, 고향 오산학교가 있는 定州郡의 葛山面의 경의선 고읍에 돌아와서, 사립초등학교의 교원으로 있는데,

1945년 8월 15일, 일본군이 항복하여, 조국이 해방되고,

1946년 6월, 기독교 사회주의를 표방한 <古邑青年同盟>의 위원장으로 있으면서 새 해방 조국의 건설에 힘쓰려고 했으나, 대낮의 날벼락으로 이른바 <모스크바 三相會議>에서 <信託統治>가 발표되자, 反託運動을 전개하다가 하루 아침에 친탁으로 돌변한 공산당에 의해, 肅清 당하고 남쪽으로

亡命하였다.

1946년 다행히 高麗大學校의 입학시험에 들었으나, 등록금을 마련하기 위해 다시 그 지옥 같은 북한땅 평양으로 갔다가, 千辛萬苦 끝에 간신히 또 다시 자유의 서울에 돌아왔다.

1946년 10월, 좌익이 國大案反對 투쟁으로 들끓던, 가뜩이나 공산당이 날뛰던 해방정국에서, 그들과 맞서서 싸우는 데는 여간한 용기가 필요하지 않았다.

1947년, 대학신문 <고대신보>의 創立委員으로 창간 1주년 기념행사인 <고대신보 창간 1주년 기념문화제>를 조직한 그 대표자로, 아일랜드 Iirland의 극작가 샨 오케이시 Sean Ocaisy의 <쥬노오와 공작 Juno and Peacock>을, 뒤에 國立劇場이 된 명동의 <市公館>에 상연 대성공을 걷우었다.

1948년 2월에 예과 과정인 제1전문부를 나오고 곧바로 동 대학교 英文學部에 진학했다.

1949년 7월, <全國學生文總> 最高委員에 선출되었다.

1949년 10월 초에, 柳致眞 씨가 회장으로 있는 <韓國演劇學會> 주최의 <제1회 전국남녀대학 연극경연대회>에 <고대극회>는 이태리 극작가 루이지 피린델로R. Pirandello의 <天痴>로 당당 수석 입선했다. 이 때 승무의 시인 趙芝薰 지도교수는 공연비가 딸려 장치를 못 찾고 있는 극회의 딱한 사정을 보고 자기 봉급을 선불 받아 극회의 어려움을 도와 주었다.

1949년, <대학극회>를 조직했다. 김경옥은 연출자 李化三의 추천으로 한국 초연의 오페라 <카르멘>의 演出者로 추천되어, 평생의 반려인 합창단원 金蕙卿을 만났다.

1950년 6월 25일, <중앙여자고등학교> 지하실에서 연극을 가르치던 중, 同族相殘인 참극 韓國動亂이 일어났다.

1950년 9월 서울수복 뒤, <現代群舞團>의 <平和의 攝理>를 按舞했다.

1951년, <무용소대장>으로 1·4 후퇴하고, 대한민국 공보처의 계몽운동으로 <중앙여자고등학교> 계몽대를 이끌고 남한 일대를 도는 가운데 濟州島에서 평양 이앗다리 안면옥을 만나 오랜만에 먹고 싶었던 냉면을 실컷 먹었다, 그리고 慕瑟浦 國民兵訓練所에서 동향 친구 金陽濟를 만날 수 있었다.

1951년 겨울, 趙東華와 함께 鎭海의 교육도서관 문관으로 갔다.

1952년, <고대신보>의 復刊을 위해 馬山으로 가서, 대학 선배들에게 자금 지원을 부탁해서 성적을 걷우었고, 다시 부산에 돌아와서 龍頭山에 판자집을 전세 내어 송원영 군과 같이 집을 빌려 살게 됐다.

1953년 봄에 대구에 올라 가서 고려대학교를 졸업 英文學士가 되었다. 이때 장편 희곡 <성웅 이순신>이 準當選되어 文壇에 登壇 되었다.

1952년 여름에 서울대학교 사범대학에서 영국작가의 <배>라는 연극을 연출하였다. 이어, 대구에서 고대극회의 소포클

레스 원작 <오이디프스> <코로노스의 오이디프스> <안티고네>들을, 연출하여 문화극장에서 상연하였다. 최창봉 연기지도, 영원한 벗 조동화 미술이었다.

1953년 여름에 다시 부산에서 이번에는 朱耀翰-同人詩 創造에 <빗소리> 등 시를 발표한 시인이면서, 화신산업의 전무로 연쇄점을 만들어 和信百貨店을 살린 경제인이면서, <민주당정권> 때 상공부장관을 지낸 바 있는 정치가이기도 하고, <興士團>의 이사장도 지낸 바 있다-씨 밑에서, 金在淳 씨-뒤에 대한민국 국회의장을 역임 했음-와 함께 퓨처서비스 Future service를 전문으로 하는 <新潮社>에 근무했다. 이때부터, 金奎成 선생, 김재순, 宋元英-장면총리의 공보비서를 지냈으며, 東大門區에서 國會議員에 다섯번 당선된 바 있었음-崔桂明-서울특별시 내무국장을 지내다가 5・16으로 숙청됨-들과 사귀었다.

1953년 겨울, 환도하였다.

1954년 7월 17일 저녁 7시, 서울 安國洞의 安洞敎會에서 李今植 목사 주례로 金鍾大 牧師의 맏딸 金蕙卿 양과 결혼식을 올렸다. <가고파>의 작곡자 金東振 씨가 신랑 김경옥이 지은, <새로운 계절>이라는 詩를 작곡한 노래를 직접 불러 결혼식을 축하해 주었다. <안동교회>는 대통령을 지낸 바 있는 尹潽善 씨 등도 다니는 예배당으로 유명하다.

1954년 7월, <한국 UNESCO> 선전과장으로 취임하여, 대학생들로 조직된 계몽대를 이끌고 강원도의 華川 楊口 등 수복 지구로 출장갔다. 그 곳에서 <敵軍墓地가 있는 마을의 夜話>의 詩想을 얻었다.

1955년 11월 17일, 맏아들 晋汪을 얻었다.

1956년 9월, 清州大學의 專任으로 부임하였다.

1956년 겨울에 서울 중구 을지로 舟橋洞 김경옥 집에서, 車凡錫, 崔彰鳳, 吳史良, 조동화, 盧熙燁 등과 <制作劇會>를 창립하였다.

1956년 가을, I.T.I 한국본부 사무국장이 되었다.

1957년 10월 9일, 둘째 晋俊을 얻었다.

1958년, 시집 <灰色의 거리를 걸어간다> 출간하였다. 시인 辛東門 씨가 '멍든 낭만이라'는 평을 하였다.

1958년, 民主黨 서울시당부 文化部長이 되었다. 따라서 민주당 대통령 후보 海公 申翼熙의 宣傳要員이 되었다.

1959년 4월 18일, 시위를 끝내고 돌아가던 고려대학교생들이 동대문에서 정치깡패의 졸도 임화수의 똘마니들에게 습격당하였고, 그것을 계기로 <4·19학생혁명>이 일어났다.

1959년 4월 26일, 자유당의 대통령 李承晩 獨裁者가 下野를 선언하고, 許政過渡政權이 태어났다.

1960년 11월, <舞臺藝術 協議機構>가 성립되고 김경옥이 그 의장이 됐다.

1960년, <서울특별시 文化委員>, <文敎部文化保存委員>에 위촉되

었다.

1961년 5월, 大韓民國 國務院事務處 公報局長(2級甲 理事官)에 임명되었다. 5·16 군사혁명으로 파면되었다.

1962년, <制作劇會>에 의해 <山女人>이 드라마센타에서 상연되었다.

1963년 4월 25일, <東亞放送局>이 개국하는 날부터 1년 3개월 여에 걸쳐 우리나라 최초의 實錄劇-다큐멘타리-Documentary drama <黎明 80년>을 집필하였다. 따라서 <創造社>에 의해 출판되어, <韓國出版文化賞> 著作賞을 받았다.

1968년 봄, <예그린악단> 단장이 되었다.

1970년, 국립극장에서 가면극 <山臺놀이>를 편극, 연출하고, 장막극 <新羅人>이 상연되었다. 國立劇場 運營委員이 되었다.

1971년, <韓國演劇協會>의 副理事長, <韓國戲曲作家協會> 副會長에 선출되었다.

1960~1988년, <한국문인협회> <한국연극협회> <국제펜클럽 한국본부> 회원으로 있었다.

대학강, 문학평, 연극평, 무용평 등 30여년 집필하고 있다.

1988년 7월 17일, 美國으로 移民하였다.

1994년, 한국 YWCA의 성극 <에스더>를 연출하였다.

1995년, 선교극단 <부활> 창단 그 단장에 취임하였다.

1988~2006년, <平安道民會> 이사를 역임하였다.

2002년, <咸錫憲記念事業會 시카고지회>장 역임.

2006년 11월 10일, <月南章> 받음.

2010년 11월 9일, 별세.

· 지은 책들

『한국근대 풍운사 黎明 80년』(전5권), 희곡집 『公演날』 『功德人』, 학술논문 「演劇槪論」, 실명소설 『志操를 지킨 指導者들』(월남 이상재, 남강 이승훈, 백범 김구, 도산 안창호, 고당 조만식)-전5권-출판 예정 등

· 주소

4606, N. Sheridan rd. #1209 Chicago IL. 60640, Tel 1-773-989-6895

지조를 지킨 지도자들 5
도산 안창호

초판 1쇄 인쇄 • 2011년 2월 7일
초판 1쇄 발행 • 2011년 2월 10일

저 자 • 김경옥
발행인 • 박성복
발행처 • 도서출판 월인
서울특별시 강북구 수유2동 252-9
등 록 • 제6-0364호
등록일 • 1998년 5월 4일
전 화 • (02) 912-5000
팩 스 • (02) 900-5036
www.worin.net

ISBN 978-89-8477-473-5 (세트)
ISBN 978-89-8477-478-0 04810

값 16,000원